普通高等教育"十三五"规划教材

汽车类高端技能人才实用教材

汽车服务礼仪

（第 2 版）

王亚维　主编

电子工业出版社

Publishing House of Electronics Industry

北京·BEIJING

内 容 简 介

汽车服务礼仪是商务礼仪在汽车服务行业的具体运用。本教材设计了理论模块、实训模块、考核模块，第1章～第4章从汽车服务顾问的个人形象礼仪出发，介绍了汽车服务顾问的仪容、仪表、仪态的要求；第5章～第9章以汽车销售顾问角度介绍了车辆展示与介绍礼仪、试乘试驾服务礼仪、交车服务礼仪、售后服务礼仪等内容；构建了相对完整的汽车服务礼仪原理及操作体系，突出了"以学生为主体，理论够用为度，注重实际操作"的教育理念。

本书适合作为高职高专类院校汽车营销专业开设的商务礼仪课程教材，也可作为相关专业的服务礼仪培训用书。

图书在版编目（CIP）数据

汽车服务礼仪/王亚维主编. —2 版. —北京：电子工业出版社，2020.5
汽车类高端技能人才实用教材
ISBN 978-7-121-38758-6

Ⅰ. ①汽…　Ⅱ. ①王…　Ⅲ. ①汽车－服务营销－礼仪－高等学校－教材　Ⅳ. ①F766

中国版本图书馆 CIP 数据核字（2020）第 041166 号

责任编辑：竺南直　　　特约编辑：李惠茹
印　　刷：北京七彩京通数码快印有限公司
装　　订：北京七彩京通数码快印有限公司
出版发行：电子工业出版社
　　　　　北京市海淀区万寿路 173 信箱　　邮编　100036
开　　本：787×1 092　1/16　印张：14.5　字数：371.2 千字
版　　次：2015 年 8 月第 1 版
　　　　　2020 年 5 月第 2 版
印　　次：2022 年 8 月第 3 次印刷
定　　价：39.80 元

凡所购买电子工业出版社图书有缺损问题，请向购买书店调换。若书店售缺，请与本社发行部联系，联系及邮购电话：（010）88254888，88258888。
质量投诉请发邮件至 zlts@phei.com.cn，盗版侵权举报请发邮件至 dbqq@phei.com.cn。
本书咨询联系方式：davidzhu@phei.com.cn。

前　言

　　汽车企业的服务（销售）顾问是否懂得和运用现代商务活动中的基本礼仪，不仅反映出该汽车服务（销售）顾问自身的素质，而且折射出该汽车服务（销售）顾问所在汽车企业的企业文化水平和经营管理境界。不少企业也越来越重视商务礼仪的培训，以此作为提升企业竞争力的重要手段之一。刚刚走上工作岗位的很多大学生，在人际交往中缺乏必要的礼仪常识，将自己及他人置于尴尬境地，留下许多遗憾。为了培养出更多的谦谦君子，培养具备商务礼仪规范的企业人才队伍，我们编写了本书。本书主要针对高职高专的学生，也适合不同知识背景和工作经历的人员自学之用。

　　本书在编写过程中，认真总结了多年的教学经验，注意吸收先进的职业教育理念和方法，并针对我国高等职业教育的需要，结合当今我国商务礼仪的实践和特点，突出体现实用性、可操作性。在内容上注重企业对人才知识、能力的要求，力求与相应的职业资格标准相衔接，对商务礼仪理论和商务礼仪实践活动进行全面综合和系统的论述。本书运用案例分析、相关链接、营销实训等形式，不仅注重理论知识的实践性，更注重培养学生的实践操作能力。

　　全书共 10 章，包括汽车服务（销售）顾问的个人仪容礼仪、商务场合的仪态礼仪、汽车展示礼仪、顾客接待礼仪、商务仪式礼仪等主要内容，还包括高职高专学生需要掌握的求职面试礼仪。此外，教材将中西餐礼仪置于附录，供汽车服务（销售）顾问选修学习。教材分成理论、实训、考核评价三大模块，通过这三个模块的学习，读者可以比较系统而完整地掌握商务礼仪的基本原理、主要内容和操作实务。本书选取的一些报纸、期刊、书籍、网站的资料和大量前沿案例也给读者在学习过程中开阔视野、提供帮助。

　　本书建议学习 72 学时，其中：商务礼仪概述 2 学时；汽车服务顾问形象设计 8 学时；汽车服务顾问着装礼仪 8 学时；汽车服务顾问接待礼仪 10 学时；汽车服务顾问咨询礼仪 6 学时；车辆展示与介绍礼仪 10 学时；汽车试乘试驾和交车礼仪 12 学时；汽车售后跟踪服务礼仪 8 学时；汽车营销礼仪 4 学时；汽车服务专业学生求职面试礼仪 4 学时。根据不同

专业的学习要求，教师也可酌情调整学时分配。

本书的编写得到了西安汽车科技职业学院和电子工业出版社有关领导的支持与帮助，在此表示衷心感谢！

本书在写作过程中，引用了大量报纸、期刊、书籍、网站的资料，由于时间仓促，未能与著作者一一联系，在此表示衷心的感谢。由于编者水平有限，书中难免存在不足之处，恳请读者批评指正。

编　者

目　录

绪　论

0.1　礼仪与商务礼仪

1. 礼仪

我国素有"礼仪之邦"的美称，崇尚礼仪是我国人民的传统美德。古人有言："中国有礼仪之大，故称夏，有服章之美，谓之华。"从古至今，我国的礼仪规范就是中华特有文明的象征，是中华民族美德的体现。古代华夏族就是以丰富的礼仪文化而受到周边其他民族的赞誉的。

凡是把人内心待人接物的尊重之情，通过美好的仪表、仪式表达出来就是礼仪。可见礼仪就是指人们在各种社会交往中，为了互相尊重而约定俗成、共同认可的行为规范和程序，它是礼节和仪式的总称。礼是指由一定的道德观念和风俗习惯形成的礼节及表示尊称的态度或动作；仪是指人的外表、动作及按程序进行的礼节。简言之，"礼"，即礼貌、礼节；"仪"，即仪表、仪态、仪式。遵行礼仪就必须在思想上对交往的对方有尊敬之意，有乐贤之荣；谈吐举止上懂得礼仪规矩；外表上注意仪容、仪态、风度和服饰；在一些正式的礼仪场合，还须遵循一定的典礼程序等。正如孔子所云："博学于文，约之以礼。"

扫码学习《礼仪的起源与发展》（王亚维主讲）

2. 商务礼仪的内涵

商务礼仪，就是公司或企业的商务人员在商务活动中，为了塑造个人和组织的良好形象而应当遵循的对交往对象表示尊敬与友好的规范或程序，是一般礼仪在商务活动中的运用和体现，包括商务礼节和仪式两方面的内容。商务礼节就是人们在商务交往活动中为表示尊重对方而采取的人们共同约定并形成习惯的规范形式。仪式即按程序进行的礼节形式。一般来讲，在商务活动中言行合情合理、优雅大方，礼貌待人，按约定俗成的规矩办事，按大家都可以接受的礼节程序接待客户等都属于商务礼仪的范畴。

商务礼仪是一般礼仪在商务活动中的运用和体现，与一般的人际交往礼仪相比，商务礼仪有很强的规范性和可操作性，并且和商务组织的经济效益密切相关。随着商业活动越来越全球化，商务礼仪扮演着越来越重要的角色。商务礼仪已经成为现代商务活动中必不可少的交流工具，越来越多的企业都把商务礼仪培训作为员工的基础培训内容。有人说，商务形象价值百万，按现代企业人看来，商务礼仪培训带来的潜在价值，无法直接用货币衡量。这是企业国际化、员工职业化的基本培训内容，也是企业提升竞争力的基本交往艺术。

3. 商务礼仪的功能

在商务礼仪中，推崇的一条重要原则是尊重交往对象。商务交往活动是一种人际交往方式，商务人员是重要的活动要素。在商务活动中，获得对方的好感是决定下一步能够继续交往的关键。一个人在交往活动中，必须获得他人和社会的赞同，通过"礼仪"表现出对交往对象的尊重，是一种进一步达到所设定商务目标的"投入"。可以说，出于利己目的的礼仪，会形成良好的合作关系，并将使整个社会生活有序化。具体来说，商务礼仪的功能主要包括以下三项：

约束的功能，礼仪一经制定和推行，久而久之便形成社会的习俗和社会行为习惯。作为商务活动的行为规范，对人们的商务交往具有很强的约束作用。

教育的功能，通过评价、劝阻、示范等教育形式纠正人们不正确的行为习惯，倡导人们按礼仪规范的要求协调人际关系，维护社会正常活动。

调节的功能，对人们之间相互关系模式起着规范、约束和及时调节的作用，可以化解矛盾、建立新关系模式。

4. 商务礼仪与商务礼节的区别

商务礼节同商务礼仪既相互联系又相互区别。商务礼节产生于商务礼仪之前，在商业活动的初始阶段，从事商业活动的人们之间的礼节是单调的、简单的。随着业务活动的复杂化和现代化，商务礼节越来越多，也越来越复杂，而且还逐渐形成了一种"约定俗成的规矩"，于是便产生了一定的礼节程序，商务礼仪也就自然而然地从商务礼节中游离了出来。商务礼节是商务礼仪的基础，没有商务礼节，商务礼仪是不存在的，没有商务礼节便没有商务礼仪；没有形成一定程序的礼节是杂乱无章的礼节，而杂乱无章的礼节是不可能取得好的效果的。但就目前来讲，我国的商务礼节、礼仪是没有多少差别的。

扫码学习《商务礼仪概述》（王亚维主讲）

0.2　现代商务礼仪的原则

1."尊重"原则

有人曾把商务礼仪的基本原则概括为"充分地考虑别人的兴趣和感情"，所以，尊敬是礼仪的情感基础。在我们的社会中，人与人是平等的，尊重长辈、关心客户，这不但不是自我卑下的行为，反而是一种至高无上的礼仪，说明一个人具有良好的个人内在素质。"敬人者人恒敬之，爱人者人恒爱之""人敬我一尺，我敬人一丈"，"礼"的良性循环就是借助这样的机制得以生生不已。当然，礼貌待人也是一种自重，不应以伪善取悦于人，更不可以富贵骄人。尊敬他人还要做到入乡随俗，尊重他人的喜好与禁忌。总之，对他人尊敬和友善，这是处理人际关系的一项基本礼仪原则。

2."真诚"原则

商务人员的礼仪主要是为了树立良好的个人和组织形象，所以礼仪对于商务活动的目的来说，不仅仅在于其形式和手段上的意义。同时，商务活动并非短期行为，从事商务讲究礼仪，越来越注重其长远利益。只有恪守真诚原则，着眼于将来，通过长期潜移默化的影响，个人和组织才能获得最终的利益。也就是说，商务人员与企业要爱惜其形象与声誉，不应仅追求商务礼仪外在形式的完美，更应将其视为商务人员情感的真诚流露与表现。

3."宽容"原则

宽即宽待，容即相容，宽容就是心胸坦荡、豁达大度，能设身处地为他人着想，谅解他人的过失，不计较个人的得失，有很强的容纳意识和自控能力。中国传统文化历来重视并提倡宽容的道德原则，并把宽以待人视为一种为人处世的基本美德。从事商务活动更加要求宽以待人，在人际纷争问题上保持豁达大度的品格或态度。在商务活动中，出于各自的立场和利益，难免出现冲突和误解，遵循宽容的商务礼仪基本原则，凡事想开一点，眼光看远一点，只有善解人意、体谅他人才能正确地对待和处理好各种关系与纷争，争取到更长远的利益。

4. "适度"原则

人际交往中要注意各种不同情况下的社交距离，也就是要善于把握沟通时的感情尺度。古话说"君子之交淡如水，小人之交甘如醴"，此话不无道理。在人际交往中，沟通和理解是建立良好人际关系的重要条件，但如果不善于把握沟通时的感情尺度，结果会适得其反。例如，在一般交往中，既要彬彬有礼又不能低三下四，既要热情大方又不能轻浮诡诨。所谓适度就是要注意感情适度、谈吐适度、举止适度，只有这样才能真正赢得对方的尊重，达到沟通的目的。

0.3 现代商务礼仪的作用

1. 提高个人素质

商务人员的个人素质是一种个人修养及其表现，礼出于俗，俗化为礼。商务礼仪的操作性就是应该怎么做，不应该怎么做。在商务交往中只有做到"约束自己，尊重他人"才能使人们更轻松、愉快地交往。"为他人着想"不仅是商务交往，也是人与人之间正常交往的基本原则。所以，学习并正确地运用商务礼仪既是一个人内在修养和素质的外在表现，又是人际交往中适用的一种艺术、一种交际方式或交际方法，是人际交往中约定俗成的示人以尊重、友好的习惯做法。在人际交往中进行相互沟通就一定要掌握商务礼仪的技巧。从个人的角度，掌握一定的商务礼仪有助于提高自身修养、美化自身、美化生活，并能很有效地促进社会交往，改善人际关系，还有助于净化社会风气。试想一下，一个微笑、一句关怀不仅能给他人以心灵上的温暖，还可以使自己的心情也随之愉快起来，何乐而不为呢？

【例】在外人面前不吸烟、在大庭广众前不喧哗。

【例】佩戴首饰注意事项：（1）以少为佳，提倡不戴，一般不多于三种，每种不多于两件。（2）善于搭配，服饰的选择要适合自己的肤色、气质类型和身材：少女穿短裙去 Party，脚链戴在袜子外（建议腿型好的或走路姿势好的少女才戴脚链）。（3）同质同色。（4）习俗原则，如配玉坠，男戴观音女戴佛；戒指戴左手；戒指戴在食指表示想结婚、戴中指表示已有爱人，戴无名指表示已婚，戴小拇指表示独身，拇指不戴戒指。

2. 有助于建立良好的人际沟通

商业礼仪包括语言、表情、行为、环境、习惯等，相信没有人愿意自己在社交场合上，因为失礼而成为众人关注的焦点，并因此给他人留下不良的印象。所以，商务礼仪最基本的作用是"减灾效应"：少出洋相、少丢人、少破坏人际关系；遇到不知道的事情，最稳妥

的方式是紧跟或模仿，以静制动。例如，在西餐宴会上，女主人是第一次序，女主人就座，其他人才能就座，女主人打开餐巾表示宴会开始，女主人拿起刀叉其他人才可以吃，女主人把餐巾放在桌子上表示宴会结束。

【例】秘书接听找老总的电话，先告诉对方要找的人不在，再问对方是谁、有何事情。

【例】拜访他人要预约，且要遵时守约，提前到达可能会影响他人的安排或正在进行的事宜。

3．维护企业形象

商务礼仪能展示企业的文明程度、管理风格和道德水准，塑造企业形象。良好的企业形象是企业的无形资产，可以为企业带来直接的经济效益。一个人讲究礼仪，就会在众人面前树立良好的个人形象；一个组织的成员讲究礼仪，就会为自己的组织树立良好的形象，赢得公众的赞誉。从企业的角度来说，掌握一定的商务礼仪不仅可以塑造企业形象，提高顾客满意度和美誉度，还能最终达到提升企业的经济效益和社会效益的目的。商务礼仪是企业文化、企业精神的重要内容，是企业形象的主要附着点。在当今竞争日益激烈的社会中，越来越多的企业对自身的形象及员工的形象越来越重视。专业的形象和气质以及在商务场合中的商务礼仪已成为企业在职场中取得成功的重要手段，同时，还是企业形象的重要表现。

学习商务礼仪，不仅是时代潮流，更是提升竞争力的现实所需。身处职场，是否懂得和运用现代商务活动中的基本礼仪，不仅反映出员工自身的素质，而且折射出企业未来的文化意识和经营方针。员工的一举一动、行为举止时刻代表着企业的形象，所以，不管在任何社交场所下，员工代表着企业，一定要做到约束自己、尊重他人，树立良好的企业形象。

0.4 汽车服务顾问的基本修养

服务是为了满足顾客的需要，通过一定的方式和活动，使顾客从中受益的一种有偿或无偿的行为。服务的实施过程可以在为顾客提供的有形的产品上完成，也可以在为顾客提供的无形的产品上完成。

汽车服务是为了满足人们的驾驶需要，在车辆购买前、出行过程中、车辆保养和维修等过程中提供有形及无形的产品和活动，通过这些产品和活动使顾客得到安全、舒适、便利性的满足。汽车服务顾问的素质包括文化水平、工作技能、交际能力和思想修养等，对于工作的开展会产生直接的影响。

1. 服务意识

汽车服务礼仪是汽车服务人员在工作岗位上通过言谈举止等对顾客表示尊重和友好的行为规范。它是汽车优质服务的重要组成部分，不仅有利于提高员工个人的内在修养，还能够提升汽车企业的形象。

Service（服务）的每一个字母都代表着不同的含义：

（1）S（smile）——以微笑待客。

（2）E（excellent）——要精通职务上的工作，每一项微小的工作都要做得很出色。

（3）R（ready）——员工要随时准备好为顾客服务。

（4）V（viewing）——将每一位顾客都视为贵宾，重视每一位顾客。

（5）I（inviting）——邀请每一位顾客下次再度光临。

（6）C（creating）——要为顾客营造一个温馨的服务环境，使顾客能享受热情服务的气氛。

（7）E（eye）——以眼神来表示对顾客的关心。

2. 道德素质

汽车服务顾问要遵循"礼、诚、信"的职业道德。"礼"即礼貌待人，处事有分寸，从言谈举止到接待的规格及时间的安排均充满"礼"意；"诚"即光明正大，诚心诚意，注意倾听顾客的意见，善于从顾客的话语中分析顾客的真实需求；"信"即言而有信，在商品展示过程中，言谈要前后一致，要言必信、行必果。

3. 知识结构

汽车服务顾问应具备合理的知识结构，不可知识面单一。服务行业都有自身的服务标准和规范，对于各项服务内容都做了详细的界定，例如着装、动作、语言等。不分场合、对象机械地生搬硬套会让被服务对象感觉生硬，服务质量下降。汽车服务顾问在工作时三分之一是销售谈判，三分之二是寒暄，因此，汽车服务顾问要有严密的逻辑性和广泛的社会知识。如读《易经》《奇门遁甲》《六韬》《鬼谷子法心术》《孙子兵法》等图书；熟悉当地的风土人情；了解国际和国内的大政方针、国家的产业政策；熟知本行业的技术要求和市场情况等。服务顾问在与任何顾客谈话时运用适当的知识，举一反三、触类旁通，就不会冷场，不会无话可谈。

4. 心理素质

汽车服务顾问应主动为他人着想。如果汽车服务顾问缺乏服务意识，不能准确地判断顾客的愿望和需求，就容易做出影响服务质量乃至引发顾客不满的行为，导致顾客投诉。

服务的特性之一是差异性，因不同的服务对象、不同的环境、不同的时间都会带来不同的服务效果。此外，健全的心理素质，是汽车服务顾问的素养之一。强烈的动机、浓厚的兴趣、深厚的情感、顽强的意志力和良好的心理调控能力，是汽车服务顾问的基本心理素质。

5．服务能力

汽车服务顾问应是一个深刻理解人生、具有深邃思想的人。在汽车服务这种专业性极强的商务活动中，不但要求汽车服务顾问具有认识和思考、选择和判断、演说和思辨、机智和灵活的应变能力；还要求其具有敏感、沉着、忍耐、坚强、谨慎、幽默的性格。汽车服务顾问要保持健康的体魄，以旺盛的精力去面对顾客，要有成功的自信。

0.5　商务礼仪商测试

下面的测试题可以帮助你了解自己的商务礼仪商（Business Etiquette Quotient，BEQ）。请选出下列情况中哪些能够准确地反映出你通常是怎样做（而非你希望怎样做）的选项。

（1）当我被邀请参加一项商业活动时，我总是在一星期内做出答复。（　　　）

A．是　　　B．不是　　　C．有时

（2）我总是在收到信息的同一天回电话。（　　　）

A．是　　　B．不是　　　C．有时

（3）无论是工作还是在家中，我从不咒骂人。（　　　）

A．是　　　B．不是　　　C．有时

（4）我总是在被邀请进餐后、或收到礼物后、或别人对我做出任何善意的表达之后，回信息或电话感激对方。（　　　）

A．是　　　B．不是　　　C．有时

（5）我的进餐礼仪很好。（　　　）

A．是　　　B．不是　　　C．有时

（6）我将自己看作团体的一员，不会为了寻求上司对我个人业绩的奖励而单独行动。（　　　）

A．是　　　B．不是　　　C．有时

（7）我会立即处理重要的信件，而在一周内答复其余的。（　　　）

A．是　　　B．不是　　　C．有时

（8）在与来自另一种文化的人交往之前，我会花一些时间来学习其文化特有的礼仪，而不至于由于无知而冒犯对方。（　　　）

A．是　　　B．不是　　　C．有时

（9）当别人的工作值得称赞时，我从不会吝啬自己的口头或书面的赞赏。（　　）

A．是　　　B．不是　　　C．有时

（10）我会给我重视的商业伙伴送出节日的问候。（　　）

A．是　　　B．不是　　　C．有时

计分方法：选A"是"得3分，选C"有时"得2分，选B"不是"得1分。请把所有的分数相加，总分达到28～30分，则商务礼仪商为优秀；25～27分为良好；20～24分为一般；19分及以下为不及格。

第 *1* 章

汽车服务顾问形象设计

 **本章学习目标**

1. 了解仪容知识和饰物佩戴的方法。
2. 了解化妆的基本步骤，从而修正自身的局部缺陷，展现独特的气质。
3. 掌握交往沟通时微笑的表情。

　　商务人员在商务活动中，个人形象至关重要，它体现了一个人综合素质及修养的高低，也体现了企业的整体形象。一个人的仪容仪表要与他的年龄、体形、职业和所在的场合吻合，表现出一种和谐，这种和谐能给人以美感。对于年龄来说，不同年龄的人有不同的穿着要求，年轻人应穿着鲜艳、活泼、随意一些，体现出年轻人的朝气和蓬勃向上的青春之美；中老年人的着装则要注意庄重、雅致、整洁，体现出成熟和稳重。对于不同体型、不同肤色的人，就应考虑到扬长避短，选择合适的服饰。职业的差异对于仪表的协调也非常重要，例如，教师的仪容仪表应端庄，学生的仪容仪表应大方、整洁。

1.1　汽车服务顾问的仪容礼仪

1.1.1　面部修饰礼仪

　　清洁的仪表，得体的修饰，往往影响着工作的效果，不能忽视。心理学上讲的"首因效应"，即人的知觉的第一印象往往形成顽固的心理定式，在 30 秒内形成的第一印象对后期的一切信息将产生指导效应，所以说，清洁是仪容美的关键，是个人礼仪的基本要求。

1．面容清洁

要求每日早晚洗脸，清除附在面部的污垢、汗渍等不洁之物。正确的洗脸方法有助于保持皮肤的弹性，保持血液循环良好和新陈代谢的正常运行，因此，要注意洗脸的方法。首先用温水先润湿脸部；然后用适当的清洁剂（洗面奶、香皂、洗面膏等），用手由下向上揉搓、打圈，手经过鼻翼两侧至眼眶周围正反打圈，从上额至颧骨至下颌部位反复打圈，由颈部至左、右耳根反复多次，这是借助于光滑的洗面材料起到对皮肤的按摩作用；再用温水冲净面部的洗面用料；最后用凉水冲洗，令毛孔收缩。

为了养护面容，平日多吃水果蔬菜，多喝水，以保持充足的水分，防止皮肤粗糙干燥；要保证足够的睡眠，使面部看上去红润；夏季，要及时擦去脸上的汗水，冬天，在外出前要擦好润肤产品，以便保护肌肤。

2．口部清洁

保持牙齿清洁，要坚持早晚刷牙。常规的牙齿保洁应做到"三个三"：三顿饭后都要刷牙；每次刷牙的时间不少于三分钟；每次刷牙的时间应在饭后三分钟内。口腔异味影响交际，必要时可以用口香糖来减少口腔异味。但要注意，在正式场合嚼口香糖是不礼貌的，与人交谈时，更应避免。

我国当代风俗是男子不蓄胡须，所以，若不是老人或职业上的特殊需要，都不要蓄胡须。男士每日要把脸刮洗干净，特别要指出的是，不可以当众剃须。商务男士一般不提倡留长发、蓄胡须。

3．头发清洁

应该养成周期性洗发的习惯，一般每周洗2～3次。易出油的头发应该2天洗1次；干性的头发洗发间隔时间可稍长一些。洗发前先将头发梳理通顺，湿润后再用洗发用品轻揉，最后冲洗干净。

初秋往往会出现头皮屑增多、脱发、断发的现象，主要原因是夏季强烈阳光的辐射，再加上风吹、汗渍等使头发正常生长受到影响，所以，在入秋前对头发要精心保养。养护头发，可补充一些营养护发素等；如果发现发尖分叉，应及时修剪；在洗发时，洗发剂和肥皂不宜在头发上停留太长时间，因其性质属碱性，对头发会有损害；梳头时，一定要留意，上衣和肩背上不应落有头皮屑和脱落的头发。

扫码学习《发型》

4．手部清洁

在交际活动中，手占有重要的位置。接待客人时，我们通常以握手的礼节来表示对客人的欢迎，然后再伸出手递送名片等，客人总是先接触到我们的手，并以此形成第一印象。通过观察手，可以判断出一个人的修养与卫生习惯，甚至对生活的态度。因此，应经常清洗自己的手，并及时修剪指甲。手的清洁与一个人的整体形象密切相连，应当引起足够的重视。但是，在任何公众的场合修剪指甲，都是不文明、不雅观的举止。

5．身体清洁

讲究个人卫生，养成良好的卫生习惯，要求身体勿带异味。每日洗澡是必要的，尤其是参加一些正式活动之前。如果有"狐臭"，应及时治疗，避免在公务交往中引起交往对象的反感。有些人喜欢使用香水，走到哪里香到哪里，这也是不礼貌的，所以，在工作中最好不用香水。

6．鼻部清洁

在接待客人前，最好检查一下自己的鼻毛是否过长，以免有碍观瞻。如果鼻毛过长应用小剪刀剪短，但不要去拔。保持鼻腔的清洁，不要用手去抠鼻孔，尤其是在客人面前，因为这样做既不文雅，也不卫生。

 **相关链接**

孙权拒庞统于门外

《三国演义》中凤雏庞统当初准备效力东吴，于是去面见孙权。孙权见到庞统相貌丑陋，心中先有几分不喜，又见他傲慢不羁，更觉不快。最后，这位广招人才的孙仲谋竟把与诸葛亮比肩齐名的奇才庞统拒于门外，尽管鲁肃苦言相劝，也无济于事。众所周知，礼节、相貌与才华绝无必然联系，但是礼贤下士的孙权尚不能避免这种偏见，可见第一印象的影响之大。

1.1.2　肢体修饰礼仪

现代人都喜欢佩戴一些饰物，以使自己看上去更漂亮、更具个性。饰物搭配组合变化，形式很多，正确的搭配能体现出佩戴者的品位、个性。佩戴饰物还应注重与四周环境相称以起到互补的艺术效果。但是许多人在佩戴饰物后不仅没有达到这一目的，反而还为自己的形象打了折扣，这就是饰物佩戴得"不合时宜"。

第一，求精不贪多。女士喜爱佩戴戒指、项链、耳环、胸针，在工作中和生活中，身上所使用的饰物通常越少越好。在商务场合里佩戴首饰，应限制在三种之内。新娘可以多加配饰，身材丰满的女士配饰不宜过大。

第二，同质同色。同质同色就是指色彩和款式要协调。比如，在穿旗袍参加酒会时，黑色旗袍，戴上一枚黄金的胸针，就很醒目。如果戴一枚黄金的胸针，那么戒指或者项链也要首选黄金质地的；要戴眼镜，金丝边眼镜跟这枚黄金胸针很搭配。金色配黑色显得庄重。质地、色彩要相同，项链选铂金可用纯银饰品搭配。

第三，符合习俗。现在大家经济条件好了，戴黄金、铂金的人倒少了，戴珠宝的人却越来越多。北方人佩戴翡翠的一个讲究是：男戴观音，女戴佛。它就是一种习俗。再比如，在欧美国家，特别是到信奉天主教的国家，千万不要佩戴有十字架的挂件。

第四，注意搭配。佩戴饰物时，应使之与服装和谐、与其他首饰和谐。例如，佩戴一枚高档的钻戒，搭配时装最好，至少它们会相得益彰；穿牛仔裤，穿乞丐装，即使戴着正宗的钻戒，他人也会以为戴的钻戒是玻璃做的；戴一般御寒的手套时，戒指应戴在手套的里面；在戴薄纱手套时，戒指应戴在手套的外面；在穿丝袜的时候，脚链戴在丝袜外面；在穿制服、穿套装、穿套裙的时候，女士不宜戴脚链。

1. 戒指

戒指戴在不同手指上，将给对方不同的信息。右手小指：不谈恋爱。右手无名指：热恋中。右手中指：名花有主。右手食指：单身贵族，等待爱情。左手小指：单身贵族、不婚族。左手无名指：结婚。左手中指：订婚。左手食指：未婚、求偶。大拇指都是代表权势的意思，也可以看作自信的意思。

商务场合，在同一只手上戴两枚戒指时，色泽要一致，而且一枚戒指复杂时，另一枚戒指一定要简单。此外，最好选择相邻的两只手指，如中指和食指、中指和无名指或无名指和小指，千万不要中间隔着一座"山"。

2. 项链

戴项链时应避免因文化差异产生的误解。外事活动时，不戴有猪、蛇生肖的挂件，有耶稣殉难像的十字架，有"卐"字形的挂件。女士的项链、挂饰可视情况露出或隐藏起来。佩戴项链时，在款式、色彩与服饰配套方面要注意"对路"，尺寸准确；要考虑装饰效果，服饰配合；要讲究不同质料匹配效果。

3. 耳饰

穿西装套裙时，不要在一只耳朵上同时戴两只或两只以上的耳环，也不要只在一只耳朵上戴耳环。

耳环佩戴要注意脸型：瘦脸型适合佩戴大而圆的耳环；圆脸型适合重坠形的串珠式耳环、水滴形的耳环；瓜子脸型适合圆形或重坠形的耳环。

耳环佩戴要注意肤色：肤色较暗的人可选择银白色，用珍珠耳饰来掩饰肤色的暗淡；皮肤白嫩的女士适合佩戴红色或暗色系耳饰衬托肤色的光彩。

耳环佩戴要注意发型：长发与狭长的耳坠搭配可显示淑女的风采；短发与精巧的耳钉搭配可衬托女性的精明；不对称的发型与不对称的耳饰搭配可使人赏心悦目；古典的发髻搭配吊坠式耳饰可使人优雅、高贵。

4．手饰和手表

工作场合若佩戴手镯，其形状不宜过于招摇、档次不宜过低。着西装时不戴木、石、皮、骨、绳、塑料等艺术性手镯。手镯可戴一只，通常戴右手上，也可戴两只，但一只手上只准戴一样饰物，手镯、手链、手表任选一样。手链通常只宜戴一条，不要戴在袖口之上或有意露出。手镯或手链戴在左右两臂或仅是左腕，说明已婚。假如身体左边有部位不舒服，戴右手；身体右边有部位不舒服，则戴左手。

作为功能性配件，职业女士在工作时需佩戴手表。在社交场合佩戴手表，通常意味着时间观念强、作风严谨。

5．墨镜

墨镜要考虑整体效果。参加室内活动与人交谈，不要戴墨镜；若有眼疾需要戴时，要向对方表达歉意；在室外，参加隆重的礼仪活动，也不应戴墨镜。

6．胸花

胸花是女士胸、肩、腰、头等部位佩戴的各种花饰，一般佩戴在左胸部位，也可依据服装设计要求和整体效果将其佩戴在肩部、腰部、前胸或发髻等处。佩戴的胸花要高雅。佩戴胸花、胸针的具体高度，应在从上往下数的第一、第二粒纽扣之间。

7．手提包

手提包是女士日常出席正式场合活动的重要饰物，要求小巧、新颖，给人以赏心悦目的感觉，手提包的颜色要与季节、服装、场合、气氛相协调。在严肃的社交场合，可使用颜色较暗、形状较方正的提包；参加舞会或宴会，可使用颜色鲜艳的羊皮小包或缎面小包。

1.1.3　职场头发修饰礼仪

商务人员的发型以端庄、简约、大方为主导风格，应避免离奇古怪、不伦不类的造型。

保持头发整洁且没有头屑，一般认为每周至少应当对自己的头发清洗 2～3 次。洗发时要选择适于自己发质的洗发水，洗净后适当抹一下护发素或焗油膏，以保持头发的柔顺。不要将头发染成抢眼的色彩，以接近自然色为宜。与制服配套，不要戴帽子。

1．女性商务人士发型推荐

有光泽、健康、良好的秀发，会为女性倍添魅力。因此，女士要注意头发的保养和护理，并且时刻注意自己的头发状况，定时修剪。干练是商务发型的重点，要显得干练，头发不能披在肩上或脸上；头发不能挡住双眼；头发应固定在耳际后，露出双耳。发卡应尽量朴素，颜色应为自然色或深色（如蓝，灰，黑，棕）。

（1）盘发。盘发是最常用、最流行的商务发型。盘发给人一种整洁、干练的感觉。特别是露额盘发，更有一种高贵、端庄之感，特别适合正式的穿着打扮。

（2）短发。短发给人一种十分干练的感觉，是较为理想的商务发型。

（3）辫子。将头发束成高高的马尾辫，显得年轻充满活力。自然编起的麻花发型，增添了一丝淑女之风，比较适合简单的办公室里的正装、裙装。

2．男性商务人士发型推荐

职场上的商务精英的发型不仅能体现自己对生活的态度，更能够让他人看到自己的品位以及对待工作的精神。商务男士发型不宜使用彩色发胶、发膏；不宜使用发饰；头发不要遮住耳朵和额头；不要留长发，做到"前不附额，侧不掩耳，后不及领"。

（1）黑色的短发，整个发型只是比板寸再稍微长些，短短的额前的头发也是全都往上梳，那种稳重的感觉油然而生。

（2）用发蜡轻轻地抓取，就可以营造自然的卷发发型。

（3）稍微成熟一点点的发型，整体都是短短的，二八的分界，刘海梳向一边并稍微往上，整洁而干净，是很利落的形象。

1.1.4 女士职场化妆的基本程序

1．化妆品的选择

不同类型的化妆品，有其各不相同的功能和特定的使用范围。商务人士在使用化妆品之前应了解一下各种化妆品的具体用法，如果"张冠李戴"，则会让他人见笑，破坏自己的个人形象。从理论上讲，化妆品可以划分为四种类型，它们各有自己独特的功能，不可混淆滥用。

　　润肤型化妆品的主要功能是护理面部、手部以及身体其他部位的皮肤，使之更为细腻、柔嫩、滋润。这类化妆品常见的品种有香脂、乳液、洁面霜、润肤蜜、雪花膏。

　　美发型化妆品的主要功能是保护头发，止痒去屑，以及为头发塑造出种种美妙动人的造型。香波、润丝、发蜡、发乳、发油、焗油、发胶膏、摩丝、冷烫液、染发水、生发水等，都属于这一类型。

　　芳香型化妆品的主要功能是溢香祛臭、芬芳宜人，有的还兼有护肤、护发和防止蚊虫叮咬等作用。香水、香粉，香粉蜜、花露水、爽肤水等，都是以芳香为主要特征的化妆品。

　　修饰型化妆品的主要功能是通过在面部适当部位的着色，来为人们扬长避短，使化妆者看起来更加亮丽生辉。最常见的修饰型化妆品有粉饼、油彩、唇膏、眉笔、眼影、睫毛膏、化妆水等。由于这一类型的化妆品绝大多数都以其"特色"见长，所以它又被人们称为有色型化妆品或彩妆型化妆品。

　　各种化妆品都有自己独特的用途，例如，作为油脂性润肤膏的一种，香脂因为含有大量油脂，适合人们在冬季使用。将它擦于面部、手背与耳朵后面，不仅可以滋润皮肤、预防皲裂，还可以在一定程度上起到御寒防冻的作用。但是，若将其使用于烈日当空的夏季，非但对化妆者毫无帮助，反而会堵塞其皮肤毛孔，妨碍其排污、排汗，甚至会让化妆者生疮、生疖，看上去"油头滑脑"、面目可憎。再如，花露水的主要作用是可以替化妆者祛除汗味，并可以防止蚊虫叮咬，如果把它当成香水而用于正式场合，显然不甚合适。以上事例表明，在美容化妆时，务必先要掌握化妆品的具体用法，否则就可能事倍功半、徒劳无益。

　　扫码学习《仪容的修饰》

2. 女性商务人士化妆的基本规则

　　化妆的目的是要突出自己最美的部分，并巧妙地弥补不足之处。化妆要自然协调、不留痕迹。化妆要因人、因时、因地制宜，切忌强求一律，应表现出自己的个性美，避免"千人一妆"。化妆品不宜久留面部，临睡前应清洗干净，以保持面部皮肤的清洁，切忌在原来的化妆基础上，再涂新的化妆品，这样做不仅会使化妆失去光泽，还会损害皮肤。

　　夜间，特别是在彩色灯光的照耀下，应着发亮的化妆品，如眼影膏、珠光唇膏等，但涂的范围不应太大。有皮肤病的患者，应尽量避免浓妆艳抹，可适当地化些局部淡妆，注意保持化妆用品和化妆用具的清洁卫生。

3．化妆的步骤

（1）打粉底

用有效的清洁用品彻底清洁皮肤，涂抹能改善并保护皮肤的护肤品，包括紧肤水或爽肤水、面霜、眼霜。精致的化妆应使用几种颜色的粉底，将面部呈现出立体效果，显示出明暗差异。用海绵蘸取粉底，在额头、面颊、鼻部、唇周和下颌等部位，采用印按的手法，由上至下，依次将底色涂抹均匀。各部位要衔接自然，不能有明显的分界线。在鼻翼两侧、下眼睑、嘴唇周围等海绵难以深入的细小部位可用手指进行调整。

（2）修饰眉毛

从眉腰处开始，顺着眉毛的生长方向，描画至眉峰处，形成上扬的弧线。从眉峰处开始，顺着眉毛的生长方向，斜向下画至眉梢，形成下降的弧线。由眉腰向眉头处进行描画。用眉刷刷眉，使其柔和，与各部位衔接。

扫码学习《眉的修饰》（王亚维主讲）

（3）眼部修饰

眼部的修饰首先是涂眼影，眼影颜色的选择因人而异，汽车服务顾问工作时的眼影要选择色浅、清爽，不要超过两种颜色的眼影搭配。一般来说，先涂稍浅一点颜色的眼影，接着将深色眼影刷在最贴近上睫毛根部处。

画眼线：闭上眼睛，用一只手在上眼睑处轻推，使上睫毛根充分暴露出来，用眼线笔进行描画，画下睫毛线时，向上看，由外眼角向内眼角进行描画。

夹睫毛：眼睛向下看，将睫毛夹夹到睫毛根部，使睫毛夹与眼睑的弧线相吻合，夹紧睫毛5秒左右松开，在不移动夹子的位置连做1～2次，使弧度固定。用睫毛夹在睫毛的中部，顺着睫毛上翘的趋势，夹5秒左右后松开。最后用睫毛夹在睫毛的前端再夹一次，时间2～3秒，形成自然的弧度。

涂睫毛膏：涂上睫毛时，眼睛向下看，睫毛刷由睫毛根向上向外转动。涂下睫毛时，眼睛向上看，先用睫毛刷的刷头横向涂抹，再由睫毛根部由内向外转动睫毛刷。

（4）刷腮红

取合适的腮红，从颧弓下陷处开始，由发际向内轮廓进行晕染。

（5）涂唇彩

唇彩色彩的选择应与腮红一致，与脸部其他部位相比，不可太突出。先在唇部涂些润唇膏，再上些唇彩就可以了。注意唇彩千万别涂整张嘴唇，在嘴唇正中点上唇彩，再抿一下，效果会比较好。

扫码学习《腮红与唇》

（6）定妆

用粉扑将蜜粉扑在面部，但不要用粉扑在妆面上来回摩擦，这样会破坏粉底，粉底防止脱妆的关键在于鼻部、唇部及眼部周围，这些部位要小心定妆。最后用掸粉刷将多余的定妆粉掸掉，动作要轻，以免破坏妆面。定妆要牢固，扑粉要均匀，在易脱妆的部位可进行几遍定妆。

 **相关链接**

不同脸型化妆技巧

莱布尼茨说，"世界上找不到两片相同的树叶。"尼采更概括地说，"世界上本来没有相同的东西。"人的相貌也是如此，即便是双胞胎也有不同之处。虽然人的头部构造相同，相貌却呈现千差万别，这是因为头骨是由许多块不规则形状骨骼构成的，每个人骨骼大小形状不一，每块骨骼上又附着着不同厚度的肌肉、脂肪和皮肤，形成了不同的转折、凹凸和弧面，所以有了不同的脸型和相貌。一般可归纳总结为六种脸型：蛋形脸、圆形脸、方形脸、长形脸、三角形脸、菱形脸。化妆的功能性是修饰面部，使之协调美观。修饰脸型是从整体出发，修饰五官是从局部刻画。化一个完美妆面就像是完成一幅绘画作品，是一个从整体到局部，再从局部到整体的过程，了解了骨骼和肌肉的构造后，再在面部轮廓和五官上进行修饰，会收到事半功倍的良好效果。

1. 蛋形脸

世界各国均认为"瓜子脸、鹅蛋脸"是最美的脸型，从标准脸型的美学标准来看，面部长度与宽度的比例为 1.618 : 1，这是符合黄金分割比例的。

标准脸型给人以视觉美感，我国用"三庭""五眼"作为五官与脸型相搭配的美学标准："三庭"是把人的面部长度三等分，外鼻长度正好是其中的三分之一；"五眼"是把人的面部宽度五等分，眼睛的宽度正好是其中的五分之一。现实中，完全符合美学标准的脸型比较少见，大多数人的脸型都有这样或者那样的缺陷，在以下其他脸型的修饰中，均以蛋形脸为标准，在保留自身个性美的基础上向其靠拢，起到修饰、矫正作用。

2. 圆形脸

面颊圆润，面部骨骼转折平缓无棱角，脸的长度与宽度的比例小于 4 : 3，给人珠圆玉润、亲切可爱的视觉感受，反之，也会给人肥胖或缺少威严感的感觉。用如下修饰方法。

脸型：用暗影色在两颊及下颌角等部位晕染，削弱脸的宽度，用高光色在额骨、眉骨、鼻骨、颧骨上缘和下颏等部位提亮，加长脸的长度和增强脸部立体感。

眉：眉头压低，眉尾略扬，画出眉峰。使眉毛挑起上扬而有棱角，破坏掉脸的圆润感。

眼部：在外眼角处加宽加长眼线，使眼形拉长。

鼻部：拉长鼻形，高光色从额骨延长至鼻尖，必要时可加鼻影，由眉头延长至鼻尖两侧，增强鼻部立体感。

腮红：由颧骨向内斜下方晕染，强调颧弓下陷，增强面部立体感。

唇部：强调唇峰，画出棱角，下唇底部平直，削弱面部圆润感。

3. 方形脸

额角与下颌角较方，转折明显，使人看起来正直刚毅坚强。反之，不柔和，有点男性化。用如下修饰方法。

脸型：用高光色提亮额中部、颧骨上方、鼻骨及下颌使面部中间部分突出，忽略脸型特征。暗影色用于额角、下颌角两侧，使面部看起来圆润柔和。也可借助刘海和发带遮盖额头棱角。

眉：修掉眉峰棱角，使眉毛线条柔和圆润，呈拱形，眉尾不宜拉长。

眼部：强调眼线圆滑流畅，拉长眼尾并微微上挑，增强眼部妩媚感。

腮红：颧弓下陷处用暗色腮红，颧骨上用淡色，斜向晕染，过渡处要衔接自然，使得面部有收缩感。

唇部：强调唇形圆润感，可用粉底盖住唇峰，重新勾画。

4. 长形脸

三庭过长，两颊消瘦，脸的长度与宽度的比例大于4∶3，这种脸型给人感觉缺少生气，有沉着、冷静、成熟的感觉。用如下修饰方法。

脸型：用高光色提亮眉骨、颧骨上方，鼻上高光色加宽但不延长，增强面部立体感。暗影色用于额头发际线下和下颌处，注意衔接自然，这样在视觉上使得脸型缩短一些。

眉：修掉挑高的眉峰，使眉毛平直，不宜过细，拉长眉尾，这样可拉宽缩短脸型。

眼部：加深眼窝，眼影向外眼角晕染，拉长加宽眼线，使眼部妆面立体，眼睛大而有神，忽略脸部长度。

鼻部：用高光色把鼻梁加宽，面积宽而短，收敛鼻子长度，不宜加鼻影。

腮红：应横向晕染，由鬓角向内横扫在颧骨最高点，用横向面积破坏掉脸型的长度感。

唇部：唇形宜圆润饱满。

5. 三角形脸

分正三角形脸和倒三角形脸。

（1）正三角形脸额部窄，下颌较宽大，也称梨形脸，给人感觉富态、柔和平缓。用如下修饰方法。

脸型：可于化妆前开发际，除去一些发际边缘的毛发，使额头变宽，用高光色提亮额头眉骨、颧骨上方、太阳穴、鼻梁等处，使脸的上半部明亮、突出、有立体感。用暗影色修饰两腮和下颌骨处，收缩脸下半部的体积感。

眉：使眉距稍宽，眉不宜挑，眉形平缓拉长。

眼部：眼影向外眼角晕染，眼线拉长，略上挑，使眼部妆面突出。

鼻部：鼻根不宜过窄。

腮红：由颧角向鼻翼方向斜扫。

唇部：口红颜色宜淡雅、自然，让视觉忽略脸的下半部。

（2）倒三角形脸

倒三角形脸额头较宽，下颌较窄，下颏尖，是一种比较好看的脸型，缺点是会给人以病态美感。用如下修饰方法。

脸型：用高光色提亮脸颊两侧，使两颊看起来丰满一些，用暗影色晕染额角及颧骨两侧，使脸的上半部收缩一些，注意粉底自然过渡。

眉：眉形应圆润微挑，不宜有棱角，眉峰在眉毛 2/3 向外一点。

眼部：眼影晕染重点在内眼角上，眼线不宜拉长。

腮红：宜用淡色腮红横向晕染，增强脸部丰润感。

唇部：唇形宜圆润饱满。

6. 菱形脸

额头较窄，颧骨突出，下颏窄而尖，这种脸型比较难选发型，易给人以缺乏亲和力、尖锐、敏感的印象。用如下修饰方法。

脸型：用暗影色修饰高颧骨和尖下巴，削弱颧骨的高度和下巴的凌厉感，在两额角和下颌两侧提亮，可以使脸型显得圆润一些。

眉：适合圆润的拱形眉，破坏掉脸上的多处棱角。

眼部：眼影应向外晕染，拓宽颞窝处宽度，眼线也要适当拉长上挑。

鼻部：加宽鼻梁处，使鼻梁挺阔。

腮红：应自然、清淡，不宜突出，可以省略。

项目一　职场仪容修饰实训

实训目的

1. 了解职场仪容的基本常识。

2. 能够在职场中进行恰当的自我形象塑造。

情境描述

从古至今，女人与装扮之间似乎是可以画上等号的。在大英博物馆里，珍藏着一个妇女用的化妆盒，化妆盒里有象牙梳、火山石、用来盛化妆品的小罐、润肤膏等，经考证，这是属于 1400 年前的古埃及女性的。清李笠翁《闲情偶寄》中〈修容〉卷开篇即说："妇人惟仙姿国色，无俟修容，稍去天工者，即不能免于人力矣。""天姿国色"者毕竟是屈指可数，大多数女人恐怕都要借助化妆这种"外力"来实现自己对美的追求了。爱美之心人皆有之，俗话说"三分人才，七分打扮"。有人认为，装扮自己既是一种自我美丽，也是一种对别人的尊重。但也有人反对这种违背本色，靠化妆品展示出来"假我"的做法。

那么，您是怎样认为的呢？真正的美应当是"清水出芙蓉，天然去雕饰"，还是"淡妆浓抹总相宜"呢？

实训内容

职场仪容修饰实训内容及操作规范如表 1.1 所示。

表 1.1　职场仪容修饰实训内容及操作规范

实训内容	实训步骤	基本要求	注意事项
职场仪容修饰	头发清洁及发型	1. 定期清洁头发； 2. 定期修剪头发； 3. 经常梳理头发	应该养成周期性洗发的习惯，一般每周洗 2~3 次。易出油的头发应该 2 天洗 1 次；干性的头发洗间隔时间可稍长一些。洗前先将头发梳理通顺，湿润后用洗发用品轻揉，最后冲洗干净
	面部清洁	要求每日早晚洗脸，清除附在面部的污垢、汗渍等不洁之物	为了养护面容，平日多吃水果、蔬菜，多喝水，以保持足够的水分，防止皮肤粗糙、干燥；要保证充足的睡眠，使面部看上去红润；夏季，要及时擦去脸上的汗水，冬天，在外出前要擦好润肤产品，以便保护肌肤
	牙齿与口部清洁	1. 坚持早晚刷牙； 2. 口气清新，无异味	常规的牙齿保洁应做到"三个三"：三顿饭后都要刷牙；每次刷牙的时间不少于三分钟；每次刷牙的时间应在饭后三分钟内
	手部清洁	1. 注意手部卫生； 2. 不留长指甲； 3. 女士忌涂深色指甲油	应经常清洗自己的手，并及时修剪指甲。在任何公众的场合修剪指甲都是不文明、不雅观的举止
	身体清洁	养成良好的卫生习惯，勤洗澡、身体无异味	在职场中最好不用香水
	鼻部清洁	早晚注意清洁鼻子内部	经常修剪鼻毛，不要用手去抠鼻孔，尤其是在客人面前，这样做既不文雅，也不卫生
	耳部清洁	耳内不能存有明显的分泌物	清洁耳孔时应注意不宜用尖锐物品，可用棉签清理或到正规的医院处理
	胡须	男士胡须修剪干净、下颚清爽整洁、光滑	男士应该把每天刮胡须作为自己的生活习惯

实训实施

1．实训地点：教室、实训室、会议室等。

2．实训分组：按照每个班 50 人分组，每组 5 人。

3．教师演示：教师设定情境，并且进行演示，内容包括头发清洁及发型修饰、面部清洁、牙齿与口部清洁、手部清洁、身体清洁、鼻部清洁、耳部清洁、男士修剪胡须。

4．实训演练：每组选出学生进行展示。

5．考核打分：按照考核表（见表 1.2）的考核要求进行严格考核，考核由教师点评、学生互评、学员自评三部分组成，增加学生评分是为了增加其他学生的参与度，并且将每一次的考评分数都作为期末成绩的一部分。

6．课后总结：教师对所有的小组都进行点评，不仅要点评演示的表现，还要评价每个小组的参与度。

表 1.2　考核评价表

考核内容	评价标准	分值	自评（20%）	互评（20%）	教师评分（60%）	得分
头发清洁及发型	1．头发清洁、无异味、无头屑； 2．男士发型不能过长，前发不覆额，侧发不过双耳，后发不过衣领； 3．女士盘发	15 分				
面部清洁	面部无油光，皮肤毛孔清洁、无黑头、无脓包、痤疮	10 分				
牙齿与口部清洁	1．牙齿洁白，无明显牙垢、牙斑，茶渍等； 2．口气清新、口腔清洁	15 分				
手部清洁	1．指甲长短适中； 2．不涂深色指甲油； 3．手部干净、清洁	15 分				
身体清洁	身体无异味	15 分				
鼻部清洁	1．鼻毛不外露； 2．鼻部无分泌物	10 分				
耳部清洁	1．耳孔内无分泌物和灰尘； 2．耳孔内干净、无垢	10 分				
男士修剪胡须	男士应每天都修剪胡须	10 分				
总分						

项目二　女士化妆实训

实训目的　掌握女士职场妆容的基本画法。

情境描述

小张奉公司老总的命令到一家外企去拜访客户，想力争外企的广告方案设计权。去拜访之前，她对自己进行了精心修饰：化了时下最流行的彩妆，做了最前卫的发型。

来到公司，小张发现回头率比较高，她甚至感到一点儿得意。正在这个时候，小张碰见了恰好来此处办事的好朋友王女士。"你也来找人吗？"王女士问道。"我是来拜访我们公司的客户。""拜访客户？你这副尊荣我还以为这家公司请你来表演呢。"快人快语的王女士说道。"是吗？"小张疑惑起来，她的心里一下子变得不淡定起来，开始的自信也动摇了。在后来的拜访中，小张因为这次失败的化妆完全乱了阵脚，拜访结果也就不言而喻了。

实训要求　让学生对职场妆容进行讨论，根据讨论结果进行化妆实践，最后教师进行分析点评。

实训内容

女士化妆实训内容及操作规范如表 1.3 所示。

表 1.3　女士化妆实训内容及操作规范

实训内容	实训步骤	基本要求	注意事项
女士化妆	化妆前的准备	1. 护肤； 2. 选择合适的化妆品及化妆工具	1. 人的皮肤可分为中性、油性、干性三种类型，每个人必须了解自己的皮肤性质，以便选用不同的化妆品，并采用不同的方法保护； 2. 要注意化妆品的保质期，不购买、不使用已过保质期的化妆品，不要经常更换或交叉使用不同品牌的化妆品，这样会增加皮肤负担
	化妆的基本程序	洁面	使用洁面产品清洁时，需要用指腹轻轻地以打圈的手势进行按摩清洁，任何洁面产品在面部停留的时间以两分钟内为宜，并且一定要用清水冲洗干净。特别注意嘴唇四周和鼻部容易长粉刺和痤疮的部位，一定要仔细揉搓，使污垢浮出，深层清洁毛孔
		润肤	洁面程序完成后，以拍打的方式上紧肤水至皮肤完全吸收，然后选择乳液或润肤霜涂抹于面部，按照由中央朝外，由下朝上的要领画圈涂抹，轻拍至吸收
		打粉底	1. 要先清洁好面部。清洁面部后，有条件的可以在涂抹粉底前，涂一点隔离霜，以便粉底更容易上妆、服帖； 2. 选择与自己肤色接近的颜色粉底，并考虑自己皮肤的类型； 3. 用海绵块或手蘸取粉底，由鼻处向外均匀地涂抹于面部，不要忽略细小的部位； 4. 不要忘记脖颈部位，在面部与脖颈衔接处要渐淡下去，粉底不能涂得太厚，要清晰、自然
		修饰眉毛	在眉形修好之后，需要用眉笔或眉粉顺着眉毛生长的方向慢慢描绘，眉头应较深较粗，而眉尾则逐渐变细。画眉时可从眉毛的三分之一处或眉毛弯曲弧度的地方开始画，然后逐渐往前推，整个眉形的描绘要过渡自然，转折处不可过于"尖锐"

实训内容	实训步骤	基本要求	注意事项
女士化妆	化妆的基本程序	修饰眼部	眼影由内至外、由深变浅的过渡是自然的、有层次的。眼影涂好后，就可以画眼线了，画眼线时，一般由眼尾向眼头描画，也可从两边向中间画。从内眼角到外眼角的方向是由粗变细，甚至外眼角处眼线可拉长或向上微翘。接着，在画好眼线之后，就是睫毛的处理了。可以涂抹黑色的睫毛膏，涂睫毛膏时，应先用专业的睫毛夹稍微夹一夹上眼睫毛，使得睫毛由内向外翻卷，然后从睫毛根部到睫毛末端涂抹睫毛膏
		刷腮红	刷腮红一定要注意左右对称，不然给人高低脸、大小脸的错觉。在你微笑时，脸颊的最高点为腮红的中心，在耳朵前方至太阳穴的区域涂抹即可。用腮红刷蘸取腮红后，轻轻弹掉部分色粉，避免上色过重。涂腮红可以用打圈式或横向式，如果是长形脸，可以用打圈式画出较圆的腮红范围；若是小圆脸，则适合用横向式刷出斜向的腮红，以调和脸型的不标准
		涂唇彩	唇彩的涂抹切记夸张、浓艳的颜色
		修妆	化妆过程完成后，站在离镜子稍远的地方来看整体效果，检查妆容的完整情况，若有不足之处可做适当修补，以达到理想的妆容效果
		定妆	定妆需要使用定妆粉，目的是使已画好的面部妆容更加持久不脱妆。用粉扑蘸取定妆粉，均匀地扑到妆面上，只需薄薄一层即可。扑好后，可使用大号粉刷将妆面上的浮粉扫掉
		妆后检查	妆后检查忌"手镜效果"，即把镜子贴近面部检查，因此，需在距离镜子50厘米处审视自己

实训实施

1．实训地点：教室、实训室、会议室。

2．实训工具：化妆品，包含乳液、隔离霜、粉底液、干/湿两用粉、腮红、定妆散粉、腮红、眼线笔、睫毛膏、眼影、唇彩/口红、眉笔/眉粉。化妆工具，包含粉扑、海绵、睫毛夹、眉刀、眉钳、眼影刷、腮红刷、眉粉刷。

3．实训分组：按照每个班50人分组，每组2人。

4．教师演示：教师进行实操演示，内容包括化妆前的准备和化妆的基本程序。

5．实训演练：学生自己给自己进行妆容设计，教师进行妆容分析和点评；以组为单位，给对方进行妆容设计，教师进行妆容分析和点评。

6．考核打分：按照考核评价表（见表1.4）的考核要求进行严格考核，考核由教师点评、学生互评、学员自评三部分组成，增加学生评分是为了增加其他学生的参与度，并且将每一次的考评分数都作为期末成绩的一部分。

7．课后总结：教师对个人及所有的小组都进行点评，不仅要点评演示的表现，还要评价每个小组的参与度。

表 1.4　考核评价表

考核内容	评价标准	分值	自评（20%）	互评（20%）	教师评分（60%）	得分
底妆操作	1．涂抹一点润肤霜或润肤乳于面部，轻拍至吸收； 2．用海绵块或手指蘸取粉底液，然后晕开，涂抹至全脸，留意细节处，要耐心涂抹； 3．用粉扑蘸取粉饼，涂抹面部，轻压，面部与脖颈处也要衔接； 4．检查底妆浓淡，粉底不可过厚	20 分				
眼部化妆	1．画眉：眉形提前修剪好，用深棕色或咖色眉笔依据眉形描绘。眉头粗眉尾细，不宜过浓，幅度要自然、圆润； 2．涂眼影：先用眼影刷蘸取浅色眼影晕染整个眼部，再在接近睫毛根部涂抹深色眼影，并逐渐向上晕开，变淡； 3．画眼线：沿着睫毛根部用眼线笔描绘	20 分				
刷腮红	用腮红刷蘸取适量腮红涂抹于两颊处，注意应根据不同脸形来选择涂抹的方式	20 分				
涂唇彩	可先使用唇笔描绘上下唇轮廓，然后使用唇彩均匀涂抹于唇部	20 分				
妆容检查	1．发际和眉毛上是否沾上粉底液； 2．双眉是否描绘得高低对称、粗细对称； 3．两颊腮红是否涂得均匀； 4．整个妆面是否均衡； 5．适当调整、修改妆容	20 分				
总分						

重点难点

1．重点：演练和考核过程中的重点是化妆的步骤。

2．难点：演练和考核过程中的难点是化妆的技巧及色彩搭配，化妆要能突出个人特点，避免"千人一妆"。

1.2　汽车服务顾问表情礼仪

表情是人体语言中最为丰富的部分，是人内心情绪的反映，人们通过喜、怒、哀、乐等表情来表达内心的感情。在人际沟通方面，表情起着重要的作用，现代心理学家总结出

一个公式：感情的表达＝7%言语＋38%语音＋55%表情，优雅的表情，可以给人留下深刻的第一印象。表情（见图 1.1）是优雅风度的重要组成部分，构成表情的主要因素：一是目光；二是笑容。

图 1.1　各种表情示意图

1.2.1　汽车服务顾问的微笑

笑有微笑、大笑、冷笑、嘲笑等许多种，不同的笑可表达不同的感情。微笑是指不露牙齿，嘴角的两端略微提起的表情。发自内心的微笑是最美好的，人们的交往应是从微笑开始的，微笑是对他人的尊重、理解和友善。在交往时面带微笑，可以使他人感到亲切、热情和尊重，使自己富于魅力，同时也就容易得到他人的理解、尊重和友谊。微笑的力量是相当巨大的，有人把微笑比作全世界通用的"货币"，因为它容易被世界上所有的人接受。

微笑动作要领如下：

（1）额肌收缩，眉位提高，眼轮匝肌放松。

（2）两侧夹击，和颧肌收缩，肌肉稍隆起。

（3）面部两侧笑肌收缩，并略向下拉伸，口轮匝肌放松。

（4）嘴角含笑并微微上提，嘴角似闭非闭，以不露牙齿或仅露不到半颗牙齿为宜。

（5）面含笑意，但是笑容不显著，嘴角微微向上翘起时，让嘴唇略显弧形。

（6）注意不要牵动鼻子，不发出笑声。

扫码学习《笑的修饰》

1.2.2 汽车服务顾问的目光

生活中人与人交往、相互接触的第一个行为就是眼神。正确地运用眼神会给人际交往增添成功的概率、赢得友情。否则，就会适得其反。在目光运用中，正视、平视的视线更能引起人的好感，显得礼貌和诚恳，应避免俯视、斜视。俯视会使对方感到傲慢不恭，斜视易被误解为轻佻。例如，站着的服务人员和坐着的客户说话，应稍微弯下身子，以求拉平视线；侧面有人问话，应先侧过脸去正视来客，再答话。

正确地运用眼神是直视对方，但不能总盯着对方。盯视，常常传递的是一种不礼貌的语言。如果死死地盯视一个人，特别是盯视他的眼睛，不管有意无意，都显示是一种非礼，对方会感到不舒服，像是你在打他的什么主意。因为，人们在凝视对方时，自己内心肯定会有心理活动，而对方也会有较强烈的心理反应。盯视，在某些特定场合，是作为心理战的招数使用的，在正常社交场合贸然使用，便容易造成误会，让对方有受到侮辱甚至挑衅的感觉。在我们的日常生活中经常遇到一些人的眼神令人生厌。例如，有的人看到对方的服饰或是长相比较出众，就"视无忌惮"地盯视对方，而人的第六感官都是敏感的，只要有人在盯视他，他会本能地意识到，而且会马上将视线转向这个人。所以，尽管不是恶意的盯视，但是，毕竟很不礼貌。

眯视，眯视反映的并不是太友好的语言，它除了给人有睥睨与傲视的感觉外，至少也是一种漠然的语态。另外，在西方，对异性眯起一只眼睛，并眨两下眼皮，是一种调情的动作。

项目三 微笑、眼神实训

实训目的

1. 能在不同场景下正确使用眼神与面部表情，培养自然、大方、真诚的个人形象。
2. 掌握正确的微笑礼仪和眼神礼仪。
3. 体会运用微笑和眼神进行交流的好处。
4. 熟练运用各种表情变化。

情境描述

某日，华灯初上，一家餐厅里客人满堂，服务员来回穿梭于餐桌和厨房之间，一派忙碌气氛。这时一位服务员跑去向餐厅经理汇报，说客人投诉有盘海鲜菜中的蛤蜊不新鲜，吃起来有异味。这位餐厅经理自信颇有处理问题的本领和经验，便不慌不忙地向投诉的客人走去。一看，哟，这不是熟主顾、老食客张经理吗！他不禁心中有了底，于是迎上前去一阵寒暄："张经理，今天是什么风把您吹来了，听服务员说您老对蛤蜊不大对胃口……"这时经理打断他说："并非对不对胃口，而是我请来的香港客人品尝了蛤蜊以后马上讲这道菜大家千万不能吃，有变了质的异味海鲜，吃了非出毛病不可！我是东道主，自然要向

你们提意见。"餐厅经理接着面带微笑,向张经理进行解释"蛤蜊不是活鲜货,虽然味道有些不纯正,但吃了不会要紧的,希望他和其余的客人谅解包涵。"

不料此时,在座的那位香港客人突然站起来,用手指指着餐厅经理的鼻子大骂起来,意思是"你还笑得出,我们拉肚子怎么办?你应该负责任,不光是为我们配药、支付治疗费而已。"这突如其来的兴师问罪,使餐厅经理一下子怔住了!他脸上的微笑变成了哭笑不得。到了这步田地,他揣想如何下台阶呢?他在想,总不能让客人误会刚才我面带微笑的用意吧,又何况微笑服务是饭店员工首先应该做到的。于是他仍旧微笑着准备再做一些解释。不料,这次的微笑更加惹起那位香港客人恼火,甚至摆出打架的姿势,幸亏张经理及时拉住餐厅经理的衣角,示意他赶快离开现场,否则简直难以收场了。

事后,这一微笑服务终于使餐厅经理悟出一些道理来:那就是不应该由于认识客人而想采取大事化小、小事化无的态度。相反,应该一视同仁,诚恳、虚心地接受任何一位客人的意见。如果能站在客人张经理的角度,考虑其处境或考虑到客人吃不到新鲜的蛤蜊以后,可能会产生的种种后果,那么僵局可能不会出现。事实上,由于餐厅经理考虑不周,结果微笑服务走向反面,引发出不愉快的结局!

要懂得,微笑服务固然应该经常加以倡导,但也并非是到处可以套用的化解问题的最好方式。在不同的场合,微笑也要掌握分寸。

实训内容

微笑、眼神实训内容及操作规范如表 1.5 所示。

表 1.5　微笑、眼神实训内容及操作规范

实训内容	实训方法	基本要求	注意事项
微笑	眼神笑容法	用手遮住鼻子和嘴,只露出眼睛,练习让自己的眼睛笑起来。这时,眼角是微微上提的,眉头也一定是舒展的,面部肌肉放松后,眼睛也随之恢复,目光中会反射出默默含笑的神采	笑容应发自内心,做到表里如一,显示出亲切感。微笑应是:笑到、口到、眼到、心到、意到、神到、情到。微笑虽是人们交往中最有吸引力、最有价值的面部表情,但也不能随心所欲,不加节制,走到哪里笑到哪里,见谁都笑。服务顾问对客户微微一笑,表达出了服务的热情与主动
	诱导笑容法	面对镜子,多想想微笑的好处,回忆美好的往事,发自内心的微笑。嘴角露出微笑	
	发声笑容法	发"一""七""茄子""威士忌"等音,使嘴角露出微笑	
	当众练习法	同学之间通过打招呼、讲笑话来练习微笑,并相互纠正	
	情景熏陶法	通过美妙的音乐创造良好的环境氛围,引导学生会心的微笑	
	手部辅助法	把手指放在嘴角并向脸的上方轻轻上提,使脸部充满笑意	
	咬筷微笑法	咬住筷子,露出 6～8 颗牙齿	
	牙齿暴露法	标准的微笑是露出 6～8 颗牙齿,嘴角肌、颧骨肌与其他笑肌同时运动,是一种会心的微笑	

实训内容	实训方法	基本要求	注意事项
眼神的训练方法	对镜训练法	站立在镜前，手张开举在眼前，手掌向上提并随之展开，随着手掌的上提、打开，使眼睛一下子睁大有神	眼神的传情达意有许多类型： 1．情爱型——含情脉脉，频传秋波； 2．凝视型——目光凝滞，若有所思； 3．思考型——不眨其眼，凝视一处； 4．忧虑型——双眉不展，目光下视； 5．欢快型——目光明快，喜形于色； 6．愤怒型——双眉紧蹙，怒目而视； 7．惊恐型——双目圆睁，惊恐万状； 8．暗示型——目光严肃，寓意深切； 9．轻蔑型——目光冷淡，虚掩斜视； 10．风流型——挤眉弄眼，目光轻佻
	眼神接触时间训练法	两人一组进行练习，连续注视对方的时间至少 3 秒钟	
	相互检验训练法	同学之间相互检测对方眼神是否运用恰当	
综合训练	整体效果检验法	在教师监督下，学会正确运用表情，注意微笑与眼神协调的整体效果，不当之处由教师现场指出、修正	

实训实施

1．实训地点：教室、实训室、会议室、广场。

2．实训着装及道具：男生穿正装，打领带，穿皮鞋；女生穿正装或套裙，系丝巾，穿 3～5 厘米船式黑色高跟皮鞋；男生、女生每人准备一支干净无毛刺的筷子。

3．实训分组：按照每个班 50 人分组，每组 5 人。

4．教师演示：教师设定情境，并且进行实操演示，内容包括微笑实训和眼神实训。

5．实训演练：学生进行眼神及微笑展示，教师进行点评。

6．考核打分：按照考核评价表（见表 1.6）的考核要求进行严格考核，考核由教师点评、学生互评、学员自评三部分组成，增加学生评分是为了增加其他学生的参与度，并且将每一次的考评分数都作为期末成绩的一部分。

表 1.6　考核评价表

考核内容	评价标准	分值	自评（20%）	互评（20%）	教师评分（60%）	得分
自信的微笑	这种微笑充满着自信的力量	20 分				
真诚的微笑	笑容应发自内心，做到表里如一，显示出亲切感。微笑应是：笑到、口到、眼到、心到、意到、神到、情到	20 分				
正视客户的眼部，向客户行注目礼	接待客户时，无论是问话答话、递接物品、收付钱款都必须以热情、柔和的目光正视客户的眼部，向其行注目礼，使之感到亲切、温暖	20 分				
视线要与客户保持相应的高度	正视、平视的视线更能引起对方的好感，显得礼貌和诚恳，应避免俯视、斜视。俯视会使对方感到傲慢不恭，斜视易被对方误解为轻佻。例如，站着的服务人员和坐着的客户说话，应稍微弯下身子，以求拉平视线；侧面有人问话，应先侧过脸去正视来客，再答话	20 分				

续表

考核内容	评价标准	分值	自评（20%）	互评（20%）	教师评分（60%）	得分
运用目光向来客致意	当距离较远或人声嘈杂、言辞不易传达时，服务顾问应用亲切的目光致意，不会使来客感到受冷落	20 分				
总分						

7．课后总结：教师对所有的小组都进行点评，不仅要点评演示的表现，还要评价每个小组的参与度。

重点难点

1．重点：演练和考核过程中的重点是做到微笑与眼神的协调。

2．难点：演练和考核过程中的难点是笑容应发自内心，做到表里如一，显示出亲切感。

第 2 章

汽车服务顾问着装礼仪

 **本章学习目标**

1. 掌握正式商务服装的选择原则和穿着要求。
2. 能够运用所学知识进行正确的服饰选择和色彩搭配，展现职业形象。

案例导入

小刘和几个外国朋友相约周末一起聚会娱乐，为了表示对朋友的尊重，星期天一大早，小刘就西装革履地打扮好，对照镜子摆正漂亮的领结后前去赴约。西安的八月天气酷热，他们来到一家酒店就餐，边吃边聊，不一会儿，小刘已经汗流浃背，不住地用手帕擦汗。饭后，大家到保龄球馆打球，在球场上，小刘不断地为朋友叫好，在朋友的强烈要求下，小刘勉强站起来整理好衣服、做好准备，当他摆好姿势用力把球投出去时，只听"咔嚓"的一声，上衣的袖子扯开了一个大口子。小刘的着装有什么不妥之处？

学习要求：以"不同场合的着装要求"在全班展开讨论，最后，为小刘的着装进行重新设计。

仪表，包括服饰、举止、姿态、风度等。在政务、商务、事务及社交场合，一个人的仪表不但可以体现其自身的文化修养，而且可以反映其自身的审美情趣。穿着得体，不仅能赢得他人的信赖，给他人留下良好的印象，还能够提高与他人交往的能力。相反，穿着不当、举止不雅，往往会降低自己的身份，损害自己的形象。由此可见，仪表是一门艺术，它既要讲究协调、色彩，也要注意场合、身份，同时也是一种文化的体现。

　　服饰不是一种没有生命的遮羞布，它不仅是布料、花色和针线的组合，更是一种社会交往的工具。它向社会中其他的成员传达出信息，向其他人宣布说："我是什么个性的人？我是不是有能力？我是不是重视工作？我是否合群？"

　　服饰反映了一个人文化素质的高低，审美情趣的雅俗。具体来说，它既要自然得体、协调大方，又要遵守某种约定俗成的规范或原则。服饰不但要与自己的具体条件相适应，还必须时刻注意客观环境、场合对人的着装要求。所以，着装打扮要优先考虑时间、场合和主体三大要素，并努力在穿着打扮的各方面与时间、场合、主体保持协调一致，这就是我们通常说的服饰选择必须遵循的 TPO 原则。

　　（1）时间（Time）。简单地说，不同的时间对服饰的选择提出了不同的要求，服饰的造型、面料的选择、装饰手法甚至艺术气氛的塑造都要受到时间的影响和限制。同时，一些特别的时刻对服饰选择提出了特别的要求，例如毕业典礼、结婚庆典等。

　　（2）场合、环境（Place）。人在生活中要经常处于不同的环境和场合，地点的变化均需要相应的服饰来适合不同的环境。服饰选择要考虑到不同场所中人们着装的需求与爱好，以及一定场合中礼仪和习俗的要求，一件晚礼服与一件运动服的选择是迥然不同的。晚礼服适合于华丽的交际场所，它符合这种环境的礼仪要求；而运动服出现在运动场合，它的选择必然是轻巧合体而适合运动需求的。优秀的服饰选择必然是服饰与环境的完美结合，服饰充分利用环境因素，在背景的衬托下更具魅力。

　　（3）主体、着装者（Object）。着装主体是服饰选择的中心，在进行选择前，我们要对着装主体的各种因素进行分析、归类，才能使选择具有针对性和定位性。不同的文化背景、教育程度、个性与修养、艺术品位以及经济能力等因素都影响到主体对服饰的选择，选择中也应针对主体的特征确定选择的方案。

　　扫码学习《服饰风格》

2.1　男士着装礼仪

　　通用男礼服即西装。西装以其造型美观、线条流畅、立体感强、适应性广泛等特点成为世界通用的服装，可谓男女老少皆宜。选择西装既要考虑颜色、尺码、价格、面料和做工，又不可忽视外形、线条和比例。西装料子不一定必须讲究高档，但必须裁剪合体、整洁笔挺。商务场合要选择色彩较暗、无明显花纹图案、面料高档些的单色西服套装。

1．国际上男士西装的分类与分别适合的人群

西装样式很多，领形有大、小驳头之分，前门有单、双排扣之分；扣眼有一粒、二粒、三粒之分；口袋有明暗之别；套件有两件套（上、下装）和三件套（上、下装加西装背心）的不同。

（1）美式西装

特点：基本轮廓特点是 O 型，就是比较宽松、不太强调腰身、垫肩不是很明显，通常是后开。适合相对轻松的场合和身材高大魁梧的男士，特别是肥胖一些的男士。

（2）意式西装，也称欧式西装

特点：基本轮廓是倒梯形，实际上就是宽肩收腰。相比美式西装，意式西装严格和讲究，有特别夸张的垫肩，一般是双排扣、枪驳领、裤子是卷边的。这和欧洲男士比较高大魁梧的身材相吻合，对穿着者的身材比较挑剔，身材过于矮小和身材比较肥胖的穿着者不太适合这种西装的款式。最主要的代表品牌有杰尼亚、阿玛尼、费雷。

（3）英式西装

特点：是意式西装的一个变种。英式西装多是单排扣、领子较狭长、强调掐腰、肩部也经过特殊的处理，后面一般是双开的（骑马衩），还有一种衩是中间衩。有两粒扣的，但以三粒扣子居多。对穿着者身材不是特别的挑剔，适合普通身形的穿着者。

（4）日式西装

特点：基本轮廓是 H 型。一般而言，日本版型的西装多是单排扣式，衣后不开衩。适合亚洲男士的身材——肩不特别宽，不高不壮。

2．中式男礼服

中式男礼服即中山装，一般由上下身同色的深色毛料精制而成。中山装前门襟有五粒扣子，领口为封闭式的风纪扣，上下左右共有四个贴袋，袋盖外翻并有盖扣。穿着时，应将前门襟、风纪扣、袋盖扣全部扣好；口袋内不宜放杂物，以保持平整；配黑色皮鞋。中山装可用于全部礼仪活动。

 **相关链接**

西式男礼服分为晨礼服和晚礼服两大类，一般日落后为穿着晚礼服的时间，忽视了时间而随意穿着各式礼服是非常失礼的。

晨礼服，通常上装为灰色或黑色，后摆为圆弧形；下装为深灰色黑条裤；戴黑礼帽；系灰领带；穿黑色皮鞋。通常用于白天参加各种典礼、婚礼及星期日到教堂做礼拜，也是接待人员最常用的礼服。

大礼服，又称燕尾服，是西式晚礼服中最有代表性的一种。由深色高级衣料制成；前身较短、后身较长且下端张开似燕尾形状；翻领上镶缎面；裤腿外侧有丝带；通常系白色领结；配黑色皮鞋、黑丝袜；戴白手套。燕尾服是晚间最为正式的礼服，用于隆重、庄严的场合，如婚礼晚宴、观歌舞剧、授勋仪式、授奖仪式等。

小礼服，又称无尾礼服、便礼服。因无尾礼服的领口只系黑色领结，故又称"黑领结"。无尾礼服适用于一般性的晚宴、音乐会、酒会等。

3．男士着装五大原则

在当今的潮流时代，到处充满了"潮"的味道，不管是生活还是穿衣，都要表现得时尚些。怎样才能在一片沉闷的男装中凸显自己，成为众人眼中高素质、高品质的男士呢？一起来学习一下男士着装的一些原则。

（1）整洁

现如今的男士已经懂得不能穿得寒酸、滑稽，但整洁有时还是被忽略。生活中经常见到某些男士上身穿着崭新的西装，下面却穿着已经没有裤线的西裤和布满灰尘的皮鞋。西裤没有笔挺的裤线跟衣领肮脏的衬衫一样，即使是名牌也会让自己的形象失色。不加修饰的胡须，一头乱发，露出层层叠叠的内衣领，过于长大的裤子或各种显脏的颜色，这一切都会给人不整洁的印象。倘若一个人上身穿着干净的工作服，下身搭配一条质地、款式、做工俱佳的裤子，仍能给人气度不凡的印象。

（2）摆脱单调，变化风格

时装界提供给男士的服装款式本来就比女士少得多，如果自己再不精心挑选、搭配，只在几种颜色、式样中取舍，难免陷于单调。一个平时衣着极为朴素的人，开始尝试多种风格的衣装，除勇气之外，还要有技巧。建议首先从模仿开始，留意一些大众男明星的衣饰、打扮，他们的形象一般是由形象设计师设计的，衣饰、品位自然不俗，从中可找到一个与自己气质相符的对象，多多观察对方的衣饰搭配风格，向其靠拢；然后在模仿中取长补短；最后形成自己的穿着风格。

（3）细节传递品格

想象这样的打扮：红豆色的棉质衬衫套上薄背心，让绿色领带露出前心。这样的打扮是否显得很特别？在办公室或许显得轻浮，但下班后就相当耀目了。领带、领带夹、公文

包、皮带是西装的配饰，特别是当它们的款式、色彩与所穿的衣服对比和谐时，效果往往是难以言喻、很见水准的。

（4）风格需要坚持

一年365天都是一两套衣服的男士容易被人们认为是食古不化、毫无生活情趣。根据季节和场合变换衣饰才是合适的着装准则。一套适合自己的气质、身材，有味道、有特色、有色彩感的服饰，适合所处场合，那么连续穿上三天也不会显得单调，反而对自己塑造个人形象非常有利。

相关链接

"出彩"的男士便装

有些男士穿西装时看上去无懈可击，一旦换上便装便流于平俗。原因就在于这类男士缺少色彩意识，老是将自己定位于蓝、灰、咖啡之类的颜色中。其实，脱下深色西装换上便装才是男士真正发挥魅力的时候。这时，可以尝试花格子衬衫配炭灰牛仔长裤，显得潇洒不羁；也可以选一件背面灰色而正面红色设计的夹克配黑皮裤，扮成一位摩托骑士；还可以穿红白相嵌的运动套装活跃于网球场上，释放青春活力；更可以穿上宝石蓝的真丝衬衫配紫灰或蓝灰的西裤，显得贵气十足。鲜亮一些的颜色运用在男子汉身上，不仅能显示出精神和活力，还可以让自己的形象更加引人注目、受人重视。

4．西装礼仪

随着经济的发展和世界各国人民的友好交往，西装已成为当今国际上最标准的通用礼服，适合在各种礼仪场合穿着。男士出席正式场合穿着西装要坚持三色原则，即身上的颜色不能超过三种颜色或三种色系（皮鞋、皮带、皮包应为一个颜色或色系），且不能穿尼龙丝袜或白色的袜子。穿着西装应遵循如下的礼仪原则。

（1）要配套和得体

西装有单件上装和套装之分。非正式场合，可穿单件上装配以各种西裤或牛仔裤等；半正式场合，应着套装，可视场合、气氛在服装的色彩、图案上选择大胆些；正式场合，必须穿颜色素雅的套装，以深色、单色为宜。

西服套装上下装颜色应一致。在搭配上，西装、衬衫、领带中应有两样为素色。在正式场合，一般要求穿套装，色彩最好选用深色，给人稳重、成熟的印象。

西装不宜过长或过短，一般以刚刚盖住臀部为宜，不要露出臀部。西装的袖子不宜过肥，袖长一般是袖口最多到手腕的1厘米处。胸围为穿一件羊毛衫感到松紧合适为宜，以保持挺括、潇洒的风格。

（2）要穿好衬衫

配西装的衬衫的颜色应与西装的颜色协调，不能是同一色。白色衬衫配各种颜色的西装效果都不错。在正式场合，男士不宜穿着色彩鲜艳的格子衬衫或花色衬衫。

衬衫衣领要硬扎、挺括、干净。衬衫的衣领一定要高于西装后领 1～2 厘米。衬衫的下摆要塞在裤子里，衬衫的袖口略长于西装袖口 1～2 厘米，应系上袖口的纽扣。衬衫里面的内衣要单薄，不宜把领圈和袖口露在外面。

（3）注意纽扣的系法

西装纽扣有单排、双排之分，纽扣系法是有讲究的。双排扣西装应把扣子都系好。单排扣西装一粒扣的，系上端庄，敞开潇洒；两粒扣的，可只系上面一粒或只系下面一粒，都不系敞开显得随意；三粒扣的，系上面两粒或只系中间一粒都合规范要求。一般站立时系上西装的纽扣，坐下时要解开。

（4）注意整体协调

无论什么场合，穿西装都不宜穿喇叭裤，不宜穿毛袜。穿西装必须穿皮鞋，不能穿布鞋、旅游鞋、凉鞋或运动鞋，袜子应以深色为宜。西装上衣外面的口袋原则上不应装东西，钱包、名片盒等最好放在上衣内侧口袋，上衣外面左胸袋可配一条颜色协调的手帕，不要乱别徽章，装饰以少为宜。

穿西装一定要穿皮鞋，且要上油、擦亮，皮鞋的颜色要与西装相配套。穿皮鞋还要配上合适的袜子，使它在西装与皮鞋之间起到一种过渡的作用。

穿西装时，内衣不要穿得太多，春秋季节只配一件衬衫最好，冬季衬衫里面也不要穿棉毛衫，可在衬衫外面穿一件羊毛衫。穿得过分臃肿会破坏西装的整体线条美。

西装袖口的商标牌应摘掉。否则，不符合西装穿着规范，高雅场合会让人贻笑大方。

（5）注意领带的选择和佩戴

领带是西装的重要装饰品，西装与衬衫、领带的搭配十分讲究。穿西装在正式、庄重的场合必须系领带，其他场合不一定都要系领带。系领带时，衬衫领口的扣子必须系好，不系领带时，衬衫领口的扣子应解开。领带的颜色、图案应与西装相互协调，领带与衬衫的配色规律是：

- 黑色西装+银灰色、蓝色或黑红色条纹对比色调的领带+浅色或白色衬衫；
- 灰色西装+砖红色、绿色、黄色领带+白色衬衫为佳；
- 乳白色西装+红色为主，略带黑色或砖红色、黄褐色的领带+灰色衬衫；
- 墨绿色西装+银灰色、浅黄色、红白相间的领带+银灰色或白色衬衫；
- 暗蓝色西装+蓝色、深玫瑰色、褐色、橙黄色领带+白色或浅蓝色衬衫。

领带的长度一般要到腰部，如果未穿西装背心，领带要长到腰带上沿附近。如果要用领带夹，领带夹的正确位置是在有六粒扣的衬衫从上往下数第四粒扣的地方。领带夹不能太偏上，特别是不能有意地暴露在他人视野之内。

(6) 注意西装的保养

保养、存放的方式对西装的造型和寿命影响很大。高档西装要吊挂在通风处并经常晾晒，注意防虫与防潮。有皱褶时，可挂在浴后的浴室里，利用蒸汽使皱褶展开，然后再挂在通风处。

扫码学习《男士西装》

 相关链接

领带的常用系法

系领带不仅是工作的需要，还是时尚、个性的展现。

最常见的系法是温莎结，因温莎公爵而得名的领带结，是最正统的领带系法。系出的结呈正三角形（见图 2.1），饱满有力，适合搭配宽领衬衫，用于出席正式场合。切勿使用面料过厚的领带来系温莎结。

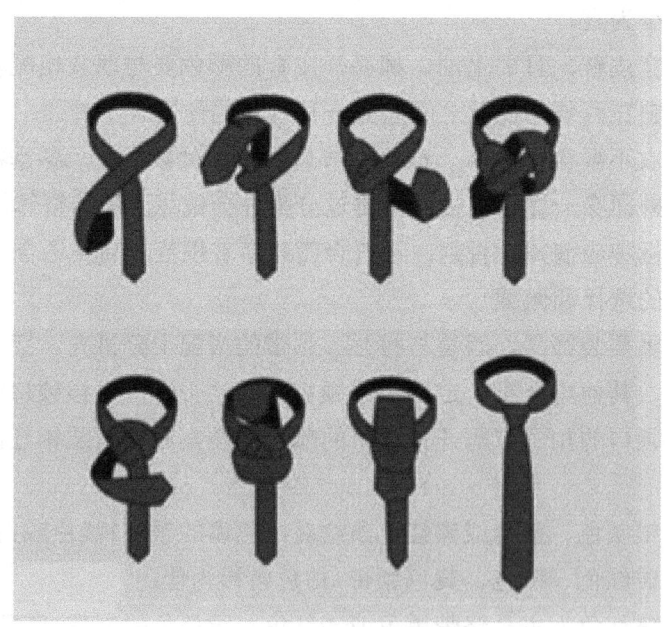

图 2.1 温莎结的系法

四手单结是通过四个步骤就能完成的打结，故名为"四手结"（见图 2.2）。它是最便捷的领带系法，适合宽度较窄的领带，搭配窄领的衬衫，风格休闲，适用于普通场合。

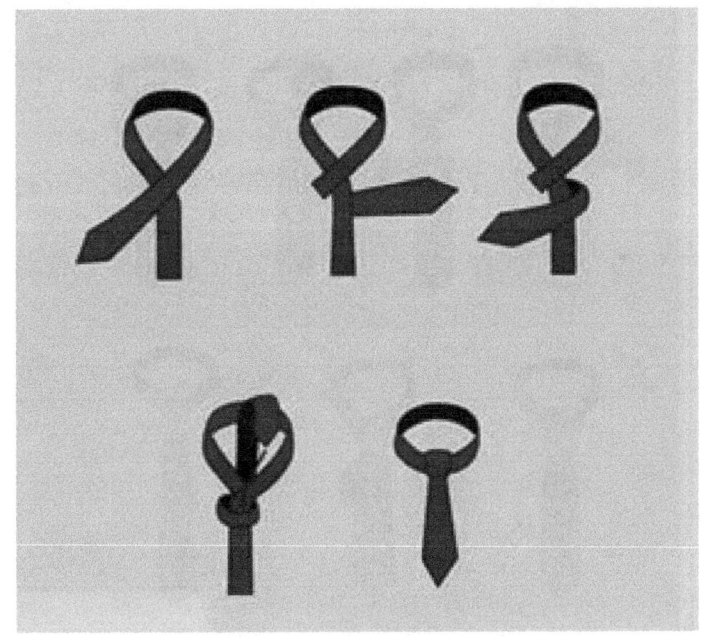

图 2.2　四手单结的系法

十字结为温莎结的改良版，又称为"半温莎结"（见图 2.3），较温莎结更为便捷。适合较细的领带以及搭配小尖领与标准领的衬衫，但同样不适用于质地厚的领带。

图 2.3　半温莎结的系法

交叉结（见图 2.4）。交叉结的特点在于系出的结有一道分割线，适用于颜色素雅且质地较薄的领带，感觉非常时髦。

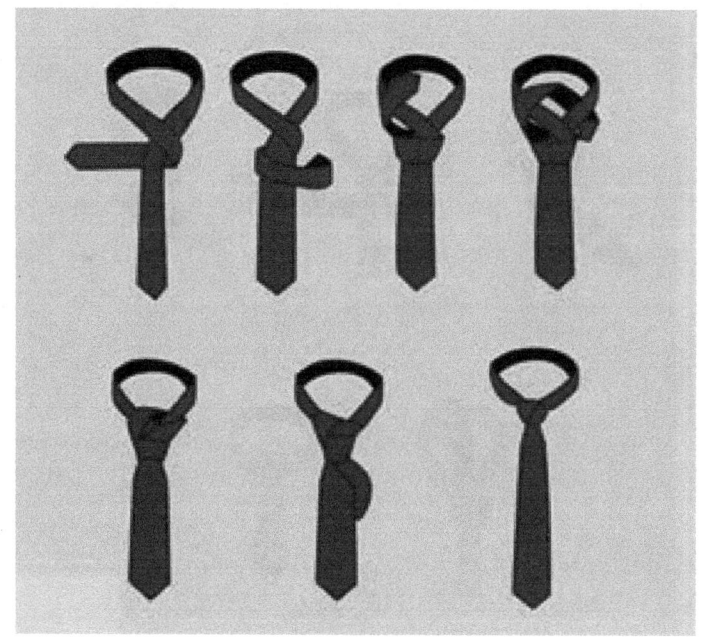

图 2.4　交叉结的系法

扫码学习《领带系法》

2.2　女士着装礼仪

职业女士的着装必须符合自己的个性及体态特征、职位、企业文化、办公环境、志趣等。女士的穿着、打扮应该灵活有弹性，要学会怎样搭配衣服、鞋子、发型、首饰、化妆，使之完美和谐。

选择质地好的职业套装更显权威。穿着时要以套装为底色来选择衬衫、毛线衫、鞋子、袜子、围巾、腰带和首饰。每个人的肤色、发色、格调不同，所以适合自己的颜色也不同，要选择一些适合自己颜色的套装，再以套装色为底色配选其他装饰品。

扫码学习《女士职场着装》

作为一名职业女士，其着装既要体现其魅力、风采，又要保持其职业风范。第一印象来自见面时的最初 30 秒，在这 30 秒内，对方得到的印象基本是由自己的仪表传递的，而服饰占据了仪表的 80%。如果给他人留下了不好的第一印象，通常需要很长时间才可以改变。

　　一般情况下，商务着装要体现端庄、大方的职业形象。职业形象的定位因不同的行业、不同的工作岗位会有一定的差异。职业人士都应当尊重企业文化，着装与自己的工作环境、身份、职务要达到和谐、统一的状态。

　　女士的商务着装，可以不像男士那样受颜色的限制，但款式要选择简洁、大方的。在比较庄重的正式商务场合中，建议女士穿着深色的西服套装。套装的首选是裙装，其次是裤装。搭配的衬衫最好是纯色的，颜色以淡雅为佳。

1．女士商务套装的种类

　　一套正规的西装套裙是由女士西装上衣与同色同料的西装裙组合而成的。其形式基本上可分为两种，一种是两件套，即仅由上装与一条半截裙构成；另一种是三件套，即在两件套的基础上，加上一件背心。在日常生活中，两件套西装套裙是最为常见的形式。

　　西装套裙的组合大致可以分为两种：一种是西装上衣与其他裙子搭配组合；另一种是西装上衣与其成套选择和制作的相搭配裙子的组合。

　　按照传统习惯，女士西装配西装裙时，西装需做得稍短些，以充分体现女士的腰部、臀部的曲线美；如果是配裤子，则可以将上衣做得稍微长些。对于西装配裙子或裤子，无论是哪种形式，都应是同质同料。穿西装裙时，不宜穿花袜子，袜口不要露在裤子或裙子外面。

2．色彩的选择

　　西装套裙的色彩选择应注意两个方面，一是力求色调淡雅、清晰、庄重，不宜选择过于鲜亮、刺眼的色彩。因此，应与"流行色"保持一定的距离，以示穿着者的传统与端庄；二是标准的西装套裙的色彩应注意与穿着者所处场所的环境协调，应能体现出穿着者的端庄与稳重。一般而言，西装套裙的色彩应以冷色、素色为主，如藏蓝、炭黑、烟灰、雪青、黄褐、茶褐、蓝灰、紫红等颜色，都是西装套裙色彩的较好选择。此外，各种带有明暗分明、或宽或窄的格子与条纹图案，以及带有规则圆点图案的面料也大都适宜选用，其中，格子图案的面料效果最好。

3．造型的选择

　　西装套裙的造型与其他一般套裙不同，主要在于它的上衣为女士西装。随着时代的发展，其造型也在不断变化，其变化主要集中在长短和宽窄两个方面。

　　传统的西装套裙的造型，强调的是上衣不宜过长，裙子不宜过短，尤其对裙子的长度要求较严，通常以达到膝下小腿肚最为丰满处为标准，因为太短了不雅，太长了没神。

　　现代女士从穿着的视觉效果出发，对西装套裙的造型采用四种形式，即上长下短、上短下短、上长下长、上短下长。并根据身材和体型，上衣选择紧身式或松身式，配以宽窄适度的裙子，展现着装者的风姿。体型苗条或过瘦者，应以紧身式上衣与喇叭裙搭配以展示女性的线条美；肥胖者可以选择松身式上衣与筒裙搭配，以掩饰肥胖的身躯和过于突出的臀部，使之显得优雅和帅气。其上衣的领型，除可采用常规的枪驳领、平驳领、一字领、V字领、U字领外，还可根据自己的身材高矮、胖瘦、脸型和脖长等情况，选用青果领、披肩领、蟹钳领、燕翼领、圆领等。上衣的衣扣也可以根据上衣的造型选择单排扣或双排扣，衣扣数量可根据领型确定，多则六粒，少则一粒。上衣的衣襟、袖口、口袋等处，也可以根据装饰需要进行点缀性处理，但对职业女士而言则不必做如此处理，以示端庄和稳重。在选择与西装上衣相搭配的裙子时，也必须从自己的实际出发。

扫码学习《体型与服饰》

4. 鞋子

鞋子可以选择中高跟的，船式皮鞋最适合搭配女士的职业套装。露出脚趾或脚后跟的凉鞋并不适合商务场合。没有后帮的鞋子也只能在非商务场合穿着。任何有亮片或水晶装饰的鞋子都不适合于商务场合，这类鞋子只适合非正式或半正式的社交场合。

夏天，后帮为带状的露后脚跟的鞋子很受职业女士欢迎，但对职员服装要求比较严格的企业，并不把这种款式的鞋子列入企业的着装要求中。冬天，很多女士喜欢穿长筒的皮靴，在商务场合，尤其是参加正式的商务活动时，应该避免穿着靴子。

鞋子的颜色最好与手提包一致，并且要与衣服的颜色相协调。

5. 袜子

穿职业装时，女士最好穿丝袜，肉色的丝袜可以搭配任何服装。穿深色套装时也可以搭配黑色丝袜，但是，切忌搭配渔网、暗花之类过于性感的丝袜，切忌穿裙子时搭配短丝袜。丝袜容易划破，所以，女士在穿着丝袜时，手提包中应该有1～2双备用的丝袜。

女士礼服的分类

中式女礼服，最常用的中式女礼服为旗袍。旗袍有各种不同的款式和花色。在礼仪场合，穿着的旗袍一般采用紧扣的高领、贴身、衣长过膝、斜式开襟、袖口至手腕上方或肘关节上端或无袖的款式。面料多为高级呢绒、绸缎。颜色以单色为佳，而且不宜在面料上刺绣或装饰过多的图案或饰物。旗袍的长度最好长至脚面，开衩不宜过高，以到膝

关节上方一至二寸为最佳。着旗袍应配穿高跟鞋或半高跟鞋，或配穿高级面料、制作考究的缎面鞋。

西式女礼服，同西式男礼服一样，西式女礼服也分为日间礼服和晚礼服两种。日落后，女士必须穿着晚礼服，忽视了时间，随意穿着日间礼服将被认为是缺乏教养的极其失礼的行为。

大礼服又称大晚礼服，有的是领口较低的单色无袖连衣裙式服装。其面料多为高档的薄纱或绸缎，色彩必须为单色。穿着时必须佩戴上与其色彩相同的帽子或面纱，还要有一幅薄纱或网眼的长手套相配，以及耳环、项链等饰品。大礼服是最为正式的礼服，主要适用于在晚间举行的最正式的各种活动，如官方举办的正式宴会、大型正式的交际舞会等。

小礼服多为质地高档、色彩单一的连衣裙式服装。小礼服的裙长至脚面而不拖地，其衣袖有长有短，着装者可根据袖长的具体情况来搭配长短适当的手套。一般情况下，着小礼服时为方便女士交谈可不佩戴帽子或面纱。小礼服的地位仅次于大礼服，主要适合于参加晚上 6 点钟以后举行的宴会、音乐会或观歌剧时穿着。

晨礼服，也称常礼服，是质地、颜色相同的上衣和裙子的组合，也可以是单件连衣裙。一般以长袖为多。与此搭配的是一顶合适的帽子、一幅薄纱短手套、还可携带小巧的手包或挎包。主要是白天穿，适用于参加在白天举行的庆典、茶会、游园会和婚礼等。西方人在星期日去教堂做礼拜，也讲究穿晨礼服。

通用女礼服，即西服套裙。作为礼服的套裙是指西装上衣与相搭配的裙子成套设计制作的一种，一般是由一件西装上衣和一条半截裙构成的两件套女装，也有三件套西装套裙，是在西装上衣与半截裙之外加上一件背心。

2.3　制服礼仪的基本要求与禁忌

制服可以传达出个人所在的岗位、所处的行业、职业化程度、受教育程度等信息，制服的穿着一定要符合职业特点和企业的形象。

制服一般是指由企业（单位）统一制作，并要求企业的员工统一穿着的服装，即统一面料、统一色彩、统一款式、统一穿着的正式工作服装。制服体现着自己所在企业的形象，反映着企业的规范化程度。对待制服要严肃，切不可混穿或擅自修改样式或改变颜色，同时要保持整洁。干净、整洁是服饰最基本的卫生要求。在服务、交往中，服饰既要自然得体、协调大方，又要遵守社会生活中约定俗成的规范或原则。服饰不但要与自己的身体条件相适应，还必须时刻注意客观环境、场合对人的服饰的要求。

1．制服礼仪的基本要求

（1）经典工作服

最适合办公时间穿着的制服依次是：裙套装、西裤或裙子搭配上衣、西装配短外套。办公室中不宜穿着色彩过艳的制服，制服色彩最好是：灰、中等蓝色、深蓝、骆驼黄、黑、铁灰、深褐、灰褐、深黄、深红、褐、白。

裤袜除肤色或近肤色、浅咖啡色之外，其他的颜色均不适宜。

皮鞋应选择低跟（3～5厘米）、包头，中性或深色调的色彩。

化妆以淡妆为主，口红不能免。

（2）工作服色彩的选择

选择制服色彩尽量是中性色：海军蓝、中度灰色、暗红、骆驼色、红褐色、黑色、米色、棕色、深灰褐色、深栗色、奶油色、橄榄色等。尽量避免艳丽、引人注意的色彩。有些色彩，如红、蓝、浓绿虽然显眼，但是不至于不适宜。香蕉黄或鲜橙色用作西装套裙看上去缺少职业性。

（3）工作服的发放

当企业员工达到一定数量时，制服分发的工作显得烦琐而易于出错。制服安全、准确地发放到每个员工手上，这也是供应商应该做的工作。可以要求供应商在每一件制服上都标明码数、部门、姓名。

2．礼仪禁忌

（1）戒露。制服作为服装来说，应发挥为人体遮羞的基本功能，所以穿着制服时不宜敞胸露怀。一般来说，制服有"四不露"之说，即穿着制服不应当使着装者的胸部、腹部、背部和肩部在外"曝光"。如果达不到这一要求，就会让着装者的乳沟、胸毛、腋毛、肚脐、脊背等处，甚至连同内衣一道若隐若现，这是非常不文明的，也失去了穿制服的意义。

（2）戒透。前面提到过制服以深颜色为佳，若采用极为色浅、单薄的面料，也绝不能是透明的。如果在上班期间员工穿着的制服成了变相的"透视装"，令本属于着装者"绝对隐私"的背心、胸罩、内裤、腹带、衬裙等隐约可见，甚至暴露无遗，如同"公开陈列"一般，不但有碍观瞻，而且还会使着装者很没面子。

（3）戒短。制服合身很重要，只有合身才会充分显示制服的魅力。有时因工作需要，也允许制服相对宽松、肥大一些，但不应当使制服过分短小。短小的制服既显得小气，又给人以不文明之感。一般情况下，制服中的上装最好不要短于腰部，否则会露出裤腰、裙腰；若是裤装式的制服，不应是短裤式样；裙装式的制服，裙摆要长于膝盖。

（4）戒紧。制服是工作服，并不是时装，所以不要使之太过紧身，也没必要凸现着装者的线条。所以说，用高弹面料制作制服是不合适的，很可能会因此而使着装者"原形毕

露"，有时还会令着装者内衣、内裤的轮廓若隐若现。基于此，有些员工为了体现本人的苗条身材而随意改动制服的做法，是不提倡的。

（5）忌皱。穿着制服必须要求制服的外观整整齐齐、干净利落。由于制服的面料不同，并非所有的制服都能够线条笔直、悬垂挺阔，但是，制服外观不该有皱皱巴巴的明显痕迹，对所有的员工来说是应该做到的。从任何角度来说，身穿一套褶皱明显的制服，都很难赢得他人的尊敬，只能获得窝囊邋遢、消极颓废、懒惰不堪、不修边幅之类的评价。

为了防止制服产生褶皱，必须采取一些必要的措施。例如，脱下来的制服应当挂好或叠好，切勿随手乱扔；洗涤之后的制服，要加以熨烫或是上浆；穿制服时，不要乱倚、乱靠、乱坐等。最重要的是，要在思想上认识到满是褶皱的制服是丑的，而不是美的。

（6）忌乱。每名员工都应该注意到，欲使制服真正发挥特有的功效，着装者必须认真地依照着装规范行事。在穿制服的企业里，最忌讳一个"乱"字。主要反映在以下两个方面：一是有的员工不按照规定穿制服。在一些要求穿制服上班的企业，总有个别员工以"忘记了""不舒服""不合身"等为由，拒绝穿制服。二是有的员工穿制服时不守规矩。一些员工虽然按规定穿了制服，却是随便乱穿，例如，敞胸露怀、不系领扣、高卷袖筒、挽起裤腿、乱配鞋袜、不系领带、衬衫下摆不束起来等。如此种种做法，都有损制服的整体造型。客观地讲，这些做法的危害性不亚于不穿制服。

项目一　西装穿着和系领带实训

实训目的

1．掌握服饰礼仪的基本常识。
2．熟悉西装的选择原则、穿着要求和领带的不同系法。

情境描述

国内一家效益很好的大型企业的总经理宋某，经过多方努力和上级有关部门的牵线搭桥终于使得德国一家著名的××企业董事长同意与自己的企业合作。谈判时为了给对方留下精明强干，时尚新潮的好印象，宋某上身穿了一件 T 恤，下身穿了一条牛仔裤，脚穿一双旅游鞋。当他精神抖擞、兴高采烈地带着秘书出现在对方面前时，对方瞪着不解的眼睛上下打量了他一会儿，非常不满意。这次合作没能成功。

讨论 宋某与德国××企业合作失败的原因。

实训内容

西装穿着和系领带实训内容及操作规范如表 2.1 所示。

表 2.1　西装穿着和系领带实训内容及操作规范

实训内容	实训步骤	基本要求	注意事项
西装穿着和系领带	西装款式	在选择西装时要充分考虑到自己的身高、体型	1. 面料。在选择西装面料时，毛料为首选面料； 2. 颜色。出席正式场合的西装颜色必须显得庄重、正统，首选藏蓝色，除此之外，还可以选择灰色或棕色西装。黑色的西装也可以考虑，不过它更适用于庄严、肃穆的礼仪性活动穿着； 3. 扣子系法。穿单排两粒扣的西装时，讲究"系上不系下"；穿单排三粒扣的西装时，要么只系中间那粒扣，要么系上面两粒纽扣；穿双排纽扣的西装时，纽扣一律都要系上
	衬衫	最常见、最简单的搭配是白色衬衫，领子应为有座的硬领，领围大小是系好领口扣子后食指能自由伸进为度	衬衫与西装搭配时，衬衫的全部扣子都必须系好，不能挽起衣袖，衬衫袖口扣好后袖长以长过西装袖口 1~2 厘米为标准，衬衫的衣角必须扎进西裤里面
	领带	选择领带时，要注意领带的花色、材质和风格，应与西装、衬衫相配	领带的大小，最好与衬衫衣领的大小呈正比。要想使之稍有变化，则可在它的下面压出一处小窝或一道小沟来。领带的标准长度，是领带系好之后，其下端正好与皮带扣的上端对齐。在正式场合中，尽量少系浅色或鲜艳色领带
	皮鞋、袜子	深色西装一般配黑色皮鞋，偶尔也可以穿深棕色皮鞋；浅色西装可搭配浅色皮鞋。袜子的颜色应该与鞋子的颜色一致	通常认为，最适于同西服套装搭配的皮鞋颜色只有黑色

实训实施

1．实训地点：教室、实训室、会议室等。

2．实训着装及要求：西装、领带、皮鞋、与西装相匹配的袜子，要求男生仪容干净、整洁。

3．实训分组：按照每个班 50 人分组，每组 5 人。

4．教师演示：教师设定情境，并且进行实操演示，内容包括西装的款式选择、衬衫的选择、背心的选择、领带的系法、皮鞋与袜子的选择。

5．实训演练：学生自己给自己打领带，教师进行点评。

6．考核打分：按照考核评价表（见表 2.2）的考核要求进行严格考核，考核由教师点评、学生互评、学员自评三部分组成，增加学生评分是为了增加其他学生的参与度，并且将每一次的考评分数都作为期末成绩的一部分。

表 2.2　考核评价表

考核内容	评价标准	分值	自评（20%）	互评（20%）	教师评分（60%）	得分
西装	1．面料：纯毛、纯羊绒面料及含毛比例高的毛涤混纺面料； 2．颜色：藏蓝色或黑色； 3．款式：单排两粒扣、单排三粒扣、双排扣； 4．西装扣子系法正确； 5．尺寸：合体	30 分				
衬衫	1．颜色：白色； 2．衬衫衣领要硬扎、挺括、干净，衬衫的衣领一定要高于西装后领 1～2 厘米，衬衫的下摆要扎进裤子里，衬衫的袖口略长于西装袖口 1～2 厘米，应系上袖口纽扣。衬衫里面的内衣要单薄，不宜把内衣的领圈和袖口露在外面	20 分				
领带	领带的长度一般要到腰部，领带的颜色应与西装颜色搭配，领带系法正确	30 分				
鞋、袜	宜穿黑色或深咖色皮鞋，袜子与皮鞋颜色一致	20 分				
总分						

7．课后总结：教师对所有的小组都进行点评，不仅要点评演示的表现，还要评价每个小组的参与度。

重点难点

1．重点：演练和考核过程中的重点是西装、衬衫、皮鞋、袜子的选择及纽扣的系法。

2．难点：演练和考核过程中的难点是领带的不同系法。

项目二　女士套装穿着和系丝巾实训

实训目的

1．掌握女士套装的穿着要领。

2．掌握女士丝巾的系法。

情境描述

有位女职员是财税方面的专家，她有很好的学历背景，经常为客户提供良好的建议，在公司的表现一直很出色。但是，当她到客户的公司提供服务时，对方主管却并不重视她的建议，极大地影响了她才能的发挥。

一位时装大师发现这位财税专家在着装方面有明显的缺憾：她24岁、身高152厘米、体重45千克、穿着童装、看起来活泼可爱，就像一个小女孩。这样的着装，使她的外表与她所从事的工作相距甚远，这就是客户对于她提出的建议缺少安全感、依赖感的原因，所以，她难以发挥才能。这位时装大师建议她重新搭配服饰，凸显她学者、专家的气质，采用这样的装扮：深色的套装，对比色的上衣、丝巾、镶边帽子，黑边的眼镜。女财税专家照办后的结果是客户的态度有了很大的转变。不久，她成了公司的高级管理人员之一。

实训内容

女士套装穿着和系丝巾实训内容及操作规范如表2.3所示。

表2.3 女士套装穿着和系丝巾实训内容及操作规范

实训内容	实训步骤	基本要求	注意事项
女士套装穿着和系丝巾	选择套裙	1. 套裙面料：上衣、裙子以及背心等，应当选用同一质地的上乘面料； 2. 色彩：以冷色调为主，可以采用与套裙色彩不同的衬衫、领花、丝巾、胸针、围巾等衣饰，对其加以点缀	套裙的全部色彩不要超过两种
	穿套裙	1. 穿着到位； 2. 衬衫的颜色以单色为佳，不过于鲜艳； 3. 与套裙搭配的鞋子宜为皮鞋，即船式黑色半高跟皮鞋； 4. 袜子应为肉色的高筒连裤袜	1. 上衣的领子要完全翻好，上衣的衣扣必须全部系上； 2. 选择与套裙配套的衬衫时，以无图案的衬衫最为得当； 3. 不宜采用凉鞋； 4. 袜口不可暴露于外
	系丝巾	丝巾系法正确	

实训要求

1. 实训地点：教室、实训室、会议室。

2. 实训着装及要求：套裙、丝巾、肉色高筒连裤袜、船式黑色半高跟皮鞋、要求女士着淡妆。

3. 实训分组：按照每个班50人分组，每组5人。

4. 教师演示：教师设定情境，并且进行实操演示，内容包括选择套裙和穿着套裙。

5．实训演练：学生自己给自己系丝巾，教师进行点评。

6．考核打分：按照考核评价表（见表 2.4）的考核要求进行严格考核，考核由教师点评、学生互评、学员自评三部分组成，增加学生评分是为了增加其他学生的参与度，并且将每一次的考评分数都作为期末成绩的一部分。

表2.4 考核评价表

考核内容	评价标准	分值	自评（20%）	互评（20%）	教师评分（60%）	得分
套裙的穿着方法	大小适度，穿着到位：以同质同色为佳，套裙中的上衣不宜过短，裙子以窄裙为主，长度一般及膝或者过膝	20分				
	搭配适当，配饰协调：衬衫的色彩以单色为佳，衬衫下摆要扎入裙腰，配饰以少为佳，鞋、袜大小合适且无破损，袜口不可外露	20分				
	兼顾举止，优雅、稳重：着裙装行进中，步子以轻、稳为佳，站则亭亭玉立，坐则优雅、稳重	20分				
	忌透、露、短、紧：着西装套裙时一定要注意大方、得体，避免有失端庄的打扮	20分				
系丝巾	丝巾系法正确	20分				
总分						

7．课后总结：教师对所有的小组都进行点评，不仅要点评演示的表现，还要评价每个小组的参与度。

重点难点

1．重点：演练和考核过程中的重点是女士套裙的选择。

2．难点：演练和考核过程中的难点是丝巾的不同系法。

第 3 章

汽车服务顾问接待礼仪

本章学习目标

1. 掌握汽车服务顾问仪态礼仪规范。
2. 掌握正确的站姿、坐姿、走姿、蹲姿。
3. 掌握交往沟通时的手势。

3.1 站姿礼仪

一个人的一举一动、站立的姿势、走路的步态、说话的声音、对他人的态度、面部表情等都能够反映出一个人仪态美不美,而这种美又恰恰是一个人的内在品质、知识能力、修养等方面的真实外露。对于仪态行为的礼仪,要求做到:自然、文明、美观、大方、优雅、稳重。

3.1.1 男士商务站姿

站立是人们生活交往中的一种最基本的举止,是优雅举止的基础。男士要求"站如松"、刚毅洒脱;女士则应"秀雅优美""亭亭玉立"。

1. 基本站姿(见图 3.1)

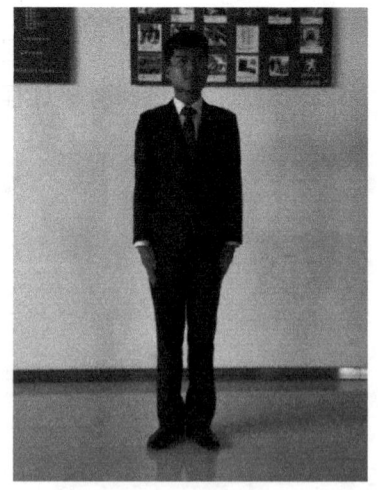

图 3.1 基本站姿

(1)两脚跟相靠,脚尖展开 45～60 度,身体重心主要支撑于脚掌、脚弓之上。

（2）两腿并拢直立，腿部肌肉收紧，大腿内侧夹紧，髋部上提。

（3）腹肌、臀大肌微收缩并上提，臀、腹部前后相夹，髋部两侧略向中间用力。

（4）脊柱、后背挺直，胸略向前上方提起。

（5）两肩放松下沉，气沉于胸腹之间，自然呼吸。

（6）两手臂放松，自然下垂于体侧。

（7）脖颈挺直，头向上顶。

（8）下颌微收，双目平视前方。

商务人士根据场合的不同，在基本站姿的基础上可以变化出前搭手站姿、后搭手站姿和持物站姿等不同姿态。

两脚尖展开，左脚脚跟靠近右脚中部，重心平均置于两脚上，也可置于一只脚上，通过重心的转移可减轻疲劳，双手置于腹前或搭于腰后，如图3.2所示。

图 3.2

站立时，既要遵守规范，又要避免僵硬，所以站立时要注意肌肉张弛的协调性。强调挺胸立腰，但两肩和手臂的肌肉不能太紧张，要适当放松，气息下沉至胸腹之间，呼吸要自然。以基本站姿为基础，善于适时地变换姿态、追求动态美。站立时要面带微笑，使规范的站立姿态与微笑相结合。

2．错误的站姿

（1）身躯歪斜

站立时要么头偏了、肩膀斜了，要么整个身体歪了、两腿弯曲、膝盖不直等，这样的姿势给他人东倒西歪的感觉，直接破坏了人体的线条美；在办公室里，还会让他人觉得颓废消沉、萎靡不振、自由放纵，直接损坏了自己的职业形象。

（2）弯腰驼背

或许工作的压力太大，承受不了这些重担，于是，将自己挺直的脊背弯了下来。弯腰

驼背时还会伴随着颈部弯曲、胸部凹陷、腹部挺出等种种不良的体态，显得整个人缺乏锻炼、健康不佳、没精打采。试想，谁会喜欢和这样的一个人打交道呢？

（3）趴伏倚靠

随随便便地趴在办公桌上，与他人边聊天边办公，谁会相信这样的工作效率、工作质量呢？倚在墙角、靠在桌子边上，凡此种种的站姿，在工作岗位上，都是有损于自己的形象的。

（4）浑身乱动

站立时由于紧张，人总是不自觉地有一些小动作。有的人会不断地抚弄自己的衣服，或者不停地变换两脚的位置、手臂挥来挥去、身体也随着扭来扭去，这样的姿势会使一个人的站姿变得十分难看，同时，还会降低他人对自己的信任感。

相关链接

被抖掉的合同

有一位美国华侨到国内洽谈合资业务，洽谈了好几次，最后一次来之前，他对朋友说："这是我最后一次洽谈了，我要跟他们的最高领导谈，谈得好，就可以拍板。"过了两个星期，他回到了美国，朋友问："谈成了吗？"他说："没谈成。"朋友问其原因，他回答："对方很有诚意，进行得也很好，就是跟我谈判的这个领导坐在我的对面，当他跟我谈判时，不时地抖动着他的双腿，我觉得还没有跟他合作，我的钱财就被他抖掉了。"

3.1.2 女士商务站姿

1．标准站姿的动作要领（见图3.3）

（1）身体舒展直立，重心线穿过脊柱，落在两腿中间，足弓稍偏前处，并尽量上提。

（2）精神饱满，面带微笑，双目平视，目光柔和有神、自然亲切。

（3）脖子伸直，头向上顶，下颚略回收。

（4）挺胸收腹，略为收臀。

（5）双肩后张下沉，两臂于裤缝两侧自然下垂，手指自然弯曲，或双手轻松自然地在体前交叉相握。

（6）两腿肌肉收紧直立，膝部放松。女士站立时，脚跟相靠，脚尖分开约45度，呈"V"形。

（7）站累时，脚可向后撤半步，身体重心移至后脚，但上体必须保持正、直。

由于日常活动的不同需要，也可以采用其他一些站立姿势。这些姿势与标准站姿的区

别主要通过手或腿脚的动作变化呈现出来的。例如，女士单独在公众面前或登台亮相时，两脚呈丁字步站立，显得更加苗条、优雅。需要注意的是，这些站立姿势必须以标准站姿为基础，与具体环境相配合，才会显得美观、大方。

2．握手式站姿（见图 3.4）

握手式站姿主要用于女士。在基本站姿的基础上，双手搭握、稍向上提、放于小腹前。双脚可以前后略分开：一只脚略前，一只脚略后，前脚的脚跟稍稍向后脚的脚背处靠拢。

站立时不要过于随便，驼背、塌腰、耸肩、两眼左右斜视、双腿弯曲或不停颤抖都会影响站姿的美观。

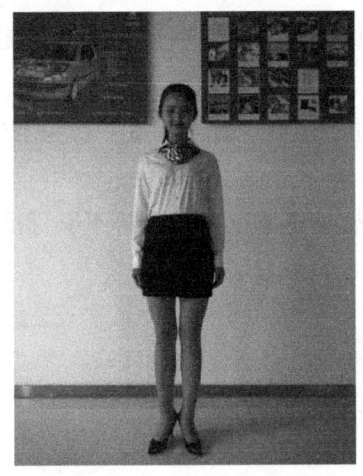

图 3.3 标准站姿

图 3.4 握手式站姿

站着与他人谈话时，要面向对方，保持一定距离，太远或太近（特别是对异性）都不礼貌。身体要站正，上身可以稍稍前倾，以示谦恭。身斜体歪、两腿叉开很大距离、两腿交叉或倚墙靠桌、手扶椅背、双手叉腰、以手抱胸等都是不雅观和失礼的姿态，这样会破坏自己的形象。两腿交叉站立的姿势，是十分不雅的，这是一种轻浮的举动，极不严肃。手插在腰间，是一种表示权威和进犯意识的姿势，如果在男女之间还有"性的侵略"的意思。正式场合，双手也不能插在衣袋中，实在有必要时可单手插入衣袋，但时间不宜过长。以手抱胸的姿势，表示的是不安或敌意，也包含"我对你的看法不能苟同"的意思，在与客户的交往中，是不宜出现的。

3．持文件夹时的站姿（见图 3.5）

身体立直、挺胸抬头、下颌微收、提髋立腰、吸腹收

图 3.5 持文件夹时的站姿

臀，手持文件夹。

扫码学习《商务站姿礼仪》（王亚维主讲）

3.1.3　训练方法

（1）五点靠墙。背墙站立，脚跟、小腿、臀部、双肩和头部靠着墙壁，以训练整个身体的控制能力。

（2）双腿夹纸。站立者在大腿间夹上一张纸，保持纸不松、不掉，以训练腿部的控制能力。

（3）头上顶书。站立者按要领站好后，在头上顶一本书，努力保持书在头上的稳定性，以训练头部的控制能力。

（4）效果检测。轻松地摆动身体后，瞬间以标准站姿站立，若姿势不够标准，则应加强练习，直至无误为止。

项目一　站姿礼仪实训

实训目的

1. 熟练掌握各种站姿礼仪的动作要领和礼仪规范，并能灵活运用。
2. 要求学生在平时就能做到姿势正确，纠正不正确的行为习惯。
3. 能在不同场合以正确的站姿塑造良好的自我形象。

情境描述

一天，某汽车4S店里来了两位顾客想要购车，他们一进店内，刚想咨询，却又眉头紧锁，只见眼前的景象：前台接待的人员东倒西歪，有的斜靠在桌前看报纸，有的半躺在椅子上接电话，有的双手环抱在胸前在店门口接待顾客，有的双手托着下巴、胳膊支在桌子上聊天，顾客相互交换了眼神，同时离开了这家汽车4S店。

学习要求

1. 请学生讨论、分析顾客突然打"退堂鼓"的原因。

2．随机请几名学生在全班进行站立的个人仪态展示，然后请其他学生来评析他们的优缺点。

实训内容

站姿礼仪实训内容及操作规范如表 3.1 所示。

表 3.1　站姿礼仪实训内容及操作规范

实训内容	实训方法	基本要求	注意事项
站姿礼仪	五点靠墙	背墙站立，脚跟、小腿、臀部、双肩和头部靠着墙壁，增强自身控制力	1．站立时身体挺拔，控制肌肉，形成三种肌肉对抗力量：一是髋部向上提，脚趾抓地；二是腹肌、臀大肌保持一定的肌肉紧张，前后形成夹力；三是头顶上悬，肩膀下沉。如果没有髋部和脚的对抗力，膝部就容易弯曲。只有这三种肌肉力量相互制约，才能保持标准的站姿。 2．不良的站姿：弯腰驼背、手位不当、脚位不当、半坐半立、身体歪斜
	背靠背	两人一组，背靠背站立，两人的脚跟、小腿、臀部、双肩和头部紧贴	
	头上顶书	把书放在头顶中心，为使书不掉下来，控制头、躯体保持平衡	
	双腿夹纸	站立者双腿并拢，在双腿之间夹上一张纸，保持纸不松、不掉	
	对镜训练	面对镜子，检查自己的站姿及整体形象，看是否有歪头、斜肩、含胸、驼背、弯腿等姿势，发现问题及时调整	

实训实施

1．实训地点：教室、实训室、会议室、操场。

2．实训着装及道具：男生穿正装，打领带，穿皮鞋；女生穿正装或套裙，系丝巾，穿船式黑色半高跟皮鞋；男生、女生每人带一本书。

3．实训分组：按照每个班 50 人分组，每组 5 人。

4．教师演示：教师进行站姿礼仪示范。

5．实训演练：学生在背景音乐的配合下分组进行站姿礼仪训练及展示，教师进行点评。

6．考核打分：按照考核评价表（见表 3.2）的考核要求进行严格考核，考核由教师点评、学生互评、学员自评三部分组成，增加学生评分是为了增加其他学生的参与度，并且将每一次的考评分数都作为期末成绩的一部分。

7．课后总结：教师对所有的小组都进行点评，不仅要点评演示的表现，还要评价每个小组的参与度。

表3.2　考核评价表

考核内容	评价标准	分值	自评（20%）	互评（20%）	教师评分（60%）	得分
标准站姿	从正面观看，全身笔直、精神饱满、两眼平视、表情自然、两肩平齐、两臂自然下垂、两脚跟并拢、两脚尖张开60度、身体重心落于两腿正中；从侧面看，两眼平视、下颌微收、挺胸收腹、腰背挺直、手中指贴裤缝，整个身体直立、挺拔	50分				
男士的基本站姿	1．"V"字步前腹式：身体直立、挺胸抬头、下颌微收、双目平视、两膝并拢、脚跟紧靠、脚掌分开呈"V"字形，提髋立腰，吸腹收臀，双手在腹前交叉，右手搭在左手上、贴在腹部； 2．体后背式：身体直立、挺胸抬头、下颌微收、双目平视、两脚分开比肩略窄，双手在身后交叉，右手搭在左手上，贴在臀部	50分				
女士的基本站姿	1．"V"字步：身体直立、挺胸抬头、下颌微收、双目平视、两膝并拢、脚跟靠紧、脚掌分开呈"V"字形，提髋立腰，吸腹收臀，双臂自然下垂，双手放在体侧，中指紧贴裤缝； 2．"V"字步前腹式：身体直立、挺胸抬头、下颌微收、双目平视、两膝并拢、脚跟靠紧、脚掌分开呈"V"字形，提髋立腰，吸腹收臀，双手在腹前交叉，右手搭在左手上，贴在腹部； 3．"丁"字步前腹式：身体直立、挺胸抬头、下颌微收、双目平视、两膝相靠、脚掌呈"丁"字形，提髋立腰，吸腹收臀，双手在腹前交叉，右手搭在左手上、贴在腹部	50分				

重点难点

1．重点：演练和考核过程中的重点是掌握不同站姿的方法，并做到站立时身体挺拔。

2．难点：演练和考核过程中的难点是在生活中改掉歪头、斜肩、含胸、驼背、弯腿等不良习惯，并掌握不同站姿的运用场合。

3.2　坐姿礼仪

标准坐姿是人们将自己的臀部置于椅子、凳子、沙发或其他物体之上，以支持自己身体重量，双脚放在地上。坐的姿势从根本上看，是一种静态的姿势，对服务人员而言，不论是工作还是休息，坐姿都是其经常采用的姿势之一。

（1）在适当处入座。在大庭广众处入座时，一定要坐在椅、凳等常规的位置上，坐在桌子上、窗台上、地板上，是失礼的。

（2）在他人之后入座。出于礼貌，与他人一起入座或与对方同时入座时，勿抢先入座。

3.2.1　男士坐姿基本要求

男士基本坐姿如图 3.6 所示。

（1）入座时要轻、稳、缓。走到座位前，转身后轻、稳地坐下。如果椅子位置不合适，需要挪动椅子的位置，应当先把椅子移至欲就座处，然后入座。

（2）身体重心应该垂直向下，腰部挺直，两腿略分开，与肩膀同宽，看起来不至于太过拘束。

（3）坐在沙发上时，姿势应端正，态度安详，整个身体不要往内靠。

（4）头部要保持平稳，目光平视前方，神态从容自如，脸上保持轻松、和缓的笑容。

（5）双肩平直、放松，两臂自然弯曲放在腿上，亦可放在椅子或沙发扶手上，以自然得体为宜，掌心向下。

图 3.6　男士基本坐姿

（6）两膝间可分开一拳左右的距离，脚态可取小八字步或稍分开，以显自然、洒脱之美。不可打开腿脚，这样会显得粗俗和傲慢。如果长时间端坐，可双腿交叉重叠，注意将上面的腿向回收，脚尖向下。

（7）两脚应尽量平放在地，大腿与小腿呈直角，双手以半握拳的方式放在腿上或椅子的扶手上。

（8）如果是侧坐，上半身应该与腿同时转向一侧，面部仍正对正前方，双肩保持平直。

（9）坐在椅子上，应至少坐满椅子的 2/3，宽座沙发至少坐满 1/2。落座后至少 10 分钟内不要靠椅背。时间久了，可轻靠椅背。

（10）谈话时，应根据交谈者方位，将上体双膝侧转向交谈者，上身仍保持挺直，不要出现自卑、恭维、讨好的姿态。

（11）离座时要自然、稳当，右脚向后收半步，而后站起。

相关链接

为什么要从椅子的左侧入座

在古时的西方，男女都佩剑防身。这个传统如今我们依然可以在某些欧洲王室的护卫队演习中看得到。因为佩剑是挂在左腰间的，所以为了使剑身不妨碍入座，当时的人们都有站在椅子的左边，然后右脚向前跨一步后入座的习惯。沿袭至今，这个站在椅子左侧的入座方式也自然而然成了入座礼仪的一部分。

离座时"左出"还是"右出"？

源于古时西方入座的传统，在离座时则宜在椅子的右边离去，也较顺应人体的活动习惯。起身后，优雅地站立，右脚向椅子右方迈出，左脚跟随其后，然后右脚向左脚并拢，双手扶椅背将椅子靠回桌旁。

坐好后，上身的姿势很重要。

（1）注意头部位置的端正。不要出现仰头、低头、歪头、扭头等情况。整个头部看上去，应当如同一条直线一样，和地面相垂直。在办公时，可以低头看桌上的文件、物品，但在回答他人问题时，必须抬起头来，不然就显得不礼貌。在和他人交谈的时候，可以面向正前方，或者面部侧向对方，不可以把后脑勺对着对方。

（2）注意身体直立。坐好后，身体要端端正正（见图3.7）。需要注意的地方有：

一是椅背的倚靠。倚靠主要用于休息。所以因工作需要而就座时，不应当把上身完全倚靠着座椅的背部，最好一点都不倚靠。

二是椅面的占用。在尊长面前，最好不要坐满椅面，坐好后占椅面的2/3左右，最合乎礼节。

三是身体的朝向。交谈的时候，为表示重视，不仅应面向对方，还应将整个上身朝向对方。

（3）注意手臂的摆放。入座后，手臂摆放的正确位置主要有五种：

一是放在两条大腿上。双手各自扶在一条大腿上，也可以双手叠放后放在两条大腿上，或者双手相握后放在两条大腿上，如图3.8所示。

图3.7

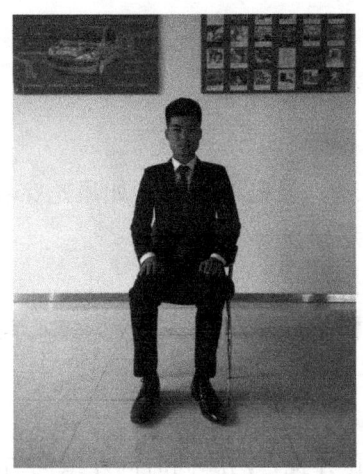
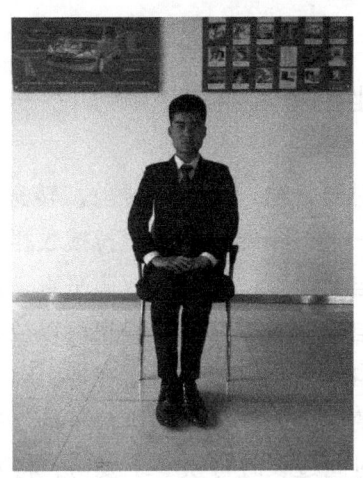

图 3.8

二是放在一条大腿上。侧身和人交谈时，通常要将双手叠放或相握地放在自己所侧一方的那条大腿上。

三是放在皮包、文件上。当穿短裙的女士面对男士而坐，身前又没有屏障时，为避免"走光"，可以把自己随身的皮包或文件放在并拢的大腿上。随后就可以把双手或扶、或叠、或握着放在上面。

四是放在身前桌子上（见图 3.9）。把双手平扶在桌子边沿，或双手相握置于桌上，都是可行的。有时，也可以把双手叠放在桌上。

五是放在椅子扶手上（见图 3.10）。当正身而坐时，要把双手分扶在椅子两侧扶手上。当侧身而坐时，要把双手叠放或相握后，放在侧身一侧的椅子扶手上。

图 3.9   图 3.10

3.2.2　女士坐姿基本要求

（1）入座时要轻稳，走到座位前，转身后退，轻稳地坐下。如果是穿着裙装，应用手将裙子稍稍拢一下，不要坐下后再拉拽衣裙，那样显得不优雅。

（2）上体自然坐直，立腰，双肩平直、放松。

（3）两臂自然弯曲放在膝上，也可以放在椅子或沙发的扶手上，掌心向下。

（4）双膝自然并拢，双脚平落在地上。

（5）坐在椅子上，至少应坐满椅子的2/3，脊背轻靠椅背。

（6）端坐时间过长时可换一下姿势：将两腿并拢，两脚同时向左或向右放，两手叠放，置于左腿或右腿上形成优美的"S"形，也可以两腿交叉重叠，但要注意将上面的小腿回收，脚尖向下。

（7）坐姿可以根据椅子的高低以及有无扶手和靠背来选择，两手、两腿、两脚还可有多种摆法。但是，两腿叉开，或呈四字形的叠腿方式是很不合适的。

（8）起立时，右脚向后收半步，而后站立。

3.2.3　入座后的七种坐姿

1．标准式（见图3.11）

男女皆可，适用于最正规的场合。这种坐姿的要求是：上身和大腿、大腿和小腿，都应当形成直角，小腿垂直于地面，双膝、双脚包括两脚的跟部，都要完全并拢；两臂自然弯曲，两手交叉叠放在两腿中部或扶手上，并靠近小腹。

2．前伸式（见图3.12）

男女皆可。这种坐姿的要求是：在标准式坐姿的基础上，两小腿向前伸出，两脚并拢，脚尖不要翘。

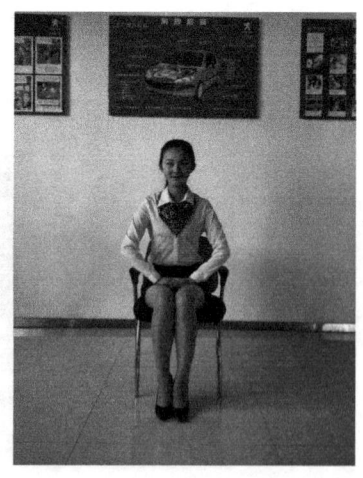

图3.11

图 3.12

3．前交叉式（见图 3.13）

男女皆可。这种坐姿的要求是：在前伸式基础上，右脚后缩，与左脚交叉，两踝关节重叠，两脚尖着地。

图 3.13

4．屈直式（见图 3.14）

男女皆可。这种坐姿的要求是：右脚前伸，左小腿屈回，大腿靠紧，两脚前脚掌着地，并在一条直线上。

图 3.14

5. 后点式（见图 3.15）

女士专有。这种坐姿的要求是：两小腿后屈，脚尖着地，双膝并拢。

6. 侧点式（见图 3.16）

女士专有。这种坐姿的要求是：两小腿向左斜出，两膝并拢，右脚跟靠拢左脚内侧，右脚掌着地，左脚尖着地，头和身躯稍向左斜。注意大腿和小腿要呈 90 度，小腿伸直，显示小腿长度。

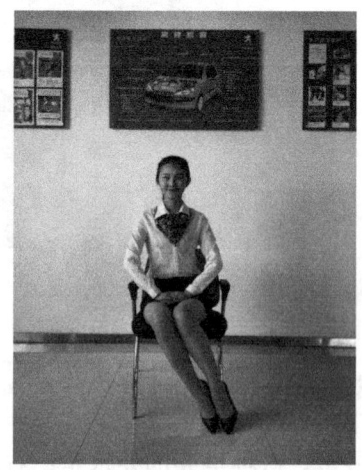

图 3.15   图 3.16

7．双腿叠放式（见图 3.17）

男女皆可。这种坐姿的要求是：将双腿一上一下交叠在一起，交叠后的两腿间没有任何缝隙，犹如一条直线。双脚斜放在左右一侧，斜放后的腿部与地面呈 45 度角，叠放在上的脚的脚尖垂向地面。

图 3.17

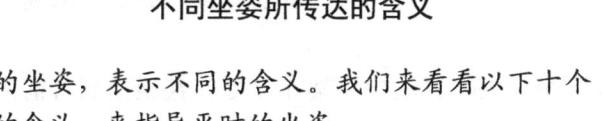

不同的坐姿，表示不同的含义。我们来看看以下十个坐姿表示的含义，来指导平时的坐姿。

（1）正襟危坐，上身紧张起来的姿势，是严肃、认真的表现。

（2）深深坐入椅内，腰板挺直的人在心理上处于优势。

（3）抖动脚或腿，是在传达内心的不安、急躁。

（4）张开两腿而坐的男性，充满自信，具有支配欲。

（5）一条腿自然地架在另一条腿上的女性，表示对自己的外貌有信心。

（6）频频变换架腿姿势，是情绪不稳定的焦躁的表现。

（7）把脚搁在桌子上，以此延伸自己的势力范围，表明此人有较强的支配欲和占有欲，在待人接物时有傲慢无礼的表现。

（8）有教养的女士用脚踝交叉的动作代替架腿而坐，这种姿势不仅外观优美，而且传达的拒绝含义也比较委婉。

（9）始终浅坐在椅子上的人流露出心理上的劣势和缺乏精神上的安定感，是迎合对方或随时准备起身。

（10）在会场中或公开场合，坐着时手捂嘴、掩嘴、摸下巴，多属以"评判"的态度在听对方发言。

3.2.4　入座后的注意事项

1．就座时的不良习惯

（1）脊背弯曲、耸肩驼背。

（2）瘫坐在椅子上或前俯后仰、摇腿跷脚，脚跨在椅子或沙发的扶手上、架在茶几上。

（3）上身趴在桌椅上或自己的大腿上。

（4）双脚大分叉或呈八字形，女士就座跷二郎腿、不把双膝靠紧。

（5）脱鞋或两只鞋在地上蹭来蹭去。

（6）坐下时手中不停地摆弄东西，如头发、戒指、手指等。

2．坐姿中腿的不当表现

（1）双腿叉开过大。双腿如果叉开过大，不论大腿叉开还是小腿叉开，都非常不雅。特别是身穿裙装的女士更不要忽略了这一点。

（2）架腿方式欠妥。正确的方式应当是，两条大腿相架，两腿一定并拢。如果把一条小腿架在另一条大腿上，两者之间还留出大大的空隙，就显得有些放肆了。

（3）双腿直伸出去。这样既不雅观，也妨碍别人。身前如果有桌子，双腿尽量不要伸到桌子外面。

（4）将腿放在桌椅上。有人为图舒服，喜欢把腿架在高处，甚至抬到身前的桌子或椅子上，这样的行为是非常粗野的。把腿盘在座椅上也是不妥的。

（5）腿部抖动、摇晃。坐在他人面前，反反复复地抖动或摇晃自己的腿部，不仅会让他人心烦意乱，还给他人以极不安稳的印象。

3．坐姿中脚的不当表现

（1）脚尖指向他人。不管采用哪一种坐姿，脚尖都不应指向他人，因为这一做法是非常失礼的。

（2）脚尖高高翘起。坐下后，如以脚部触地，通常不允许以脚跟接触地面，将脚尖翘起。如若双脚都这样，更是一种严重的不规范的行为。

（3）脚蹬踏他物。坐下来脚要放在地上，如果用脚在别处乱蹬乱踩，那是非常失礼的。

（4）以脚自脱鞋袜。脱鞋脱袜，属于"卧房动作"，在他人面前就座时，用脚自脱鞋袜，显然有损形象。

4．入座后的其他要求

（1）在他人之后入座。出于礼貌，和客人一起入座或同时入座时，要分清尊卑，先请对方入座，自己不要抢先入座。

（2）从座位左侧入座。如果条件允许，在就座时最好从座椅的左侧接近座位。这样做，是一种礼貌，而且也容易就座。

（3）向周围的人致意。就座时，如果附近坐着熟人，应该主动打招呼，即使不认识，也应该点头示意。在公共场合，要想坐在他人身旁，必须先征得对方的允许，动作要轻、不要碰响座椅。

（4）以背部接近座椅。在他人面前就座，最好背对着自己的座椅，这样就不至于背对

着对方。得体的做法是先侧身走近座椅，背对着站立，右腿后退一点，以小腿确认一下座椅的位置，然后随势坐下，必要时，用一只手扶着座椅把手。

 **相关链接**

不同情况下的坐姿

（1）在比较轻松、随便的场合，可以坐得比较舒展、自由。

（2）谈话，谈判、会谈时，场合一般比较严肃，适合正襟危坐。要求上体正直，臀部落座在椅子的中部，双手放在桌上、或将一只手放在座椅扶手上都可。双脚可以并排放，也可以并膝稍分小腿或并膝小腿前后相错、左右相掖。

（3）女士在社交场合，为了使坐姿更优美，可以采用略微侧向的坐法，头和身子朝向对方，双膝并拢，两脚相并、相掖、一前一后都可以。在落座时，应把裙子向腿下理好、掖好，以免不雅。

（4）倾听他人教导、指示时，对方是尊者、贵客，坐姿除了要端正外，还应坐在座椅的前半部或边缘，身体稍向前倾，表现出一种积极、重视的态度。

3.2.5 离座礼仪

1．基本要求

（1）先有表示。离开座椅时，身旁如有他人在座位上，须以语言或动作向其先示意，随后方可站起身来。

（2）注意先后。与他人同时离座时，须注意起身的先后次序。地位低于对方时，应稍后离座，地位高于对方时，应首先离座；双方身份相似时，可同时起身离座。

（3）起身缓慢。起身离座时，动作要轻缓、无声无息，尤其要避免弄响座椅，或将椅垫、椅罩弄得掉在地上。

（4）站好再走。离开座椅站定之后，方可离去。

2．注意事项

离座时不要抢先离开，要注意起身的先后次序。起身时动作要轻缓，不要突然起身离座，惊吓他人。

扫码学习《坐姿的礼仪》（王亚维主讲）

项目二　坐姿礼仪实训

实训目的

1. 熟练掌握各种坐姿礼仪的动作要领和礼仪规范，最终达到全面提高自身素质、矫正形体的不良姿态的目的，增强自身的控制能力和美感。

2. 能在不同场合以正确的坐姿塑造良好的自我形象。

情境描述

　　一位人事部部长带着三位刚从各公司推选出来的业务骨干去见总裁，因为总裁要从这三位业务骨干中挑选出一位担当业务经理。三位年轻人进入总裁办公室时，总裁还没有到，人事部部长请三位年轻人稍等。一会儿，总裁来到了办公室，只见两位年轻人坐在沙发上，一位架起"二郎腿"，而且两腿不停地来回抖动，另一位身子松懈地斜靠在沙发一角，只有一位年轻人端坐在椅子上等待面试。总裁非常客气地对两位坐在沙发上的年轻人说："对不起，选拔已经有结果了，请退出。"两位年轻人四目相对，不知何故。

讨论：怎么什么都没问选拔就结束了？请学生分析其中的缘故。

实训内容

　　坐姿礼仪实训内容及操作规范如表3.3所示。

表3.3　坐姿礼仪实训内容及操作规范

实训内容	实训方法	基本要求	注意事项
坐姿礼仪	示范、讲解、训练	落座后，最影响坐姿美感的是坐下后的腿位和脚位，所以，先由教师示范不同坐姿、腿和脚的摆放方式，再指导学生反复练习	入座要轻柔、和缓，起立要端庄、稳重，不可弄得座椅乱响。就座时，不可以扭扭歪歪，两腿过于叉开，不可以高跷起二郎腿，若跷腿时悬空的脚尖应向下，切忌脚尖朝天。坐下后，不要随意挪动椅子、腿脚不停地抖动。女士着裙装入座时，应用手将裙装稍稍拢一下，不要坐下后再站起来整理衣裙。正式场合与人会面时，10分钟内不可松懈，不可以一开始就靠在椅背上。就座时，坐满椅子的2/3，不可坐满椅子，也不要坐在椅子边上过分前倾；沙发椅的座位深广，坐下来时不要太靠里面

实训实施

1. 实训地点：教室、实训室、会议室等。

2．实训着装及道具：男生穿正装、系领带、穿皮鞋；女生穿正装或套裙、系丝巾、穿船式黑色半高跟皮鞋；男生、女生每人带一本书。

3．实训分组：按照每个班 50 人分组，每组 5 人。

4．教师演示：教师先示范讲解，分解练习坐姿、入座、离座的动作，对腿位、脚位姿势造型以及双手摆放部位的过程进行强化练习。

5．实训演练：学生在背景音乐的配合下，分组进行成套动作的坐姿仪态展示，教师进行点评。

6．考核打分：按照考核评价表（见表 3.4）的考核要求进行严格考核，考核由教师点评、学生互评、学员自评三部分组成，增加学生评分是为了增加其他学生的参与度，并且将每一次的考评分数都作为期末成绩的一部分。

7．课后总结：教师对所有的小组都进行点评，不仅要点评演示的表现，还要评价每个小组的参与度。

表 3.4　考核评价表

考核内容	评价标准	分值	自评（20%）	互评（20%）	教师评分（60%）	得分
双手的摆放	双手平放在双膝上； 双手叠放，放在一条腿的中部； 一只手放在扶手上，另一只手放在腿上；双手叠放在一侧的扶手上，掌心向下	15 分（男） 10 分（女）				
正襟危坐式（基本坐姿）	上身与大腿、大腿与小腿、小腿与地面，都应当呈直角，双膝、双脚完全并拢	15 分（男） 10 分（女）				
垂腿开膝式	多为男性使用，也较为正规。要求是：上身与大腿，大腿与小腿，皆呈直角，小腿垂直地面；双膝分开，但不得超过肩宽	15 分（男）				
双腿叠放式	穿短裙子的女士采用，造型极为优雅，有一种大方、高贵之感。 要求：将双腿一上一下交叠在一起，交叠后的两腿之间没有任何缝隙，犹如一条直线。双腿斜放于左右一侧，斜放后的腿部与地面呈 45 度夹角，叠放在上的脚尖垂向地面	10 分（女）				
双腿斜放式	适用于穿裙子的女士在较低处就座。要求是：双膝先并拢，然后双脚向左或向右斜放，力求使斜放后的腿部与地面呈 45 度角	10 分（女）				
双脚交叉式	适用于各种场合，男女皆可选用。要求是：双膝先要并拢，然后双脚在踝部交叉。交叉后的双脚可以内收，也可以斜放，但不宜向前方远远直伸出去	15 分（男） 10 分（女）				
双脚内收式	一般场合采用，男女皆宜。要求是：两大腿首先并拢，双膝略打开，两条小腿分开后向内侧屈回	20 分				

续表

考核内容	评价标准	分值	自评（20%）	互评（20%）	教师评分（60%）	得分
前伸后屈式	女士适用的一种优美的坐姿。要求是：大腿并紧之后，向前伸出一条腿，并将另一条腿屈后，两脚脚掌着地，双脚前后要保持在同一条直线上	10分（女）				
入座、离座	1. 从椅子后面入座。如果椅子左右两侧都空着，应从左侧走到椅前； 2. 女士着裙装入座时，应用双手将后裙向前拢一下，以显得优雅、端庄； 3. 坐下时，身体重心徐徐垂直落下，臀部接触椅面要轻，避免发出声响； 4. 坐下之后，双脚并齐，双腿并拢； 5. 离座时，要从右侧离座，要起身缓慢，动作轻缓，不要"拖泥带水"弄响座椅，或将椅垫、椅罩弄得掉在地上	20分				
总分						

重点难点

1. 重点：演练和考核过程中的重点是男士、女士的不同坐姿方法。
2. 难点：演练和考核过程中的难点是入座、离座要领及落座后腿位、脚位的美感。

3.3　行姿礼仪

　　行姿，即行进仪态，也称为步态、行姿，以人的站姿为基础，始终处于运动中。行姿体现的是一种动态的，所谓"行如风"，是指行走动作连贯，从容稳健。步幅、步速要以出行的目的、环境和身份等因素而定，协调和韵律感是步态的最基本要求。

3.3.1　行姿规范

　　（1）头正。双目平视，收颌，表情自然、平和。
　　（2）肩平。两肩平稳，防止上下、前后摇摆。双臂前后自然摆动，前后摆幅在30～40度，两臂自然弯曲，在摆动中双手离开双腿不超过一拳的距离。
　　（3）体正。上身挺直，收腹立腰，重心稍前倾。

（4）步位直。两脚尖略开，脚跟先着地，两脚内侧落地。走出的轨迹要在一条直线上。行走时，假设下方有条直线，男士两脚跟交替踩在直线上，脚跟先着地，然后迅速过渡到前脚掌，脚尖略向外，距离直线约 5 厘米。女式则应一字步行姿，即两腿交替迈步，两脚交替踏在直线上（一字步行姿），如图 3.18 所示。

（5）步幅适度。行走中，两脚落地的距离大约为一个脚长，即前脚的脚跟距后脚的脚尖相距一个脚的长度为宜，不同的性别、不同的身高，有差异。步幅与服饰有关，例如，女士穿裙装（特别是穿旗袍、西服裙、礼服和高跟鞋）时步幅应小些，穿长裤时步幅可大些。

（6）步速平稳。行进的速度应保持均匀、平衡，不要忽快忽慢。在正常情况下，步速应自然、舒缓，显得成熟、自信。

（7）警惕不良姿态。行走时要防止八字步、低头驼背，不要摇晃肩膀、摇臂甩手，不要扭腰摆臀、左顾右盼，脚不要擦地面。

图 3.18

3.3.2　行姿禁忌

每个人的走路姿势各有不同，有的步伐矫健、动作敏捷，给人以健壮、活泼、精神抖擞之感；有的步履轻盈、体态端庄，使人感到优美而有气质；有的则相反，走起路来上下摆动，左右摇晃。

其一，八字步。在行走时，两脚的脚尖向内侧构成内八字步，或两脚脚尖向外侧构成外八字步，看起来缺乏优美感。

其二，摇晃。摇头晃脑、摇动双肩、上颠下跛、左右摇摆，大幅度甩手等动作给人庸俗、无知的印象；如果是扭腰送臀，给人轻佻之感，若只扭臀部，上身不动，还会给人上身僵硬、机械的感觉。

其三，瞻前顾后。走路时眼睛平视前方，不要左顾右盼，不要回头张望，不要老盯住行人乱打量，更不要一边走路，一边指指点点地对他人评头论足。

其四，奔跑。即使遇到紧急的事情，在室内或公共场所，行进时都不可大步奔跑，否则会使他人产生紧张、焦虑的感受。要小步急走，脚步要干净利落、不拖泥带水，脚不蹭地面、不发出太大的响声。

其五，并行。在谈判场所，几人同行，不可并排行走，以免阻碍他人前行，给他人带来不便或令人心烦意乱。

其六，双手乱放。行进时，若双手插兜，尤其是插在裤兜，掐腰或倒背着手，给他人一种不够严肃、随意、傲慢的感觉。

 相关链接

走路的姿态与性格

走路时用大踏步的方式行进的人，其身体非常健康，此种人十分好胜，且顽固。

走路姿态非常柔弱的人，精神也十分衰弱，即使他的体格很健壮，当他遇到精神上的打击时，就会立刻崩溃。

拖着鞋子走路的人，或说是鞋跟磨损较严重的人，缺乏积极性，不喜欢变化。

以小快步伐行走的人性情急躁，或许是腿短的原因所致。不过，走得快，心情自然较为急迫。

与小快步相反，爱迈大步且顺着一条直线悠哉步行的人，如果是女人，那么她的独立性很强，而且不太顾家。

一面走路一面回头看的人，其猜忌心与嫉妒心特别强烈。

步行时上身摆动很小的人，为长寿之相。

……

3.3.3 规范的行姿

（1）前行式行姿

行进时身体保持直立挺拔，行进中若与他人问候时，要同时伴随头部和上身的左右转动，微笑并点头致意。禁止只转动头部，用眼睛斜视他人的举止。

（2）后退式行姿

当行进中与他人告别时，扭头就走是不礼貌的，应该是先向后退两三步，再转身离去。退步时不能轻擦地面、不能高抬小腿，后退的步幅要小些，两腿之间距离不能太大，要先转身再转头。

（3）侧行式行姿

引导他人前行或在较窄的走廊、楼道与他人相遇时，要采用侧行式行姿。引导时，要走在来宾的左侧，身体稍向右转体，左肩稍前，右肩稍后，身体朝向来宾，保持两步左右的距离。介绍环境时，要辅以手势，这样可以观察来宾的意愿，及时为来宾提供满意的服务。

（4）前行转身式行姿

在前行中需要拐弯时，要以一脚掌为轴心，转体90度，同时迈出另一脚。一般情况下，前行左转时，左脚尖先向左转，同时迈出右脚；前行右转时，右脚尖先向右转，同时迈出左脚。

（5）后退转身式行姿

当后退左转或后退右转时，先退行几步后，以一脚掌为轴，转体 90 度同时迈脚。当要向左转时，要以左脚为轴心，向左转体，同时右脚左迈 180 度，反之亦然。

（6）穿西装的行姿（见图 3.19）

穿西装行进时要注意直立挺拔。西装的造型是以线条为主，因而人的仪态举止方面也要有线条感。走路的步幅可以略大些，手势要简捷、大方、明了；行走时，男士不晃肩，女士不摆髋。

（7）穿高跟鞋的行姿

女士行进时的形体是窄腰宽胯，穿高跟鞋能走出女士行进时的曲线之美。走路时，身体要直膝立腰，收腹收臀，

图 3.19

挺胸稍抬头，步幅要小，脚跟先着地，两脚落地时脚跟要落在一条直线上，走柳叶步。

扫码学习《行姿与蹲姿礼仪》（王亚维主讲）

项目三　行姿礼仪实训

实训目的

1．掌握行姿礼仪的动作要领和礼仪规范，并能灵活运用。

2．要求学生在平时也能做到姿势正确，改正不良的行为习惯，男士应具有阳刚之美，展现其矫健、稳重、挺拔的特点；女士应显得温婉、动人，体现其轻盈、秀美、优雅、高贵的气质。

情境描述

同学聚会上，张某挽着女友前来参加，仿佛是为了展示自己找到了美女，只见他骄傲地昂着头，慢慢地踱着外八字脚步缓缓地走进大厅，然后从侍者手中取了杯饮料，斜靠在女友身上喝了起来，还潇洒地用响指招呼每一位刚到的同学。

讨论：张某的表现符合仪态礼仪规范吗？请学生根据提供的资料模拟演示，并分组讨论，教师点评。

实训内容

行姿礼仪实训内容及操作规范如表3.5所示。

表3.5　行姿礼仪实训内容及操作规范

实训内容	实训方法	基本要求	注意事项
行姿礼仪	双臂摆动训练	身体直立，重心向上，以肩关节为轴，上臂带动前臂前后自然摆动，前摆摆幅不得超过45度，后摆摆幅不得超过15度，虎口向前，手心朝向体侧。两肩不要前后晃动，避免一肩高一肩低，双肩不要过于僵硬	在正式场合，有几种行姿需要避免： 1．身体乱摇乱摆，晃肩、扭臀；方向不定，到处张望； 2．外八字或内八字行走； 3．步子太快或太慢；重心向后，脚步拖拉； 4．多人行走时，勾肩搭背，大呼小叫； 5．弓腰驼背地行走； 6．只摆小臂； 7．脚蹭地行走
	步位、步幅训练	在地面画上一条直线，行走时检查自己的步位和步幅是否正确，纠正外八字步、内八字步、脚步过大、脚步过小的不良习惯	
	顶书训练	将书本置于头顶，保持行走时头正、肩平、目不斜视，纠正走路时摇头晃脑、东张西望的不良习惯	
	步态综合训练	训练行走时各种动作的协调，配上节奏感较强的音乐，注意掌握好走路时的速度和韵律。保持身体平衡，双臂摆动对称，动作协调	

实训实施

1．实训地点：教室、实训室、会议室、操场。

2．实训着装及道具：男生穿正装、系领带、穿皮鞋；女生穿正装或套裙、系丝巾、穿船式黑色半高跟皮鞋；男生、女生每人带一本书。

3．实训分组：按照每个班50人分组，每组5人。

4．教师演示：教师示范、讲解动作。

5．实训演练：播放背景音乐，在教师的带动下以肩带动手臂做摆臂的节奏感训练、分组列队走直线步位、步幅训练，手持道具（托盘、奖杯、手提包、雨伞等）进行综合性步态训练。

6．考核打分：按照考核评价表（见表3.6）的考核要求进行严格考核，考核由教师点评、学生互评、学员自评三部分组成，增加学生评分是为了增加其他学生的参与度，并且将每一次的考评分数都作为期末成绩的一部分。

表 3.6　考核评价表

考核内容	评价标准	分值	自评（20%）	互评（20%）	教师评分（60%）	得分
标准行姿（男女通用）	头正、体正、肩平、手臂摆动自然，步位正，步幅适当，步速均匀；走路时无身体前俯、后仰或脚尖向外、向内呈外八字、内八字，步幅太小等现象	40 分				
男士行姿	遵守行姿基本标准；行走时，两脚朝前行走，呈两条平行线。动作大方、协调，能体现男士干练、沉稳的绅士风貌	60 分				
女士行姿	遵守行姿基本标准；行走时，两脚跟在一条直线上；动作优雅、自然，能体现女士高贵、端庄的气质	60 分				
总分						

7．课后总结：教师对所有的小组都进行点评，不仅要点评演示的表现，还要评价每个小组的参与度。

重点难点

1．重点：演练和考核过程中的重点是行姿礼仪的动作要领和礼仪规范。

2．难点：演练和考核过程中的难点是平时生活中灵活运用不同的行姿时，做到姿势正确，改正不良的行为习惯。

3.4　蹲姿礼仪

我们在拿取低处的物品或拾起落在地上的东西时，着裙装的女士下蹲时，稍不注意就会暴露内衣，姿势不雅。

3.4.1　基本蹲姿要求

1．基本要求

（1）下蹲拾物时，应自然、得体、大方，不遮遮掩掩。

（2）下蹲时，两腿合力支撑身体，避免滑倒。

（3）下蹲时，应使头、胸、膝关节在一个角度上，使蹲姿优美。

（4）女士无论采用哪种蹲姿，都要将腿靠紧，臀部向下。

2．注意事项

（1）弯腰捡拾物品时，两腿叉开，臀部向后撅起，是不雅观的姿态。两腿展开平衡下蹲，其姿态也不优雅。

（2）下蹲时注意内衣"不可以露，不可以透"。

保持正确的蹲姿需要把握三点，即迅速、美观、大方。若用右手捡东西，可以先走到东西的左边，右脚向后退半步后再蹲下来，脊背保持挺直，臀部一定要蹲下来，避免弯腰翘臀的姿势。男士两腿间可留有适当的缝隙；女士要两腿并紧，穿旗袍或短裙时应更加留意，以免尴尬。

3.4.2　四种蹲姿方式

1．高低式蹲姿（见图3.20）

男士在选用这种方式时更为方便，这种蹲姿的要求是：下蹲时，双腿不并排在一起，可以左脚在前，右脚稍后；左脚完全着地，小腿基本上垂直于地面，右脚脚掌着地，脚跟提起；右膝低于左膝，右膝内侧靠于左小腿的内侧，形成左膝高右膝低的姿态；臀部向下，基本上用右腿支撑身体。女士也可选用这种蹲姿。

图 3.20

2．交叉式蹲姿（见图3.21）

交叉式蹲姿适用于女士，尤其是穿短裙的女士。它的特点是造型优美、典雅，其特征是蹲下后双腿交叉在一起。这种蹲姿的要求是：下蹲时，左脚在前，右脚在后；左小腿垂直于地面，全脚着地，左腿在上，右腿在下，二者交叉重叠；右膝由后下方伸向左侧，右脚跟抬起，并且脚掌着地；两脚前后靠近，合力支撑身体；上身略向前倾，臀部朝下。

3．半蹲式蹲姿

一般在行走时临时采用，它的正式程度不及前两种蹲姿，在应急时可以采用。基本特征是身体半立半蹲。要求是：在下蹲时，上身稍许弯下，但不要和下肢构成直角或锐角；臀部务必向下，而不是撅起；双膝略为弯曲，角度一般为钝角；身体的重心放在一条腿上；两腿之间不要分开过大。

4．半跪式蹲姿（见图 3.22）

又叫作单跪式蹲姿，即双腿一蹲一跪。它是一种非正式蹲姿，多用在下蹲时间较长，或为了用力方便时。主要要求是：在下蹲后，改为一条腿单膝点地，以脚尖着地，臀部坐在脚跟上；另外一条腿全脚着地，小腿垂直于地面；双膝同时向外，双腿尽力靠拢。

图 3.21

图 3.22

3.4.3 蹲姿注意事项

（1）不要突然下蹲

下蹲的时候，不要速度过快。在行走中需要下蹲时，要特别注意这一点。

（2）不要离人太近

在下蹲时，应和身边的人保持一定距离。和他人同时下蹲时，更不能忽略双方的距离，以防止彼此"迎头相撞"或发生其他碰撞。

（3）不要方位失当

在他人身边下蹲时，最好是和他人侧身相向。在他人正面，或者背对他人下蹲，都是不礼貌的。

（4）不要毫无遮掩

在大庭广众面前，尤其是身着裙装的女士，下蹲时，一定要避免下身毫无遮掩的情况，要防止大腿叉开。

（5）不要蹲在凳子或椅子上

有些人有蹲在凳子或椅子上的生活习惯，这种行为在公共场合，是不被接受的。

总之，下蹲时，不要有弯腰、臀部向后撅起的动作；不要两腿叉开；不要两腿展开平衡下蹲；不要有露出内衣、裤等不雅的动作。当要捡起落在地上的东西或拿取低处物品的时候，首先走到要捡或拿的东西旁边，再使用正确的蹲姿，将东西捡起或拿起。

项目四　蹲姿礼仪实训

实训目的

1．了解各种蹲姿礼仪的运用场合和适合对象。

2．掌握各种蹲姿礼仪的动作要领和礼仪规范，并能够灵活运用。

3．要求学生在平时就能做到姿势正确，塑造良好的自我形象。

实训内容

蹲姿礼仪实训内容及操作规范如表 3.7 所示。

表 3.7　蹲姿礼仪实训内容及操作规范

实训内容	实训方法	基本要求	注意事项
蹲姿礼仪	示范、讲解	教师从正面、侧面、背面示范动作，讲解动作要领	蹲姿禁忌： 1．弯腰捡拾物品时，两腿叉开，臀部向后撅起；两腿展开平衡下蹲； 2．下蹲时，内衣露、透。 保持正确的蹲姿需要把握三点，即迅速、美观、大方。若用右手捡东西，可以先走到东西的左边，右脚向后退半步后再蹲下来。脊背保持挺直，臀部一定要蹲下来，避免弯腰翘臀的姿势。男士两腿间可留有适当的缝隙；女士要两腿并紧，穿旗袍或短裙时应更加留意，以免尴尬
	动作分解训练	分解高低式、左右交叉式上身和脚的配合练习，分步骤进行	
	对镜纠正训练	学生根据教师讲解的动作要领，面对镜子练习，纠正错误动作	
	场景假设训练	按蹲姿方式捡书、笔、垃圾，系鞋带，整理鞋袜等	

实训实施

1．实训地点：教室、实训室、会议室、操场。

2．实训着装：男生穿正装，系领带，穿皮鞋；女生穿正装或套裙，系丝巾，穿船式黑色半高跟皮鞋。

3．实训分组：按照每个班 50 人分组，每组 5 人。

4．教师演示：教师进行蹲姿示范、讲解。

5．实训演练：学生按照性别分别采用不同的蹲姿进行分解练习，结合实地场景蹲捡物品。

6．考核打分：按照考核评价表（见表 3.8）的考核要求进行严格考核，考核由教师点评、学生互评、学员自评三部分组成，增加学生评分是为了增加其他学生的参与度，并且将每一次的考评分数都作为期末成绩的一部分。

表 3.8　考核评价表

考核内容	评价标准	分值	自评（20%）	互评（20%）	教师评分（60%）	得分
高低式蹲姿（男女通用）	下蹲时，双腿不并排在一起，可以左脚在前，右脚稍后；左脚完全着地，小腿基本上垂直于地面，右脚脚掌着地，脚跟提起，右膝低于左膝，右膝内侧靠于左小腿的内侧，形成左膝高右膝低的姿态；臀部向下，基本上用右腿支撑身体	30 分				
交叉式蹲姿（女士适用）	下蹲时，左脚在前，右脚在后；左小腿垂直于地面，全脚着地，左腿在上，右腿在下，二者交叉重叠；右膝由后下方伸向左侧，右脚跟抬起，并且脚掌着地；两脚前后靠近，合力支撑身体；上身略向前倾，臀部朝下	25 分				
半蹲式蹲姿（男女通用）	一般在行走时临时采用。它的正式程度不及前两种蹲姿，在应急时采用。基本特征是身体半立半蹲。在下蹲时，上身稍许弯下，但不要和下肢构成直角或锐角；臀部务必向下，而不是撅起；双膝略为弯曲，角度一般为钝角；身体的重心放在一条腿上，两腿之间不要分开过大	35 分（男）25 分（女）				
半跪式蹲姿（男女通用）	在下蹲后，改为一腿单膝点地，以脚尖着地，臀部坐在脚跟上；另外一条腿全脚着地，小腿垂直于地面；双膝同时向外，双腿尽力靠拢	35 分（男）20 分（女）				
总分						

7．课后总结：教师对所有的小组都进行点评，不仅要点评演示的表现，还要评价每个小组的参与度。

重点难点

1．重点：演练和考核过程中的重点是不同蹲姿的礼仪动作要领。

2．难点：演练和考核过程中的难点是不同蹲姿的运用场合，并使学生在平时也能做到

姿势正确，从而塑造良好的自我形象。

3.5　鞠躬礼仪

3.5.1　鞠躬要领

　　行鞠躬礼时，面对客人，并拢双脚，视线由对方脸上落至自己的脚前1.5米处（15度礼）或脚前1米处（30度礼）。男士双手放在身体两侧，女士双手叠起放在身体前面（见图3.23）。鞠躬时，腰伸直、脚跟靠拢、双脚尖处微微分开、目视对方，然后将伸直的腰背，由腰开始的上身向前弯曲。鞠躬时，弯腰速度适中；鞠躬后，抬头直腰。慢慢做动作，这样令对方感觉很舒服。

3.5.2　鞠躬类型

　　"鞠躬"主要通过弯身行礼，以示恭敬。除用于向对方说"早安"和"您好"等打招呼行为之外，还是表示感谢或道歉时普遍使用的一种礼仪。另外，弯腰的深浅不同，表示的含义也不同。按照上身倾斜角度的不同，可以将鞠躬分为四种类型。

　　（1）一度鞠躬（见图3.24）

图3.23　　　　　　　　　　　　　　　　图3.24

　　打招呼礼。上身倾斜角度约为15度，是最一般的鞠躬角度。微微低头，身体上部向下弯约15度，常用于与熟人打招呼、与长辈或上级擦肩而过的时候。向对方表示感谢、关照的时候，口头致谢固然重要，若再加上一度鞠躬，就更能体现诚意。

（2）二度鞠躬

迎接客人礼。上身倾斜角度约为 30 度，是商业往来中普遍使用的鞠躬方式。身体上部向下弯约 30 度，尤其是进出会客室、会议室和向客人打招呼时使用，常用来表示敬意。

（3）三度鞠躬

送客礼。上身倾斜角度约为 45 度。

（4）90 度鞠躬（深鞠躬）

基本动作同三度鞠躬，区别在于深鞠躬一般只要鞠躬一次即可，要求弯腰幅度要达到 90 度，以示敬意。

四种鞠躬方式适用于不同的场合，在工作中，服务顾问最好使用一度鞠躬；在参加重要活动、接待重要来宾时，可以使用二度鞠躬、三度鞠躬；90 度鞠躬在服务工作中较少使用。

项目五　鞠躬实训

实训目的

1. 了解鞠躬的分类。
2. 掌握各类鞠躬的方法以及适用的场合。

情境描述

王先生来到汽车 4S 店购车，服务顾问李某看到后，主动上前接待王先生，问候、鞠躬，询问王先生有什么需求。

实训内容

鞠躬实训内容及操作规范如表 3.9 所示。

表 3.9　鞠躬实训内容及操作规范

实训内容	实训步骤	基本方法	注意事项
鞠躬	15 度鞠躬	1. 标准的迎宾站姿； 2. 看见顾客前来，向前迎接； 3. 面带微笑，目视对方； 4. 身体略微前倾，约 15 度； 5. 问候"您好""欢迎光临**汽车 4S 店"	15 度鞠躬用于接待时刻。在日常生活中，中国人见面打招呼时，通常只是点头即可

汽车服务礼仪（第2版）

续表

实训内容	实训步骤	基本方法	注意事项
鞠躬	30度鞠躬	1. 标准站姿； 2. 看见顾客前来，向前迎接； 3. 面带微笑，目视对方； 4. 身体略微前倾，约30度，鞠躬时目光下移，落到顾客脚面上； 5. 表述"非常感谢""感谢光临，希望您下次光临"	30度鞠躬比15度鞠躬略微深一点，用于向顾客致谢的时候，例如，顾客再次来店或者临别，表示感谢惠顾。 30度鞠躬的时候，身体前倾的度数较大，这时候的目光应该随着身体下移到对方脚面上，忌讳身体已经前倾向下，而头部还仰着目视对方，既不雅观又不礼貌
	45度鞠躬	1. 标准站姿； 2. 看见顾客前来，向前迎接； 3. 面带微笑，目视对方，眼神略带歉意； 4. 身体适度前倾，约45度，鞠躬时目光下移，落到顾客脚面上； 5. 表述"非常抱歉""不好意思，让您久等了"	45度鞠躬动作明显，身体前倾，多数用于我们做错了事情，或者答应顾客的事情没有做到，或者让顾客久等了等情况，用于向顾客致歉
	90度鞠躬	1. 标准站姿； 2. 站定好，鞠躬； 3. 面色庄重，目视前方； 4. 身体尽量前倾，约90度，鞠躬时目光下移，落到地面上	在日本，鞠躬一般都是90度。在我国，因为文化不同，90度鞠躬是非常庄重的礼仪，很少用，在职场、日常生活中基本用不到；在重大事件新闻发布会、道歉会，或者追悼会上使用

实训实施

1. 实训地点：教室、实训室、会议室。

2. 实训分组：按照每个班50人分组，每组4～5人。

3. 教师演示：教师设定情境，并且进行实操演示，内容包括站姿、微笑、走姿、鞠躬度数、问候、寒暄、交谈。

4. 情境演练：每组学生根据自己选择的角色，反复演练。

5. 考核打分：按照考核评价表（见表3.10）的考核要求进行严格考核，考核由教师点评、学生互评、学员自评三分部分组成，增加学生评分是为了增加其他学生的参与度，并且将每一次的考评分数都作为期末成绩的一部分。

6. 课后总结：教师对所有的小组都进行点评，不仅要点评演练的表现，还要评价每个小组的参与度。

表 3.10　考核评价表

考核内容	评价标准	分值	自评（20%）	互评（20%）	教师评分（60%）	得分
15 度鞠躬	1. 站姿标准； 2. 见到顾客，主动向前； 3. 保持微笑； 4. 鞠躬动作标准； 5. 问候语恰当	25 分				
30 度鞠躬	1. 站姿标准； 2. 保持与顾客的距离 1～1.5 米； 3. 保持微笑； 4. 鞠躬动作标准； 5. 主动表示感谢； 6. 谈话气氛和谐	25 分				
45 度鞠躬	1. 站姿标准； 2. 见到顾客，主动向前，保持与顾客的距离 1～1.5 米； 3. 态度诚恳； 4. 鞠躬动作标准； 5. 真诚向顾客致歉	25 分				
90 度鞠躬	1. 站姿标准； 2. 保持与顾客的距离 1～1.5 米； 3. 面色庄重； 4. 鞠躬动作标准	25 分				
总分						

重点难点

1．重点：演练和考核过程中的重点是练习每一种鞠躬动作的要领及适用的场合。

2．难点：演练和考核过程中的难点是鞠躬时要配合每一种情境下的语音、表情等，要自然得体。

3.6　握手礼仪

在交往中，相识者之间或不相识者之间在适当的时候，需要向交往对象行礼，以表示

自己与对方的友好和尊重，这就是平时所说的会面礼仪。由于各国、各民族、各地区历史、文化传统和风俗习惯的不同，人们采用的会面礼也就千差万别。

在国际社交中，比较流行的会面礼仪之一就是握手礼仪，握手礼仪是我国乃至世界最通行、最普遍采用的礼节形式。握手，既是人们见面相互问候的主要礼仪，还是祝贺、感谢、安慰或相互鼓励的适当表达。例如，对方取得某些成绩与进步时，向对方赠送礼品以及发放奖品、奖状、发表祝词后，都可以通过握手来表示祝贺、感谢、鼓励等（见图 3.25）。

图 3.25

3.6.1　握手的方式

1. 握手的意义

握手是大多数人在见面或离别时相互致意的礼仪。据说握手礼起源于中世纪的欧洲，那时候人们见面时，无敌意的双方为了证明自己的友好，就要放下手中的武器，伸开手掌让对方摸摸手心，这种习惯逐渐演变成现代的握手礼（见图 3.26）。

握手是交际的一个部分。握手的力量、姿势与时间的长短能够表达出对于对方的不同礼遇与态度，显露出自己的个性，给人留下不同的印象；通过握手也可以了解对方的个性，从而赢得交际的主动。美国著名盲聋女作家海伦·凯勒说：我接触的手，有些能拒人千里之外；也有些充满阳光，让人感到很温暖……

握手多用于见面时的问候与致意。对久别重逢和多日未见的老朋友，以握手表示对于对方的关心与问候；对彼

图 3.26

此之间经过他人介绍认识的新朋友，通过握手，向对方表示友好和愿意与对方结识的心情。

告别时，以握手感谢对方，表示愿意保持联系、再次见面的愿望。除此之外，握手还是一种祝贺、感谢、理解、慰问、支持和鼓励的表示。在交往中，握手礼运用得当，会令人彬彬有礼、落落大方，很有风度。

2．握手的方式

握手时，一定要用右手，双方将右手向各自的侧下方伸出握住即可。握手时间以 3～5 秒为宜。过紧地握手，或者只用手指部分漫不经心地接触对方的手都是不礼貌的；握手时间过长，尤其和异性握手时间过长，会被认为是不礼貌的。

握手的距离为 1～1.5 米。距离过大，显得有意在跟对方保持距离；距离过小，手臂难以伸直，也不雅观。握手的力度要适中，既不可过轻，也不可过重。握手要热情友善，握手时，应注视对方，微笑致意或问好（见图 3.27）。需要与多人同时握手时，应按照由尊到卑的顺序进行。

3．错误的握手方式（见图 3.28）

（1）用左手握手，握手时左手拿着东西或插在兜里。

（2）交叉握手。

（3）拉来、推去或上下左右抖个不停地握手。

（4）握手时长篇大论、点头哈腰、过度客套。

（5）只握指尖或只递指尖。

（6）手脏、湿，当场搓手。

（7）握手时三心二意、面无表情、目光游移或旁观。

图 3.27

图 3.28

3.6.2　适合握手的场合

（1）遇到较长时间没有见面的熟人。

（2）在比较正式的场合和认识的人道别。

（3）在以自己作为东道主的社交场合，迎接或送别来访者时。

（4）拜访他人后，在辞行的时候，或是被介绍给其他人时。

（5）在社交场合，偶然遇上亲朋故旧或上司的时候。

（6）他人给予一定的支持、鼓励或帮助时。

（7）表示感谢、恭喜、祝贺时。

（8）对他人表示理解、支持、肯定时。

（9）得知他人患病、失恋、失业、降职或遭受其他挫折时。

（10）向他人赠送礼品或颁发奖品时。

3.6.3　握手礼仪原则

在正式场合，谁先伸手同对方握手是握手礼仪最重要的问题，若对伸手的先后顺序一无所知，就会变有礼为"失礼"。

1．握手的顺序

握手时，伸手的先后顺序是由握手人双方所处的社会地位、年龄、性别等各种条件决定的。握手应遵守"尊者决定"的原则，即确定双方彼此身份的尊卑，由位尊者先伸手，位卑者予以响应，贸然地抢先伸手是失礼的表现。

握手双方伸手的先后顺序是：

（1）年长者与年轻者相互握手，年长者先伸出手来，年轻者方可伸手握之。

（2）身份高者与身份低者相互握手，身份高者先伸出手来，身份低者方可伸手握之。

（3）已婚者与未婚者相互握手，已婚者先伸出手来，未婚者方可伸手握之。

（4）晚辈与长辈握手，长辈先伸手。

（5）教师与学生握手，教师先伸手。

2．特定场合

在公务场合，握手时，伸手的先后顺序主要取决于职位、身份；在社交和休闲场合，伸手的先后顺序主要取决于年龄、性别和婚否。接待来访客人，当客人抵达时，应由主人先伸手与客人握手表示"欢迎"（见图3.29）。当客人告辞时，应由客人先伸手与主人握手表示"再见"。如果握手的顺序搞颠倒了，很容易让人产生误解。

图3.29

项目六　握手实训

实训目的

1. 了解握手的基本方法。
2. 掌握握手的合适时机。
3. 熟悉不同状况下的握手的禁忌。

情境描述

王先生初次进汽车 4S 店了解车辆，服务顾问鞠躬、问候、迎接王先生，在完成各项服务之后预约王先生下次进行试乘试驾，并与王先生握手、送别。

实训内容

握手实训内容及操作规范如表 3.11 所示。

表 3.11　握手实训内容及操作规范

实训内容	实训步骤	基本要求	注意事项
握手	握手姿态	1. 右手自然向前伸出，掌心略微向上，拇指与手掌分开，四指并拢； 2. 面带微笑，目视对方	1. 握手属于国际礼仪，世界通用； 2. 握手是现代礼仪，适用于现代的各种商务场合
	握手顺序	1. "尊者决定"的原则； 2. 长辈与晚辈、上下级之间，前者先伸出手； 3. 在男士和女士之间，女士先伸出手； 4. 在主宾之间，见面时，应主人先伸出手	与女士握手时，男士只握住女士的手指部分，不是握住整个手掌
	握手方法	1. 握手时身体略微向前倾； 2. 目视对方眼睛以示尊重； 3. 左手自然下垂； 4. 力度适中，不宜用力过大； 5. 问候"您好""好久不见"	接待工作中，对于初次见面的顾客，应该在门口迎接顾客，采取鞠躬问候的礼仪方式；在介绍完车辆，送别顾客的时候，可以选择与顾客握手道别
	握手时间	握手时间不宜过长，一般为 3～5 秒	握手后双手自然下垂，或者过渡为交谈手势
	握手禁忌	1. 握手时，不可以戴手套； 2. 握手时，另一只手不可以放在口袋里； 3. 握手时，目光注视对方，不可以四处乱看	虽然握手是国际礼仪，但是因为国情不同，握手礼也稍有不同，如，欧美男士会在握手时，故意用力握住对方的手，试试对方的握力

实训实施

1．实训地点：教室、实训室、会议室。

2．实训分组：按照每个班 50 人分组，每组 4～5 人。

3．教师演示：教师设定情境，并且进行演示，内容包括站姿、微笑、走姿、握手方法等。

4．情境演练：每组学生根据自己选择的角色，反复演练。

5．考核打分：按照考核评价表（见表 3.12）的考核要求进行严格考核，考核由教师点评、学生互评、学员自评三分部分组成，增加学生评分是为了增加其他学生的参与度，并且将每一次的考评分数都作为期末成绩的一部分。

表 3.12　考核评价表

考核内容	评价标准	分值	自评（20%）	互评（20%）	教师评分（60%）	得分
握手姿态	1．握手时，保持正确的站姿，正确的出手方式； 2．面带微笑，目光注视对方	20 分				
握手顺序	1．握手的顺序正确； 2．与异性握手的方式正确	20 分				
握手方法	1．握手过程目光、姿态、力度正确； 2．握手过程中有合适的问候语	20 分				
握手时间	握手时间恰当，掌握分寸	20 分				
握手禁忌	1．握手时，对于各种禁忌，及时纠正； 2．遇到与多人握手时，不可交叉握手	20 分				
总分						

6．课后总结：教师对所有的小组都进行点评，不仅要点评演练的表现，还要评价每个小组的参与度。

重点难点

1．重点：演练和考核过程中的重点是握手的姿态、握手的方法、握手的时间。

2．难点：演练和考核过程中的难点是握手过程中面目表情和问候语、交谈语。

第 *4* 章

汽车服务顾问咨询礼仪

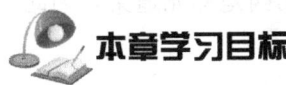

本章学习目标

1. 了解称呼礼仪、介绍礼仪的基本知识。
2. 了解商务名片的种类,掌握递送、接收名片礼仪。
3. 掌握商务场合介绍、致意、交谈、记录的各种方法。
4. 能够运用所学知识在社交、商务等不同场合正确使用交往礼仪。

案例导入

被拒绝的生日蛋糕

一位先生为一位外国朋友订做生日蛋糕。他来到一家酒店的餐厅,对服务小姐说:"小姐,您好,我要为我的一位外国朋友订一份生日蛋糕,同时制作一份贺卡,您看可以吗?"小姐接过订单一看,忙说: "对不起,请问先生,您的朋友是小姐还是太太?"这位先生不清楚这位外国朋友结婚没有,也从来没有打听过,他为难地抓了抓后脑勺,想想说:"小姐?太太?一大把岁数了,太太吧。"生日蛋糕做好后,服务员小姐按照订单上的地址到酒店的客房送生日蛋糕。敲门,一位女子开门,服务员小姐有礼貌地说:"请问,您是怀特太太吗?"女子愣了愣,不高兴地说: "错了!"服务员小姐丈二和尚摸不着头脑,抬头看看门牌号,再回去打个电话问那位先生,没错,房间号码没错。再敲一遍,开门,"没错,怀特太太,这是您的蛋糕"。那位女子大声说:"告诉你,你错了,这里只有怀特小姐,没有怀特太太。"啪的一声,门被大力关上,蛋糕掉到地上。

这个被拒绝的生日蛋糕,就是因为错误的称呼造成的。在西方,特别是女子,很重视正确的称呼,如果搞错了,会引起对方不满意,好事也就变成了坏事。

4.1 商务场合打招呼的技巧

4.1.1 称呼礼仪

关于称呼，国际上对男子通常称先生，对女子通常称夫人、女士、小姐，其中，对已婚女子称夫人，对未婚女子称小姐，对于不了解婚姻状况的女子可称小姐、年纪稍大的可称女士。对于地位高的官方人士，可以直接称其职务或者阁下。

在商务交往中，有四种不能用的称呼：第一是无称呼，例如在大街上问路，上去就"哎"；第二是替代性称呼，即直接称呼外号；第三是不适当的地方性称呼，在某些范围内用地方性称呼是可以的，但是在跨地区、跨国家的商务交往中不能滥用；第四是称兄道弟。因此，在商务交往中一定要讲规矩。

1. 一般性称呼

在商务场合，按照国际惯例，对于男士普遍使用的称呼是"先生"。对于已婚女子可尊称"夫人（太太）"，不了解婚姻状况的可称"小姐"或"女士"，不要以为对方年纪大就肯定其结婚了，称呼为"夫人"，弄得对方不愉快。

2. 外事活动中的称呼

在外事活动中，常见的称呼除"先生""小姐""女士"外，在一些政务活动中还有两种称呼方法：一是称其职务；二是对地位较高者称"阁下"，如称"部长阁下""总理先生阁下""主席先生阁下""大使先生阁下"等。要注意，不同的国家，因为习俗不同，称呼也不同。

3. 职业性称呼

称呼职业，即直接以被称呼者的职业作为称呼。例如，将从事文化教育工作的人士称为"老师"，将教练员称为"教练"，将出庭辩护人士称为"律师"，将警察称为"警官"，将担任会计工作的人士称为"会计"，将以治病为业的人士称为"医生"或"大夫"等。一般情况下，在此类称呼前，都可以加上姓氏或姓名。

4．职务性称呼

在商务活动中，以交往对象的职务相称，以示身份有别、敬意有加，这是一种最常见的称呼方法。具体的称呼方法有三种：一是仅称职务，例如，"部长""经理""主任"等；二是在职务之前加上姓氏，例如，"张总经理""李处长"等；三是在职务之前加上姓名，这种称呼仅适用于极其正式的场合，例如，"习近平主席""李克强总理"等。

5．职称性称呼

对有职称的人士，可以直接称其职称或在职称前冠以姓氏，如"教授""张研究员""吴工程师"等；也可以在职称前加上对方的全名，如"黄涛教授""刘华主任医师"等。

6．学衔性称呼

对于享有学位的人士，只有"博士"才能作为称谓来用，而且只有在工作场合或是与工作有关的场合才能使用。

7．姓名称呼

一般同事或朋友之间，关系较为密切的人士之间，可以直呼其名，如"张华""李耀"等。要注意，长辈对晚辈可以这么称呼，但是，晚辈对长辈却不能这么称呼。一般情况下，称呼越简单，关系越密切，对年长者应尊称"老王""老赵"等；对年轻人或晚辈可称呼为"小李""小张"等；对于老前辈或师长，为表示尊敬可以称"老张""老李"等；对一般的老人称"大爷""大娘""老人家"；对学生可称"小朋友""小同学"。

扫码学习《称呼》

4.1.2　称呼的方法

首次见面，称呼"您""先生""女士"。再次见面就能准确称呼出顾客的姓名和职业。一般来说，教师、律师、医生等职业可以称呼其姓氏加职业，例如，李经理、张总经理。若遇见年纪较小的顾客，或者是平辈顾客，第一次称呼用"您"，在随后的交谈中可以直接称呼为"你"。对于第二次到店的客户，应了解其职业、牢记其姓名，适当寒暄。对于多次到店的客户，需了解其工作状况和家庭成员，为后续工作打下基础。

语言成败——怎么一语勾心

有人有这样的本领：与人交谈，一句话就抓住了对方，让对方愿意听、乐意说，或者一下子就征服了对方，使对方对其产生特别的好感。这称为一语勾心。

这是一个很实惠的本领，平时说话，若是一语勾心就能迅速形成融洽、热烈的交谈局面，让双方谈得很投机、很倾心，就能顺利达到沟通、交流的目的。

这种一语勾心在两件事上体现得最为要紧：一是恋爱，二是求职。

卡耐基断言："现代成功人士80%都是靠一根舌头打天下。"如果此话当真，那么一语勾心很关键的就是——"舌头"。

要做到一语勾心，需要具有良好的综合素质，较高的洞悉人际关系的能力，随机应变、一点儿也不卡壳的急智和巧舌如簧、口齿伶俐的说话能力。这非一日之功，是需要长期积累和锤炼的。要时刻做得更好，将这种说话能力发挥到极致，做好以下几点是当务之急。

1. 对准对方选择话题

谁都希望他人关心自己，谈话时，如果对准对方选择话题，对方就会倍感兴趣。例如，你同恋人初约黄昏后，你就对方的工作、兴趣等展开话题，对方就会敞开心扉，打开话匣子，兴致勃勃地与你海聊、神侃起来。再如，你与同事交谈，若过分地以"我"为中心，话题跳不开一个"我"字，对方至多出于礼貌应付几句，如果谈谈对方职称评定情况、孩子的升学情况、爱人下岗后就业等情况，对方一定有一肚子话被你勾起。

话题对准对方度越高，你的交谈越能打动对方心灵，为对方所欢迎。为此，你要多了解对方，多读点儿心理学，做到一语中靶。

2. 表现你的真诚

真诚总能打动别人的心，把自己的真心捧出来，别人就会推心置腹地与你畅谈。例如，你与陌生人之间本是隔了一层的，此时，你的真诚会让对方怦然心动，那种防备心理就会为之融化。再如，与异性交谈，双方存在性别差异，矜持和自尊很难让人敞开心扉，尤其是女性对一个异性不会过多地敞开心扉，但是谁都拒绝不了真诚之心。真诚代表着一颗冰清玉洁的纯净之心，会让人禁不住心荡神驰。

真诚是他人能体会、感受得到的。所以，你可以表现真诚，让你的真诚更加淋漓尽致，更具有表现力。例如，你的表情、眼神、语气、话语本身，都可用以表现真诚。也就是说，你不仅让真诚自然显露，而且还要善于表现真诚。

3．将"一语"设计为"凤头"

写文章有凤头、猪肚、豹尾之说，有一个好的开头，确实更加吸引人。说话也是如此，开一个漂亮的、独特的"头"，才能把对方的心给"勾"住。这"凤头"型"一语"，自然不拘一格，你可以来个出口不凡、一语惊人的开场白；你可以设置一个悬念，让你的话形成一种神秘性；你还可以讲一个故事，或打个比方。

第二次世界大战时期，英国外汇枯竭，无力从美国购买物资。美国总统罗斯福起草了《租借法》，拟通过租借的方式给英国提供物资，但是，一些美国人只看到眼前利益，并不能理解《租借法》。为了说服他们，罗斯福说："假如我的邻居失火了，我有一截浇花园的水龙带，要是邻居拿去水龙带，就可以把火灭掉，就可以阻止火势蔓延到我家。这时候我总不能对他说：朋友，这带子值15元，你得付钱。而此时邻居刚好没有钱，我看就不能不灭火死要这15元钱。"罗斯福用一个形象而贴切的比方说服了他的人民，所以，再固执的人也不会听不进去的。

4．使用一些具有"勾力"的语言

有"勾力"的话都是根据具体情境临时组织的，但是，的确有一些语言本身就更具有"勾力"。例如，尊称（尊称人的职位、辈分等）、招呼语（您好、早上好）、赞美语（你真行、你真漂亮、干得好啊）、感谢语（谢谢你的帮助、您是我的导师）、惊叹语（哇，真想不到啊；竟是这样啊）、征求语（你说说这事、你的意见呢）。这些语言都具有一定的"勾力"。当然，对象不同，又具有不同的"勾语"，如恋爱着的人，赞美和肯定的话语更具有"勾力"；对上司，尊重的话语更具有"勾力"；对同事，敬佩和祝福的话语更具有"勾力"。

项目一　称呼礼仪实训

实训目的

1．熟悉称呼顾客的方法和时机。
2．能够在称呼完顾客后视情况与顾客进行友好的寒暄。
3．掌握与陌生顾客谈话过程中的禁忌。

情境描述

王先生（女士）欲购大众牌汽车，从参观、了解，到订车，再到购车三个过程中，我

们作为服务顾问对王先生的称呼有所不同，来凸显接待顾客过程中与顾客交谈不同，并且能熟悉与顾客交谈过程中的禁忌。

实训内容

称呼实训内容及操作规范如表 4.1 所示。

表 4.1 称呼实训内容及操作规范

实训内容	实训步骤	基本要求	注意事项
称呼	顾客首次来店参观	"您好！先生（或女士），欢迎来到**汽车 4S 店，我是这里的服务顾问李**，您可以称呼我小李，请问我能帮您做点什么？" "请问您贵姓，该怎么称呼您？"	1. 首次来店参观，必须称呼"您"； 2. 按国际惯例的称呼："您好，先生（或女士）"； 3. 介绍自己时要尽量谦虚； 4. 在随后交谈过程中了解顾客的姓名和职业等信息，并且记录
	顾客二次进店了解并订车	"王先生，您好，欢迎您来，您是怎么来的？一路上还顺利吧？最近这附近交通比较拥堵。"	1. 根据第一次的谈话记录，务必一见面就要准确地称呼出顾客的姓名和职业； 2. 不急于谈车，要多寒暄一些中性话题，如天气、交通状况等
	顾客再次来店并购车	"王总，您好，欢迎您来""最近怎么样，工作忙吗？"	1. 姓氏＋职业或者职位； 2. 可以适当关心一下顾客的生活。在欧美国家，人和人交谈禁忌有：收入、婚姻、家庭、个人健康等，在现代职场中，这些也是交谈的禁忌话题； 3. 在中国，与顾客关系拉近之后，工作状况或者家人状况等都可以成为寒暄的话题； 4. 时下流行的称呼，酌情而定

实训实施

1. 实训地点：教室、实训室、会议室、广场。

2. 实训分组：按照每个班 50 人分组，每组 5 人。

3. 教师演示：教师设定情境，并且进行实操演示，内容包括站姿、微笑、走姿、引领、手势、确认顾客身份、了解顾客职业。

4. 情境演练：每组学生根据自己选择的角色，反复演练。

5. 考核打分：按照考核评价表（见表 4.2）的考核要求进行严格考核，考核由教师点评、学生互评、学员自评三部分组成，增加学生评分是为了增加其他学生的参与度，并且将每一次的考评分数都作为期末成绩的一部分。

6. 课后总结：教师对所有的小组都进行点评，不仅要点评演练的表现，还要评价每个小组的参与度。

表 4.2　考核评价表

考核内容	评价标准	分值	自评（20%）	互评（20%）	教师评分（60%）	得分
顾客首次来店参观	1．站姿的状态，鞠躬，手势； 2．是否有微笑； 3．说话语气是否合适； 4．是否用了尊称"您"； 5．能否深入了解到顾客的职业等信息	30 分				
顾客二次进店了解并订车	1．站姿的状态，鞠躬，手势； 2．微笑，语气语调； 3．称呼姓氏+顾客职业（职位）； 4．寒暄一些中性话题，营造良好的谈话氛围	30 分				
顾客再次来店并购车	1．站姿的状态，鞠躬，手势； 2．微笑，语气语调； 3．称呼姓氏+顾客职业（职位）； 4．适当关心顾客的工作，问候顾客的家人，营造良好的谈话氛围	40 分				
总分						

重点难点

1．重点：演练和考核过程中的重点是见到顾客主动上前迎接，以及交流过程中的语言和语气。

2．难点：演练过程中的难点是如何与顾客营造良好的谈话氛围，培养亲切感。

4.2　汽车服务顾问介绍礼仪

介绍是人们在社会活动中相互结识的一种常见形式，它是指把同行者或自己简要的自然情况和思想性格通过明示或暗示的方式告诉对方。在社交场合，把同行者简要的自然情况和思想性格介绍给对方，就是人们常说的为他人作介绍；把自己的相关情况告诉对方，就是人们常说的自我介绍。介绍得体能使被介绍者感到高兴，新相识者感到欣喜。因此，正确地掌握介绍的要领，可以为今后的进一步交往奠定基础。

4.2.1　介绍他人

为他人作介绍，是人际沟通的重要组成部分。良好的合作，可能就是从这一刻开始的。

为他人作介绍，又称第三者介绍，是经第三者为彼此不相识的双方引见、介绍的一种交际方式。为他人作介绍，通常是双向的，即对被介绍的双方各自进行介绍。有时，也只进行单向的他人介绍，即只将被介绍者中的某一方介绍给另一方。为他人作介绍时，需要把握下列要点。

1．介绍的时机

在商务交往中，介绍人应由公关礼仪人员、秘书担任；在社交场合，介绍人则应由女主人或与被介绍的双方均有一定交情者充任。在遇到下列情况时，有必要为他人作介绍：

（1）自己的接待对象遇见了其不相识的人士，而对方又跟自己打了招呼。

（2）在办公地点，接待彼此不相识的客人或来访者。

（3）陪同上司、长者、来宾时，遇见了其不相识者，而对方又跟自己打了招呼。

（4）受到为他人介绍的邀请。

（5）打算推介某人加入某一方面的交际圈。

（6）与家人外出，路遇家人不相识的同事或朋友。

2．介绍他人的原则

（1）为他人作介绍时必须遵守"尊者优先"的规则：把年轻者介绍给年长者；把职务低者介绍给职务高者；如果双方年龄、职务相当，则把男士介绍给女士；把家人介绍给同事、朋友。

（2）清楚地介绍每个人的姓名，并多提供一些相关个人资料，如职务、头衔等。介绍时应注意称呼，在社交场合，"先生"是对成年男性的尊称，"女士"是对已婚女性的尊称，"小姐"是对未婚女子的尊称。不能既称先生又加上头衔，如"杨教授先生"或"李局长先生"，这是不尊重人的表现。

（3）介绍者为被介绍者介绍之前，一定要征求一下被介绍双方的意见，切勿上去开口即讲，显得很唐突，让被介绍者感到措手不及。

（4）被介绍者在介绍者询问自己是否有意认识某人时，一般不应拒绝，而应欣然应允。实在不愿意时，则应说明理由。

（5）介绍人和被介绍人都应起立，以示尊重和礼貌；待介绍人介绍完毕后，被介绍双方应微笑、点头示意或握手致意。

（6）在宴会、会议桌、谈判桌上，视实际情况介绍人和被介绍人可以不必起立，被介绍双方可以点头、微笑致意；如果被介绍双方相隔较远，中间又有障碍物，可以举起右手点头微笑致意。

（7）介绍完毕后，被介绍者双方应依照合乎握手礼仪的顺序握手，并且彼此问候对方。问候语有"你好""很高兴认识你""久仰大名""幸会幸会"，必要时，还可以进一步作自我介绍。

在为他人作介绍时，谁先谁后，是一个比较敏感的礼仪问题。根据商务礼仪规范，必须遵守"尊者优先了解情况"的规则，即先要确定双方地位的尊卑，然后先介绍位卑者，后介绍位尊者。这样，可使位尊者先了解位卑者的情况。根据规则，为他人作介绍时的礼仪顺序大致有以下几种：

介绍上级与下级认识时，先介绍下级，后介绍上级。

介绍长辈与晚辈认识时，先介绍晚辈，后介绍长辈。

介绍年长者与年幼者认识时，先介绍年幼者，后介绍年长者。

介绍女士与男士认识时，先介绍男士，后介绍女士。

介绍已婚者与未婚者认识时，先介绍未婚者，后介绍已婚者。

介绍同事、朋友与家人认识时，先介绍家人，后介绍同事、朋友。

介绍来宾与主人认识时，先介绍主人，后介绍来宾。

介绍与会先到者与后来者认识时，先介绍后来者，后介绍先到者。

3．掌握介绍的形式

由于实际需要的不同，为他人作介绍时的内容也会有不同的介绍形式。

简介式介绍。适用于一般场合，内容只有双方姓名一项，甚至只提到双方姓氏为止。例如，"我来介绍，这位是张教授，你们认识一下吧！"接下来，就由被介绍者自己见机行事。

标准式介绍。适用于正式场合，内容以双方的姓名、单位、职务等为主。例如，"我来为两位引见一下。这位是×××公司公关部××小姐，这位是×××公司总经理×××先生。"

强调式介绍。其内容除被介绍者的姓名外，往往还会刻意强调一下其中一位被介绍者与介绍者之间的特殊关系，以便引起另一位被介绍者的重视。例如，"这位是我的女儿刘××，请杨总多多关照。"

引见式介绍。引见式介绍适用于普通的场合，介绍者要做的是将被介绍者双方引到一起即可。例如，在一次联谊会上，主人可以这样说："大家以前都是校友，但有的不在一个年级，请大家相互认识一下吧！"

推荐式介绍。推荐式介绍适用于比较正规的场合，介绍者是经过精心准备而来的，目的是将某人举荐给某人，介绍时通常会对前者的优点加以重点介绍。例如，"这位是××先生，他是一位出色的外观设计人才，对企业管理很有研究，还是经济学博士。杜总，你们细谈吧！"

4．注意介绍时的细节

介绍者为被介绍者作介绍之前，要先征求被介绍者双方的意见。为他人作介绍的内容与自我介绍的内容相仿，作为第三者介绍他人相识时，先向双方打一声招呼，让被介绍的双方都有所准备。被介绍者在介绍者询问自己是否有意认识某人时，一般应欣然表示接受，如果实在不愿意，应向介绍者说明缘由，取得谅解。当介绍者走上前来为被介绍者进行介绍时，被介绍者双方均应起身站立，面带微笑，大大方方地目视介绍者或者对方。介绍者介绍完毕，被介绍者双方应依照合乎握手礼仪的顺序进行握手，并且彼此使用"您好""很高兴认识您""久仰大名""幸会"等语句问候对方。

4.2.2 自我介绍

1. 自我介绍原则

（1）介绍的时机

要想自我介绍获得成功，给对方留下深刻的印象，首先应考虑在适当的时间作介绍。所谓适当的时间，指对方有兴趣、有空闲、情绪好、干扰少、有要求时，反之，则不必急于自我介绍。例如，对方正忙于工作或与人交谈，或者大家的精力正集中在某人、某事上，就不宜进行自我介绍；当对方一人独处，或是春风得意、心情很好时，进行自我介绍就会产生良好的效果。

（2）注意仪态

进行自我介绍时，要充满自信、落落大方、笑容可掬、态度诚恳。举止、仪表应庄重、大方，表情亲切、自然，面带笑容，热情友好。讲到自己时，可将右手放在自己的左胸上，切忌慌慌张张、不知所措，或者心不在焉。

（3）把握分寸

自我介绍时，措辞要适度，对自己的评价要客观，既不要过分地炫耀自己，也不要过分地贬低自己，应该实事求是、恰如其分地介绍自己，给人以诚恳、坦率、可以信赖的印象。总之，自我介绍既要表现友好、自信和善解人意，又应力戒虚伪和媚俗。

（4）掌握程序

自我介绍时，介绍者就是当事人，其基本程序是先向对方点头致意，得到回应后再向对方报出自己的姓名、身份、单位及有关情况。介绍时，语言要热情友好，充满自信，眼睛要注视对方，切忌目光游移。

（5）讲究艺术

自我介绍要看场合，如果只与一人会见，问好后便可开门见山地进行自我介绍。如果有多人在场，在自我介绍前，最好加一句引言，例如，"我们认识一下好吗？我是……"；作自我介绍时，不要把目光集中在一个人身上，最好环视大家，然后将目光转向他们中的某一个人，大家相应地也会作自我介绍。

相关链接

李敖：趣言戏谑，诙谐开场

许多人都知道李敖文笔不凡，他的思维敏捷，词锋犀利，却又不乏幽默慧黠，诙谐之处每每让人捧腹。2005 年 9 月 21 日，李敖到北大演讲，他的整场演讲都幽默风趣，让人捧腹。

他的开场白是这样的："你们终于看到我了。我今天准备了一些'金刚怒目'的话，也有一些'菩萨低眉'的话，但你们这么热情，我应该说菩萨话多一些（掌声，笑声）。演讲最害怕四种人：一种是根本不来听演讲的；一种是听了一半去厕所的；一种是去厕所不回来的；一种是听演讲不鼓掌的。"李敖话音未落，场内已是一片掌声。

"当年克林顿、连战等来北大演讲时，是走红地毯进入的，我在进门前也问道：'我是否有红地毯？'校方说：'没有，因为北大把你的演讲当作学术演讲，就不铺红地毯了。'如果我讲得好，就是学术演讲；若讲得不好，讲一半再铺红地毯也来得及。"听众席爆发出了雷鸣般的掌声。

（6）注重内容

在社交场合，自我介绍的内容非常重要，如果不能恰当地把应该介绍的内容说出来，那么这种介绍是失败的。一般情况下，自我介绍的内容由三个要素构成，即姓名、供职单位及职务，自我介绍时，要将这三者一气呵成。在初次见面时，要报姓名全称。当然，自我介绍的内容也可以根据实际情况的需要决定繁简。

2．自我介绍的具体形式

在社交场合，如果能正确地进行自我介绍，不仅可以扩大自己的交际圈、广交朋友，而且还有助于自我展示、自我宣传，在交往中消除误会、减少麻烦。自我介绍时，应先向对方点头致意，得到回应后再向对方介绍自己的姓名、身份、单位等，可以同时递上名片。注意把握分寸，既不过分自谦，又不夸大其词，时间以约半分钟为宜。自我介绍的具体形式如下。

（1）应酬式

适用于某些公共场合和一般性的社交场合，这种自我介绍最为简洁，介绍内容往往只包括姓名一项，例如，"您好，我叫刘刚。"

（2）工作式

适用于工作场合，介绍内容包括姓名、供职单位及其部门、职务或从事的具体工作等。例如，"您好，我叫刘刚，是×××公司的市场部经理。"

（3）交流式

适用于社交活动中，希望与交往对象进一步交流与沟通时使用。介绍内容包括姓名、

工作、籍贯、学历、兴趣及与交往对象的某些熟人的关系等。例如，"您好，我叫刘刚，我在×××公司上班。我是李强的老乡，都是××人。"

（4）礼仪式

适用于讲座、报告、演出、庆典、仪式等一些正规而隆重的场合。介绍内容包括姓名、单位、职务等，同时还应加入一些适当的谦辞、敬辞。例如，"各位来宾，我叫刘刚，我是×××公司的市场部经理。我代表本公司热烈欢迎大家光临我们的产品展示会，希望大家……"

（5）问答式

适用于应试、应聘和公务交往。问答式的自我介绍，应该是有问必答，问什么就答什么。例如，"先生，您好！请问您怎么称呼？（请问您贵姓？）""先生，您好！我叫刘刚。"

项目二 介绍他人实训

实训目的

1. 了解介绍他人的流程。
2. 掌握介绍流程中的礼貌、礼节。
3. 熟悉首次见面寒暄的话题，并且营造出良好的谈话氛围。

情境描述

王先生买了一辆大众汽车，今天前来提车，简短、热烈的交车仪式之后，服务顾问李某开始把售后服务顾问介绍给王先生认识。

实训内容

介绍他人实训内容及操作规范如表 4.3 所示。

表 4.3 介绍他人实训内容及操作规范

实训内容	实训步骤	基本要求	注意事项
为他人作介绍	介绍顺序	1. 先低层后高层； 2. 先年少后年长； 3. 先男士后女士； 4. 先主后宾； 5. 先未婚后已婚	若遇到年长的人是低层，年轻人是高层时，要看地点，在工作场合，先介绍低层后介绍高层；在私人场合，先介绍年少后介绍年长

续表

实训内容	实训步骤	基本要求	注意事项
为他人作介绍	介绍准备	1. 介绍人提前做好沟通工作； 2. 准备好名片，进行交换； 3. 介绍双方的姓名、职务、单位	后介绍的人为尊者，前者应该主动问候
	起立注视	1. 被介绍时双方起立； 2. 面带微笑，注视对方	双方站位的距离为 1～1.5 米
	握手	1. 依照合乎握手礼仪的顺序进行握手； 2. 问候"您好""久仰，请多关照"	与异性握手时，要等待女士先出手，男士只握女士手指部分
	寒暄	1. 初次见面时，寒暄一些中性话题，如天气、交通、家乡。 2. 禁忌话题不能谈，如对方的收入、家庭状况、健康状况等私人话题	寒暄结束后，为了加强进一步的认识，应当互相交换名片

实训实施

1．实训地点：教室、实训室、会议室。

2．实训设备：名片。

3．实训分组：按照每个班 50 人分组，每组 3～5 人。

4．教师演示：教师设定情境，并且进行实操演示，内容包括站姿、微笑、走姿、握手、交换名片、与顾客寒暄。

5．情境演练：每组学生根据自己选择的角色，反复演练。

6．考核打分：按照考核评价表（见表 4.4）的考核要求进行严格考核，考核由教师点评、学生互评、学员自评三部分组成，增加学生评分是为了增加其他学生的参与度，并且将每一次的考评分数都作为期末成绩的一部分。

表 4.4　考核评价表

考核内容	评价标准	分值	自评（20%）	互评（20%）	教师评分（60%）	得分
介绍顺序	1. 在介绍时，可以正确地掌握好情景； 2. 在介绍过程中，注意正确的介绍顺序	20 分				
介绍准备	1. 介绍时，正确的站姿、站位； 2. 沟通工作提前做好； 3. 了解双方的职位后，按照惯例正确地介绍双方的姓名、单位、职位	20 分				
起立、注视	1. 正确的站姿、站位； 2. 保持微笑，注视对方，友善、专注地聆听对方讲话	20 分				

续表

考核内容	评价标准	分值	自评 （20%）	互评 （20%）	教师 评分 （60%）	得分
握手、问候	1. 正确的握手方法，正确的出手顺序； 2. 握手时问候对方，不得夹杂其他动作	20分				
寒暄	1. 能选择适宜的话题与对方交谈； 2. 交谈过程自然顺畅、气氛和谐	20分				
总分						

7. 课后总结：教师对所有的小组都进行点评，不仅要点评演练的表现，还要评价每个小组的参与度。

重点难点

1. 重点：演练和考核过程中的重点是介绍过程中的起立迎接、问候寒暄、握手、交换名片。

2. 难点：演练和考核过程中的难点是如何与顾客营造良好的谈话氛围，并能给顾客留下良好的"第一印象"。

项目三　接待时自我介绍实训

实训目的

1. 熟悉自我介绍的方法。
2. 通过自我介绍给顾客留下良好的印象。

情境描述

王先生进入××汽车4S店展厅，服务顾问主动上前迎接、进行自我介绍，并与顾客进行交谈。

实训内容

接待时自我介绍实训内容及操作规范如表4.5所示。

表 4.5　接待时自我介绍实训内容及操作规范

实训内容	实训步骤	基本要求	注意事项
自我介绍	问候	1．一般情况"您好"； 2．根据时间"早上好""中午好""下午好"； 3．特殊节庆日"新年快乐""中秋快乐""圣诞节快乐"； 4．初次见面按照国际惯例称"先生"或"女士"	1．遇到两个人或两个以上人时，应该称呼其中相对重要的人并向其他人问好，例如，某公司王总和两位助理进入展厅时，我们应该称呼"先生，你们好"； 2．遇到夫妻或情侣时，我们称呼"女士，先生，你们好"
	介绍公司	1．"欢迎光临"； 2．"欢迎莅临**汽车 4S 店"； 3．"欢迎光顾**汽车 4S 店"	介绍公司名称时应当语速适中、吐字清楚、信息完整
	介绍姓名	1．公式"职位+姓名"； 2．"欢迎光临**大众汽车 4S 店，我是这里的服务咨询顾问李某某，您可以叫我小李"	在职场中，我们在介绍自己的时候，一定要先介绍公司、职位，再介绍自己的姓名
	开场白	1．"请问，我能帮您做点什么？"； 2．"请问，您有什么需要？"； 3．"您需要帮助吗？"	以开放式的句式来询问顾客来店目的，获取信息后，及时地满足顾客的需求，提供优质的服务
	接待	1．邀请顾客进入洽谈区； 2．递上茶水或饮料； 3．递上相关汽车产品资料； 4．进行需求分析	引领顾客进入洽谈区之后，服务顾问应该坐在顾客对面，拿一份《顾客购车需求信息表》，一边与顾客交谈，一边进行记录

实训实施

1．实训地点：教室、实训室、会议室。

2．实训分组：按照每个班 50 人分组，每组 4～5 人。

3．教师演示：教师设定情境，并且进行实操演示，内容包括站姿、微笑、走姿、鞠躬、问候、自我介绍。

4．情境演练：每组学生根据自己选择的角色，反复演练。

5．考核打分：按照考核评价表（见表 4.6）的考核要求进行严格考核，考核由教师点评、学生互评、学员自评三部分组成，增加学生评分是为了增加其他学生的参与度，并且将每一次的考评分数都作为期末成绩的一部分。

6．课后总结：教师对所有的小组都进行点评，不仅要点评演示的表现，还要评价每个小组的参与度。

表4.6　考核评价表

考核内容	评价标准	分值	自评（20%）	互评（20%）	教师评分（60%）	得分
迎接顾客	1. 见到顾客主动上前迎接； 2. 站姿、鞠躬标准； 3. 保持微笑	30分				
介绍公司	介绍公司名称准确、清楚	20分				
介绍姓名	1. 介绍公司、职位，然后再介绍自己名字； 2. 告诉顾客如何简洁地称呼自己； 3. 询问顾客如何称呼	30分				
开场白	询问顾客来意	10分				
接待	1. 引领顾客进入洽谈区就座； 2. 递上茶水，与顾客交谈	10分				
总分						

重点难点

1．重点：演练和考核过程中的重点是对顾客的问候，介绍公司，介绍自己。
2．难点：演练和考核过程中的难点是询问顾客来意，并能及时地为顾客解决问题。

4.3　汽车服务顾问名片礼仪

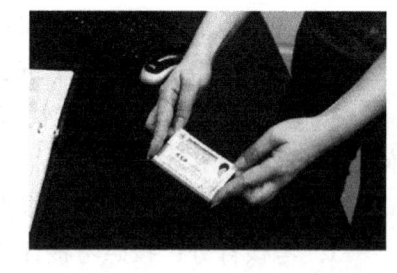

　　名片是华夏先人献给世界文明的一件礼物，它最早产生于春秋战国时期，并且写在竹、木片上，以后才写在纸上（最初还没有纸）。汉初称谒；六朝称刺；唐朝以纸书"刺"，称"名帖""名刺""名纸"；宋朝称为"门状"；到明清通称为"门状""名刺和名帖（红帖）"。

　　名片之所以在现代社会中得到广泛应用，是因为它使用起来简便、灵活、文明，能适应现代社会人际交往十分频繁的需要，是一个人身份的象征，因而，成为现代交际的一种工具。随之，名片的递送、接受、存放等社交礼仪也讲究起来。

4.3.1　名片的样式

　　名片是商务人士必备的沟通、交流工具，名片像一个人简单的履历表，递送名片的同

时，也是在告诉对方自己的姓名、职务、地址、联络方式，由此可知，名片是每个人最重要的书面介绍材料。在从业之初，设计及印制名片是首要任务，精美的名片不仅使人印象深刻，还能体现个人的风格。

通常使用的名片分为私用名片、商务名片和单位名片三种类型。

单位名片的主角是单位，其内容大体有两项：一是本单位的全称及其徽号；二是与本单位联络的方法，包括地址、邮编、电话号码、传真号码等。

私用名片、商务名片的主角是个人。除单位名片外，一枚标准的名片应包括三方面的内容：一是本人所属的单位、徽号以及自己所在的具体部门；二是本人的姓名、学位、职务或职称；三是与本人联络的方法，包括所在单位的地址、办公电话号码、手机号码和邮政编码等。

不管是私用名片还是商务名片，一般都不提供本人家庭住址和住宅电话号码，有必要时，可以在交换名片时当场提供，这样做被视为是向交往对象表明自己的重视与信赖。在现实生活中，有些地方的有些人，名片成了"明骗"的一种幌子，因此，对其名片所列内容，要具体情况具体分析，不可掉以轻心。

名片的规格一般是长8～10厘米，宽5～6厘米，印制以横排为佳；名片的质地应是柔软耐磨的白板纸、布纹纸；名片的色彩切忌鲜艳、花哨，讲究淡雅、端庄，以白色、黄色、乳白、浅蓝为宜。一般将姓名印制在中间，职务用较小号字体印制在姓名下面。如果同时印中外文时，通常一面印制中文，另一面印制外文，外文要按国际习惯排列。不论是印制私用名片还是商用名片，上面列的职务都不要太多，列一两个主要职务即可，以免给人以华而不实之感。虚衔开列过多，反倒显得自己水平不高。如有必要，可为自己设计几种单位不同、职衔不同的名片，在公务交往中，该用哪一种，就用哪一种。在西方，一位商界人士口袋里有好几种名片是不足为奇的。

 **相关链接**

名片的失误

某公司新建的办公大楼需要添置一系列办公家具，价值数百万元。公司的总经理已做了决定，向A公司购买这批办公用具。

这天，A公司的销售部负责人打电话来，要上门拜访这位总经理。总经理打算等对方来了，就在订单上盖章，定下这笔生意。

不料对方比预定的时间提前了2个小时，原来对方听说这家公司的员工宿舍也要在近期内落成，希望员工宿舍需要的家具也能向A公司购买。为了谈这件事，销售部负责人还带来了一大堆的资料，摆满了台面。总经理没料到对方会提前到访，刚好手边又有事情处理，便请秘书让对方等一会。这位销售部负责人等了不到半小时，就开始不耐烦了，一边收拾资料一边说："我还是改天再来拜访吧！"

这时，总经理发现对方在收拾资料准备离开时，将自己刚才递上的名片不小心掉在了地上，对方并没有发觉，走时还无意地从名片上踩了过去。这个不小心的失误，令总经理改变了初衷。最终，A公司不仅没有机会与对方商谈员工宿舍的设备购买，连几乎到手的数百万元办公用具的生意也告吹了。

A公司销售部负责人的失误，看似很小，其实是巨大而不可原谅的失误。名片在商业交际中是一个"人"的化身，是名片主人"自我的延伸"。弄丢了对方的名片已经是对他人的不尊重，更何况还踩上一脚，顿时让这位总经理产生了反感。再加上对方没有按预约的时间到访，不曾提前通知，又没有等待的耐心和诚意，丢失了这笔生意也就不是偶然的了。

4.3.2　交换名片礼仪

1. 名片的递送顺序

交换名片是建立人际关系的第一步，一般应在与他人初识、自我介绍之后或经他人介绍之后进行。递送名片的先后没有太严格的讲究，一般是地位低的人先向地位高的人递名片，男士先向女士递名片，出于公务和商务活动的需要，女士也可以主动向男士递名片。当对方不止一人时，应先将名片递给职务较高或年龄较大的人；如分不清职务高低和年龄大小时，可依照座次递名片；应给对方在场的人每人一张，以免厚此薄彼。如果自己这一方人较多，让地位较高者先向对方递送名片。因名片代表一个人的身份，在未弄明白对方的来历之前，不要轻易递送名片，否则，不仅有失庄重，还有可能被冒用。

 相关链接

西方人的名片

西方人在使用名片时通常写有几个法文单词的首字母，它们分别代表如下不同含义：

1. P.p.（pour presentation）：意即介绍，通常用来把一个朋友介绍给另一个朋友。当你收到一个朋友送来左下角写有"P.p."字样的名片和一个陌生人的名片时，便是为你介绍了一个新朋友，应立即给新朋友送张名片或打个电话。

2. P.f.（pour felicitation）：意即敬贺，用于节日或其他固定纪念日。

3. P.c.（pour condolence）：意即谨唁，在重要人物逝世时，表示慰问。

4. P.r.（pour remerciement）：意即谨谢，在收到礼物、祝贺信或受到款待后表示感谢。它是对收到"P.f."或"P.c."名片的回复。

5. P.P.c.（pour prendre conge）：意即辞行，在分手时使用。

6. P.f.l.a.（pour feliciter lenouvel an）：意即恭贺新禧。

7. N.b.（nota bene）：意即请注意，提醒对方注意名片上的附言。

按照西方社交礼仪，递送名片应注意到，一位男士去访问一个家庭时，若想送名片，应分别给男、女主人各一张，再给这个家庭中超过 18 岁的女士一张，但绝不可在同一个地方留下超过三张的名片。

一位女士去别人家做客，若想送名片，应给这个家庭中超过 18 岁的女士每人一张，但不应给男士名片。

如果拜访人事先未预约，也不想受到会见，只想表示一下敬意，可以把名片递给任何来开门的人，请他转交给主人。若主人亲自开门并邀请进去，也只应稍坐片刻。名片应放在桌上，不可以直接递到女主人手里。

2．名片的递送方法

递送名片时，应面带微笑、目视对方，将名片的正面朝着对方，恭敬地用双手的拇指和食指分别捏住名片上端的两角送到对方胸前；如果是坐着，应起身或欠身递送，递送时可以说一些"我叫×××，这是我的名片，请笑纳"或"请多关照"之类的客气话。

如果同外宾交换名片，可先留意对方是用单手还是双手递名片，随后再跟着模仿。因为欧美人、阿拉伯人和印度人习惯于用一只手与他人交换名片；日本人喜欢用右手送出自己的名片，左手接受对方的名片。名片的递送应在介绍之后，在尚未弄清楚对方身份时，不应急于递送名片，更不要把名片视同传单随便散发。

适时地发送名片，使对方接受并收到最好的效果，必须注意下列事项：

（1）参加会议时，应该在会议前或会议后交换名片，不要在会议中擅自与别人交换名片。

（2）要把自己的名片准备好，整齐地放在名片夹、名片盒或口袋中，要放在易于掏出的口袋或皮包里。不要把自己的名片和他人的名片或其他杂物混在一起，以免使用时手忙脚乱或掏错名片。

（3）处在一群彼此不认识的人当中，最好让他人先发送名片。名片的发送在见面时或告别时，如果自己即将发表意见，则在说话之前发送名片给周围的人，可帮助他们认识自己。

（4）不要在一群陌生人中发送自己的名片，这会让人误以为自己想推销什么物品，反而不受重视。在商业社交活动中，要有选择地发送名片，才不至于使他人误以为自己在替公司搞宣传、拉业务。

（5）对于陌生人或巧遇的人，不要在谈话中过早地发送名片，因为这种热情一方面会打扰他人，另一方面有推销自己之嫌。

（6）除非对方要求，否则不要在年长的尊者面前显示名片。

（7）无论参加私人或商业餐宴，名片都不可以在用餐时发送，因为此时只适合从事社交而非商业性的活动。

（8）递交名片要用双手或右手，用双手拇指和食指执名片两角，让文字正面朝向对方，递交时，目光要注视对方，微笑致意，可顺带一句"请多多关照。"

（9）接名片时要用双手，并认真地看一遍上面的内容。如果接下来与对方谈话，不要将名片收起来，应该放在桌子上，并保证不被其他东西压起来，使对方感觉到对他的重视。

（10）破旧名片应尽早丢弃，与其发送一张破损或脏污的名片，不如不送。

（11）交换名片时，如果名片用完，可用干净的纸代替，在上面写下个人资料。

3．名片的接受

接受他人名片时，应起身或欠身，面带微笑，恭敬地用双手的拇指和食指接住名片的下方两角，并轻声说"谢谢""能得到您的名片十分荣幸"。如果对方地位较高或有一定知名度，则可道一句"久仰大名"之类的赞美之辞。接过名片后，应十分珍惜，并当着对方的面，快速、仔细地把对方的名片"读"一遍，并注意语音轻重、抑扬顿挫，重音应放在对方的职务、学衔、职称上；不懂之处应立即请教，"尊号怎么念?" 使对方产生一种受重视的满足感。

随后，当着对方的面郑重其事地将他的名片放入自己携带的名片盒或名片夹之中，千万不要随意乱放，以防污损。如果接过他人名片后一眼不看，或漫不经心地随手向衣袋或手袋里一塞，是对他人失敬的表现。倘若一次同许多人交换名片，又都是初交，最好依照座次来交换，并记好对方的姓名，以防搞错。如果身上未带名片，应向对方表示歉意。在对方离开之前，或话题尚未结束，不必急于将对方的名片收藏起来。

4．如何索取名片

为了表示尊重对方，最好不要向对方索要名片。如果确信是对方忽略了而并非不愿意，可用婉转的方式提醒，"不知以后如何与您联系？""可否留下通信地址？"对方自然会发送名片。

当对方索要名片，且自己不想给对方时，应用委婉的方法表达歉意。可以说："对不起，我忘记带名片了。"或者"抱歉，我的名片用完了。"

（1）交换法

古人讲，将欲取之，必先予之。把自己的名片首先递给对方，说："非常高兴认识您，这是我的名片，请您多指教。"来而不往非礼也，对方也得回送名片。所以，这个交换法是比较方便的。

（2）明示法

即明确表示，这个办法用于比较熟悉的人，前面的交换法用于不熟悉的人。例如，"老王，好长时间没见了，怎么样？我们交换一下名片吧，这样联系更方便。"因为对方可能换单位了，所以明确地表示，我跟你交换一下名片。

（3）谦恭法

有的时候跟长辈、跟名人、跟有地位的人打交道可以用谦恭法去索取名片，例如，对一位教授讲："*教授，刚才您讲的礼仪对我很有启发，虽然我自己也是做商务工作的，但是您讲的很多事例确实有启发，意犹未尽，听说您一会儿还有别的活动我就不想打搅您了，希望以后有机会向您请教。"注意这些话都是伏笔，是过门，下面这句话是本质，"教授，不知道以后能不能有机会向您请教"或者说"教授，以后怎么向您请教比较方便？"

（4）联络法

多用于同辈之间，例如，"小刘，认识你非常高兴，希望以后跟你保持联系。""怎么样？小刘，以后怎么和你联系比较方便？"这等于告诉小刘，我想要你的电话、网址等联络方式。

4.3.3　名片的存放与管理

为了查找和使用起来方便，应分类收藏他人的名片。对接受的个人名片可以按姓氏笔画分类收藏，也可以依据不同的交际关系分类收藏。要留心他人职务、职业、住址、电话等情况的变动，并及时记下相关变化，以便通过名片把握每位客户、每个朋友的真实情况。

1．名片的存放

接到别人的名片不可以随意摆弄或扔在桌子上，也不可以随便地塞在口袋里或丢在包里，应放在西服左胸的内衣袋或名片夹里，以示尊重。

2．名片的管理

我们是不是有过这种情况，参加了一次交际活动之后，名片收到了一大把，往家里或办公室里随手一放，有一天，当急于寻找一位朋友帮忙的时候，东找西翻，却找不到对方留下的名片和联系方法。因此，对名片的管理十分必要。

第一，和他人在不同场合交换名片时，务必详尽记录与对方会面的人、事、时、地、物。交际活动结束后，应回忆、复习一下，记住对方的姓名、单位、职务、行业等。第二天或过两三天，主动打个电话或发个电邮，向对方表示结识的高兴，或者适当地赞美对方的某个方面，或者回忆愉快的聚会细节，让对方加深对自己的印象和了解。

第二，对名片进行分类管理。可以按地域分类，例如，按省份、城市；也可以按行业分类；还可以按人脉资源的性质分类，例如同学、客户、专家等。

第三，养成经常翻看名片的习惯。工作的间隙，翻一下名片档案，给对方打一个问候的电话、发一个祝福的信息等，让对方感觉到自己的存在和对他的关心与尊重。

第四，定期对名片进行清理。将手边所有的名片与相关资源数据做一个全面性整理，依照关联性、重要性、长期互动与使用的概率、数据的完整性等因素，将它们分成三类，第一类是要长期保留的；第二类是暂时保留的；第三类是确定不要的。当确定不要时，作销毁处理。

 **相关链接**

名片的公关意义

在现代社会，名片不仅有自我介绍和保持联络的作用，而且还有其他多种用途。

1. 它可以替代便函，用来对友人表示祝贺、感谢、介绍、辞行、慰问、馈赠及吊唁等多种礼节。为了表示不同的礼节，可以在名片左下角用小写字母写上国际通用的法文缩写。也可以写上祝贺或问候短语，寄给对方。假如祝贺名片上只有几行冷冰冰的铅字，会让人觉得是敷衍了事。寄送祝贺名片给朋友时，如对方不是单身，收件人应为夫妇两人，只给一方会显得很不礼貌。

2. 可以替代礼单。向友人寄送或托送礼物或鲜花时，花束中附上名片并写上祝贺短语，自己收到友人的礼品时，可立即回复一张名片，左下角用铅笔写上 p.r.，以表示感谢。

3. 可作为"介绍信"。例如，一位大使想把使馆新来的参赞介绍给当地外交团的朋友，可在自己名片的左下角注明，然后把新参赞的名片附在后面一并送去。

4. 可代替请柬。在非正式邀请中，可用名片代替请柬(如朋友小聚)，并写明时间、地点和内容。

5. 可用于通报和留言。拜访友人时，若被访人是尊长，可在名片的姓名下方写上"求见"、"拜谒"字样，转行顶格起写上对方姓名、称谓。若被访者不在家，可留下一张名片，上面写一句"很遗憾，未能一见""很遗憾，来访未晤"等，这是一种很友善的表示。

6. 可用于业务宣传。在进行业务往来时，名片是公司的招牌，具有类似广告的作用，可以使对方了解自己所从事的业务。

7. 可用于通知和变更。一旦调任、迁居或更换电话号码后，送给至亲好友一张注明上述变动的名片，等于及时而又礼貌地打了招呼。

项目四 交换名片实训

实训目的

1．了解交换名片的流程。
2．掌握出示名片和接受名片的方法。

情境描述

某先生进入汽车 4S 店的展厅，服务顾问主动上前迎接，并且主动介绍自己、递交自己的名片。

某先生进入汽车 4S 店的展厅，服务顾问主动上前迎接、介绍车辆、邀请顾客进行试驾，并在递交自己的名片给顾客后，向顾客索要名片。

实训内容

交换名片实训内容及操作规范如表 4.7 所示。

表 4.7 交换名片实训内容及操作规范

实训内容	实训步骤	基本要求	注意事项
交换名片	准备	1．准备好足量的名片以备不时之需，整齐地放在名片夹、名片盒或者口袋中； 2．名片可放在上衣口袋，不可以放在裤兜里	名片是身份的象征，只有在寒暄气氛融洽，才能适时地出示名片，并且索要名片
	出示名片	1．地位低的人向地位高的人出示名片； 2．男士先给女士递送名片； 3．当对方不止一人时，应先将名片递给职务较高的人；若分不清职务高低，可以由近至远递送； 4．向对方递送名片的时候，面带微笑、稍微欠身、用双手的拇指和食指执名片两角，递向对方； 5．向对方递送名片的时候，如果是坐着的，应当起身递送	遇到不认识的多人在一起时，应该先进行简单的自我介绍，然后按照对方的座位次序，依次发放名片，并且寒暄几句"请多关照"等
	接受名片	1．接受时，起身站立、面带微笑、目视对方； 2．双手接住名片，或者右手接受名片； 3．翻看名片，并且确认对方姓名	在接受对方名片时，要确认对方的名字、职位，若姓名中有生僻字，应立即询问对方，以免出错
	回敬名片	1．接受名片后，及时掏出自己的名片回敬； 2．回敬语言"请您惠存""多多指教"	
	收藏名片	1．收到名片后，保存在名片夹或者口袋中； 2．不要在交谈过程中不断地褶皱、玩弄对方的名片	将名片中的电话号码、邮箱等联系方法保存到手机或计算机上，以备不时之需

实训实施

1. 实训地点：教室、实训室、会议室。

2. 实训设备：数张名片、办公桌椅、记录本、签字笔。

3. 实训分组：按照每个班 50 人分组，每组 3～5 人。

4. 教师演示：教师设定情境，并且进行实操演示，内容包括站姿、微笑、握手、递交名片、确认顾客身份。

5. 情境演练：每组学生根据自己选择的角色，反复演练。

6. 考核打分：按照考核评价表（见表 4.8）的考核要求进行严格考核，考核由教师点评、学生互评、学员自评三部分组成，增加学生评分是为了增加其他学生的参与度，并且将每一次的考评分数都作为期末成绩的一部分。

7. 课后总结：教师对所有的小组都进行点评，不仅要点评演练的表现，还要评价每个小组的参与度。

表 4.8　考核评价表

考核内容	评价标准	分值	自评（20%）	互评（20%）	教师评分（60%）	得分
举止	1. 正确的迎接，站姿，走姿； 2. 微笑，握手，鞠躬； 3. 递送名片，接受名片的动作	30 分				
语言	1. 礼貌问候，使用尊称； 2. 选择正确的寒暄话题； 3. 说话语气、语调抑扬顿挫； 4. 交换名片时敬语准确	30 分				
名片	1. 名片放置位置正确； 2. 接受名片时翻看，确定对方姓名和职位； 3. 保存好名片，做好信息的记录	40 分				
总分						

重点难点

1. 重点：演练和考核过程中的重点是要懂得交换名片的步骤，交换名片时的礼貌举止，说话的语言和语气。

2. 难点：演练和考核过程中的难点是与顾客友好交谈，并且能在友好的交谈之后获取客户的名片、联系方式等信息。

第 5 章

车辆展示与介绍礼仪

 **本章学习目标**

1. 掌握车辆介绍时的站位。
2. 掌握车辆介绍时的手势并灵活运用。
3. 掌握车辆展示的要点和技巧。
4. 掌握汽车销售顾问交谈时的语气、语调，正确地选择交谈话题，得体礼貌地与他人进行沟通。

5.1　汽车销售顾问介绍仪态礼仪

5.1.1　介绍站位

站位示意图如图 5.1 所示。

1. 1 号位（见图 5.2）

汽车销售顾问引领顾客到车正前方 45 度处，采用标准站姿，五指并拢指向车身，使用恰当的语速、语调介绍车辆。

话术示例：“现在，我来为您介绍一下这款××车，好吗？您看，大气的一体式进气格栅，是**家族特有的标志，它使整个车身显得气宇轩昂、尊贵非凡，非常符合您的身份。"

图 5.1　站位示意图

图 5.2　1 号位

2. 2 号位（见图 5.3）

汽车销售顾问在介绍驾驶室时，若采用俯视的方法注视顾客是不礼貌的，因此，汽车销售顾问宜采用蹲姿。下蹲时，靠近顾客一方的腿为高位，右手指向方向盘处，五指并拢。汽车销售顾问若坐于副驾驶座位为顾客介绍车辆，女士销售顾问需注意上、下轿车的礼仪要点。女士下车时，应双脚同时出车门，下车后，关车门。

汽车销售顾问为顾客打开车门时，顾客应右手拉门把手，左手遮挡车门边框处。为顾客打开车门，左手拉门把手，右手邀请顾客下车。引领顾客时，五指并拢，做引领手势。

使用恰当的语速、语调介绍："这是一款多功能方向盘，带有换挡拨片，使用时就像开赛车一样，会给您带来更多的驾驶乐趣。"

"这个座椅可以调到最贴合您腰部、背部的位置，就像专门为您设计的一样，乘坐时非常舒适。"

"我给您展示这些，是不是您期望了解的呢？"

"您看这辆车是否能满足您的需求呢？"

"我想邀请您一起去试乘试驾，亲自体验。"

3. 3 号位

汽车销售顾问引导顾客至汽车 3 号位，需注意引领礼仪要点。介绍车辆后座时的话术示例："您请这边走，到后排座体验一下宽大的后排乘坐空间。""当您长途乘坐时，腿部有很大的活动空间，不易疲劳，会给您带来舒适、尊贵的感受。"

4．4 号位（见图 5.4）

顾客离开车后座，来到汽车 4 号位后备箱处，汽车销售顾问综合运用已经掌握的"护顶"手势、引领手势，并面带微笑。在交流时，目光注视顾客两眼与鼻尖组成的三角区域内，观察顾客兴趣点。随时靠近客户的手臂，做保护、示意动作。使用恰当的语速、语调介绍："分体式尾灯采用了 LED 灯组，夜间行车时明亮醒目，能有效地提醒车距，保证行车安全。"

"打开后备厢时，您可以看到开启的角度很大，方便您取放物品，不必担心会碰撞到头部。"

"后备厢非常平整宽大，容积达到了××升，可以很轻松地放下大件物品。"

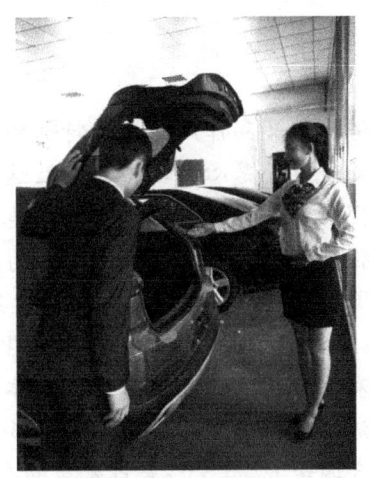

图 5.3　2 号位　　　　　　　　　　　　图 5.4　4 号位

5．5 号位

指向车身线条时，动作应舒展、流畅，目光跟随手势，与线条一致，五指并拢。使用恰当的语速、语调介绍："是独特的××车车身设计。腰线从前到后，流畅舒展，贯穿始终。裙线、顶线和腰线相互呼应，使整个车身感觉蓄势待发，更为动感。"

"梯形多连杆后悬挂提高了您乘坐的舒适性。同时，减少沙石冲击，延长使用寿命，降低了将来的维修成本。"

6．6 号位

发动机的介绍最能体现汽车销售顾问的专业性，介绍的语言宜通俗易懂，不可在顾客面前班门弄斧、故弄玄虚。开、关发动机盖时，靠近顾客的手应做保护、示意动作。话术示例："发动机舱布局合理，三个缓冲区大大减小了撞击力，这样会给您的安全带来更大的保障。"

5.1.2　日常使用手势

手势是服务工作中必不可少的一种体态语言，汽车销售顾问手势的运用应当规范、适度，且符合礼仪。手是体态语的核心，法国大画家德拉克洛瓦则指出："手应当像脸一样富有表情。"手势作为与顾客交流的第二表现方法，运用正确、适当，可以增强感情的表达。在汽车销售过程中的手势，不仅可以弥补有声语言的不足，而且可以在特定的交际环境中起到"此时无声胜有声"的作用。

相关链接

手势背后的故事

手语的意义和作用是极为特殊的，大多人都知道"眼睛是心灵的窗户"的说法，却很少有人知晓"手是心灵之窗指向"这句话。人的双手与大脑间的神经关联远多于人体其他部位，因此，手能够更好、更准确地表达内心思想和情感，在激励团队或与他人交流时，以手势强化表达是最直接和强有力的。

有国际专家研究表明，语言在近期才成为人类的沟通方式（大约在 200 万年至 50 万年前），在此之前，在人类口语尚未进化完成之前，肢体语言和咽喉发出的声音一直是人类传递感情和信息的主要方式。国际肢体语言专家阿尔伯特·麦拉宾有这样的研究结论：人在彼此交流中，一条信息产生的全部影响力，7%来自语言（仅指文字），38%来自声音（包括语音、音调等），而55%来自无声的身体语言。有国际专家甚至有这样的观点：话语（指文字）的主要作用是传递信息，而身体语言左右着人与人之间思想的沟通。这表明，身体语言在人类沟通和交流中发挥着重要的作用，如今，人们更多地把注意力集中在口语上，忽视了身体语言的重要性。

身体语言的另一大特点是具有很强的感染力和传播性。其实，人类基本交流信号是全世界通用的，例如，高兴时会微笑，悲伤时会皱眉头；点头表示赞同，摇头表示否定。还有一些特定手势也有广泛的通用性，例如"OK"手势。

1. 手势规范

手势既强调成型后的静态美，又强调摆动中的动态美，挥动时柔和而不生硬，再配合眼神、步伐和其他各种仪态，会非常大方、得体。手势的运用要使他人看清、看懂，并能根据手势领会表达的心理和表述的意向。为此，在汽车营销过程中一定要注意手势规范。

2. 手势礼仪总体原则

手势是由手势的速度（快慢程度）、力度（轻重程度）、幅度（空间活动范围）和弧度

（手指、手掌、手臂共同挥出的空间轨迹）四部分构成的。所以，手势的运用应该遵循以下原则。

（1）速度适中

手势速度不宜过快，否则会给人杂乱无章、不稳重、不和谐的感觉，而且难以让人有一个心理过渡，无法引人注目，反而会造成紧张感。

（2）力度适宜

手势力度大可以表现出果断和坚定；手势力度小可以显得柔和、细腻。过大地挥来舞去和伸张无度的手势，缺乏美感和艺术感，会令人烦躁不安、心神不定。手势力度轻重适宜才能产生"柔中带刚"的美感。

（3）动幅适度

手势幅度应服从内容表达和对象、场合的需要，不要刻意模仿，更不能随意挥舞。手势动幅过大过多，不但会妨碍自己思想感情的表达，而且会显得张扬浮躁；手势动幅过小，则会显得不够自信。

（4）弧度优美

手势弧度越优美越能体现出对他人的敬意。所以，手部动作要如流水一般流畅，似风一样自然，手势运用轨迹要柔和、协调。手势弧度动作要与语言表达、面部表情协调。

扫码学习《握手礼》

3．汽车销售顾问常用手势

（1）"介绍"手势

为顾客作介绍时，手势动作应优雅。手心朝上，手背朝下，四指并拢，拇指张开，手掌基本上抬至肩的高度，并指向被介绍的一方，面带微笑。不可以用手指指点。

（2）"请坐"手势（见图 5.5）

请顾客入座时，汽车销售顾问的手势要指向斜下方。在完成这一动作时，手要从上向下摆动，也可从体侧向前提。首先，要用双手将椅子向后拉；然后，右手自然下垂，左手以肘关节为轴，从体侧摆至体前，使手臂向下呈一斜线，并微笑点头示意顾客"请坐"。

（3）引领（见图 5.6）

陪同、引导顾客时，应注意方位、速度、体位。当顾客不熟悉行进方向时，汽车销售顾问应走在前面，走在外侧。如与其并排同行时，应遵循"以右为尊"的原则（西方"以右为尊"，中国"以左为尊"），让顾客处在右侧。若双方单行行进时，应居于顾客前方1米左右的位置（具体就是前后二三步的位置，中间距离20厘米）。

陪同、引导顾客时，行进速度要尽量配合顾客的步速，太快或太慢都是不礼貌的。同时，有必要采取一些特殊的体态，例如，请对方开始行进时，应面向对方点头欠身；在行进过程中与对方交谈或答复其提问时，头部和上身应转向对方。陪同、引导时，要处处以对方为中心。经过拐角、楼梯或道路坎坷、昏暗之处时，须提醒对方留意。

图 5.5

图 5.6

（4）指示自己

右手从体侧或体前曲臂直线路径抬至距胸口一拳处，手掌与小臂在一条直线上，手指略放松伸直，四指并拢，虎口略分开。

（5）展示物品

汽车销售顾问在展示物品时，首先，一定要将被展示物品正面朝向顾客，举到一定的高度，以方便顾客观看，且展示的时间要足够充分，如果四周皆有顾客，还须变换不同的角度展示。其次，在展示物品时，不论是口头介绍还是动作操作，都要符合礼仪标准。解说时，应口齿清晰、语速舒缓；动手操作时，应手法干净利索、速度适宜，必要时可重复。最后，手位要正确。在展示物品时，应使物品在身体一侧展示，不宜挡住展示人的头部。具体而言，一是将物品举至高于双眼之处，这一手位适宜于被人围观时采用；二是双臂横伸将物品向前伸出，活动范围从肩至肘处，上不过眼部，下不过胸部，这一手位易给人以安全感。

（6）传递物品（见图5.7）

给他人传递物品时，应双手将物品拿在胸前，主动上前递送到对方手中。递送带有文字的物品时，应把字迹正面面向对方，以便对方能够看清楚。若是剪刀之类的尖锐物，要把尖锐的一头朝向自己。注意，所有物品都要轻拿轻放，并根据当时的情况点头示意或道谢。

（7）手持物品

手持物品时，应遵循稳妥、自然、到位、卫生的原则。手持物品时，可以根据物品质量、形状及易碎程度采取相应手势，一定要确保物品的安全。尽量轻拿轻放，防止伤人伤己。避免在持物时手势夸大、"小题大做"、失去自然美。持物到位，箱子应当拎其提手，杯子应当握其杯耳，有手柄的物品应当持其手柄。持物时若手不到位，不但不方便，而且

很不自然。为顾客取、拿食品时，切记直接用手。敬茶、斟酒时，千万不要把手指搭在杯子边沿，更不可以使手指浸泡在其中。在手持物品时，身体其他部位应姿势规范、与手势动作协调。

（8）鼓掌

鼓掌一般表示欢迎、祝贺、赞同、致谢等意。鼓掌的具体要求：两臂曲肘抬至胸前，双手四指并拢、自然弯曲、拇指张开，左手手心向上，右手手心向下，用掌心互相拍击，有节奏地发出响声。一般不要用力过大、时间过长，必要时，应起身站立。女士鼓掌可以左手抬起于左侧、手指与肩同高、手心向前，用右手手指拍击左掌。这种鼓掌方式充分体现了女性的妩媚、优雅，我们经常会从电视上看到女主持人用这种方式鼓掌。

（9）举手致意

举手致意的具体做法：全身直立，面带微笑，目视对方，略微点头；右手手臂轻缓地由下而上，向右侧斜上方伸出，手臂可全部伸直，也可稍微弯曲；致意时，伸开手掌，四指并拢，拇指分开，掌心向外对着对方，轻轻地来回摆动。

（10）挥手道别（见图 5.8）

挥手道别的具体做法：保持身体直立，尽量不要走动、乱跑，更不要摇晃身体；目送顾客远去直至离开，若不目视道别对象，会被对方理解为"目中无人"或敷衍了事；道别时，可用右手，也可双手并用，但手臂应尽力向前伸出；注意手臂不要伸得太低或过分弯曲，保持掌心向外，将手臂向左右两侧轻轻地来回挥动，不要上下摆动。

图 5.7　　　　　　　　　　　　　　　　图 5.8

5.1.3　汽车销售顾问工作中的手势规范

1. 横摆式

引导顾客时，汽车销售顾问要言行并举，首先轻声地对顾客说"您请"，同时手臂向外

侧横向摆动，指尖指向被引导或指示的方向。以右手为例：将五指伸直并拢，手心不要凹陷，手与地面呈45度角，手心朝向斜上方，腕关节微屈，腕关节要低于肘关节。动作时，手从腹前抬起，至横膈膜处，然后，以肘关节为轴向右摆动，到身体右侧稍前的地方停住。同时，双脚形成右丁字步，左手下垂或背于身后，目视对方，面带微笑。

2. 直臂式

为顾客指引或引领较远方向时，男女均可采用"直臂式"手势。即五指伸直并拢，曲肘由身体向右前方抬起到与肩同高时，再向要指示的方向伸出前臂，手部、腕部、肩部均在一条直线上，肘关节稍有弯曲，目视对方，掌心向上，身体微向指示方向前倾。身体侧向顾客，眼睛要看着手势所指引方向处，同时配合礼貌用语"先生，请往前面走""女士，请往左边走。"

3. 单手体前曲臂式（见图5.9）

当一只手拿着东西、扶着电梯门或房门，同时要做出"请"的手势时，可采用单手体前曲臂手势。以右手为例：五指伸直并拢，从身体的侧前方，向上抬起，至上臂离开身体的高度，然后以肘关节为轴，手臂由体侧向体前摆动，摆到手与身体相距20厘米处停止，目视对方。

4. 双手体前曲臂式（见图5.10）

当面对较多顾客表示"请"时，站在顾客的前侧，可采用双手体前曲臂式。右手体前曲臂，左手体侧曲臂，两只手臂向一侧摆动，并微笑、点头示意顾客，配合礼貌用语"请跟我来"。

图 5.9

图 5.10

5. 斜臂式

手臂由上向下斜向摆动，适用于请他人入座时。请顾客入座，手势要斜向下方。首先，用双手将椅子向后拉开，然后，一只手曲臂由前抬起，再以肘关节为轴，前臂由上向下摆动，使手臂向下呈一斜线，并微笑、点头示意顾客。

6. 双臂横摆式

在较多顾客面前表示"请"时，动作需要大一些，采用双臂横摆式。两臂从身体两侧向前上方抬起，两肘微曲，向两侧摆出。指向方向一侧的手臂应抬高一些、伸直一些，另一只手臂稍低一些、曲一些，微笑、施礼"诸位请"。

7. 双臂竖摆式

在较隆重的场合，需要同时向广大的顾客表示"大家请""请开始"等时，为了使前后的顾客都能看到手势，可采用双臂竖摆式手势，将双手手指相对，由腹前抬到头的高度，再向两侧分开下滑到腰部。在手臂向两侧分开的同时，目光从左至右环视全场顾客，并微笑伴以恰当的祝词"女士们，先生们，大家请"。

8. 上下车"护顶"礼仪（见图5.11）

在给顾客开车门时，须站在车门轴一侧，一只手将车门开至90度，另一只手手指并拢、手臂伸直置于车门柜上沿，以防顾客头部碰撞车厢门柜，同时提醒顾客小心，等其坐好后再关车门。

图 5.11

5.1.4 运用手势礼仪应注意的问题

在交往中，手势不宜过多、动作不宜过大，切忌"指手画脚"和"手舞足蹈"。打招呼、致意、告别、欢呼、鼓掌使用正确的手势，同时注意其力度的大小、速度的快慢、时间的长短，不可过度。在任何情况下，都不要用大拇指指自己的鼻尖和用手指指点他人。谈到自己时，应用手掌轻按自己的左胸，这样，会显得端庄、大方、可信。用手指指点他人的手势是不礼貌的。

一般认为，掌心向上的手势有诚恳、尊重他人的意思，掌心向下的手势意味着不够坦率、缺乏诚意；攥紧拳头暗示进攻和自卫，也表示愤怒；伸出手指来指点，是要引起他人的注意，含有教训他人的意味。因此，在介绍他人、为他人引路指示方向、请他人做某事时，应该掌心向上，以肘关节为轴，上身稍向前倾，以示尊敬。这种手势被认为是诚恳、恭敬、有礼貌的。

在使用手势时，应注意区域和各国不同的习惯，不可以乱用。因为，各地习俗迥异，相同的手势表达的意思不仅有所不同，有的还大相径庭。

 **相关链接**

几种手势在不同国家的含义不同

（1）跷大拇指

在某些国家，竖起大拇指、其余四指握拳表示称赞、夸奖；在澳大利亚，竖起大拇指，尤其是横向伸出大拇指是一种侮辱；在德国，这样做表示数字"1"；在日本，这样做表示"5"；在英国，跷起大拇指是拦车、要求打车的意思。

（2）"V"形手势

食指和中指上伸呈"V"形，拇指弯曲压于无名指和小指上，这种手势在第二次世界大战时英国首相丘吉尔首先使用，现在已传遍世界，表示"胜利"。如果掌心向内，就变成骂人的意思了。

（3）"OK"形手势

拇指、食指相接成环形，其余三指伸直，掌心向外形成"OK"手势，它源于美国，表示"同意""顺利""很好"，有赞同和了不起的意思；在我国和法国，"OK"形手势表示"0"或"3"。

项目一　介绍仪态礼仪实训

实训目的

1. 了解介绍仪态礼仪的基本常识。

2．了解手势在汽车营销中的重要性。

3．掌握手势礼仪的动作技巧及规范，并将学到的手势礼仪知识运用到日常交际场合。

情境描述

1．雨天的周六，两位年轻夫妇进入汽车 4S 店，想买一辆家用的轿车，平时上下班、接送孩子时使用。作为汽车销售顾问请礼貌地接待。

2．一位商务人士，想为公司采购一辆商务用车，主要用于接待外宾。作为汽车销售顾问请根据顾客要求介绍一款汽车。

实训内容

介绍仪态礼仪实训内容及操作规范如表 5.1 所示。

表 5.1　介绍仪态礼仪实训内容及操作规范

实训内容	常用手势	基本要求	注意事项
介绍仪态礼仪	"介绍"手势	手心朝上，手背朝下，四指并拢，拇指张开，手掌基本上抬至肩的高度，并指向被介绍的一方，面带微笑	不可以用手指点
	"请坐"手势	手要从上向下摆动，也可以从体侧向前提。首先，要用双手将椅子向后拉；然后，左手自然下垂，右手以肘关节为轴，从体侧摆至体前，使手臂向下呈一斜线，并微笑、点头示意顾客"请坐"	
	引领	与顾客并排同行时，应遵循"以右为尊"的原则（西方"以右为尊"，中国"以左为尊"），让顾客处在右侧。若双方单行行进时，应居于顾客前方1米左右的位置（具体就是前后二三步的位置，中间距离20厘米）。当顾客不熟悉行进方向时，陪同人员应走在前面，走在外侧	陪同、引导顾客时，应注意方位、速度、体位
	指示自己	右手从体侧或体前曲臂直线路径抬至距胸口一拳处，手掌与小臂在一条直线上，手指略放松伸直，四指并拢，虎口略分开	
	展示物品	首先，一定要将被展示物品正面朝向顾客，举到一定的高度，以方便顾客观看，且展示的时间要足够充分。其次，在展示物品时，不论是口头介绍还是动作操作，都应符合礼仪标准	解说时，应口齿清晰、语速舒缓；动手操作时，手法应干净利索、速度适宜，必要时可重复；手位要正确
	传递物品	递送带有文字的物品时，应把字迹正面面向对方，以便对方能够看清楚	所有物品都要轻拿轻放，并根据当时的情况点头示意或道谢
	手持物品	手持物品时，应遵循稳妥、自然、到位、卫生的原则	手持物品时，可根据物品质量、形状及易碎程度采取相应手势，一定要确保物品的安全。尽量轻拿轻放，防止伤人伤己

实训内容	常用手势	基本要求	注意事项
介绍仪态礼仪	鼓掌	两臂曲肘抬至胸前，双手四指并拢、自然弯曲、拇指张开，左手手心向上，右手手心向下，用掌心互相拍击，有节奏地发出响声	一般不要用力过大、时间过长，必要时，应起身站立
	举手致意	全身直立，面带微笑，目视对方，略微点头；右手手臂轻缓地由下而上，向右侧斜上方伸出，手臂可全部伸直，也可稍微弯曲	致意时，伸开手掌，四指并拢，拇指分开，掌心向外对着对方，轻轻地来回摆动
	挥手道别	保持身体直立，尽量不要走动、乱跑，更不要摇晃身体；目送顾客远去直至离开	若不目视道别对象，会被对方理解为"目中无人"或敷衍了事
	横摆式	将五指伸直并拢，手心不要凹陷，手与地面呈45度角，手心朝向斜上方，腕关节微屈，腕关节要低于肘关节。动作时，手从腹前抬起，至横膈膜处，然后，以肘关节为轴向右摆动，到身体右侧稍前的地方停住。同时，双脚形成右丁字步，左手下垂或背于身后，目视对方，面带微笑	引导顾客时，汽车销售顾问要言行并举，首先轻声地对顾客说"您请"
	直臂式	五指伸直并拢，曲肘由身体向右前方抬起到与肩同高时，再向要指示的方向伸出臂，手部、腕部、肩部均在一条直线上，肘关节稍有弯曲，目视对方，掌心向上，身体微向指示方向前倾	身体侧向顾客，眼睛要看着手势所指引方向处，同时配合礼貌语"先生，请往前面走""女士，请往左边走。"
	单手体前曲臂式	五指伸直并拢，从身体的侧前方，向上抬起，至上臂离开身体的高度，然后以肘关节为轴，手臂由体侧向体前摆动，摆到手与身体相距20厘米处停止	目视对方
	双手体前曲臂式	右手体前曲臂，左手体侧曲臂，两只手臂向一侧摆动，并微笑、点头示意顾客	配合礼貌用语"请跟我来"
	斜臂式	手臂由上向下斜伸摆动，适用于请他人入座时	
	双臂横摆式	两臂从身体两侧向前上方抬起，两肘微曲，向两侧摆出。指向方向一侧的手臂应抬高一些、伸直一些，另一只手臂稍低一些、曲一些	微笑、施礼"诸位请"
	双臂竖摆式	将双手手指相对，由腹前抬到头的高度，再向两侧分开下滑到腰部	目光从左至右环视全场顾客，并微笑伴以恰当的祝词"女士们，先生们，大家请"

实训要求

1．实训地点：教室、实训室、会议室等。

2．实训分组：根据学生人数进行适当分组。

3．教师演示：教师设定情境，并且进行实操演示，内容包括迎接、引领、入座、车辆介绍、车辆乘坐、送别。

4．情境演练：每组学生根据自己选择的角色，反复演练。

5．考核打分：按照考核评价表（见表 5.2）的考核要求进行严格考核，考核由教师点评、学生互评、学员自评三部分组成，增加学生评分是为了增加其他学生的参与度，并且将每一次的考评分数都作为期末成绩的一部分。

6．课后总结：教师对所有的小组都进行点评，不仅要点评演示的表现，还要评价每个小组的参与度。

表 5.2　考核评价表

考核内容	评价标准	分值	自评（20%）	互评（20%）	教师评分（60%）	得分
迎接	1. 虚步向前迎接； 2. 15 度鞠躬问候"您好"； 3. 微笑； 4. 标准的迎宾站姿	15 分				
引领	1. 五指并拢，掌心向上，手臂伸直，指引顾客； 2. 走在顾客前面、外侧，距离保持在 1～1.5 米的距离； 3. 用余光观察顾客行动； 4. 标准的走姿	20 分				
入座	1. 安排顾客入座； 2. 问顾客需要，为顾客倒饮品； 3. 寒暄"对什么车型感兴趣"等问题，引导看车； 4. 标准的坐姿	15 分				
车辆介绍	1. 引领顾客到车正前方 45 度的位置，站定，标准的站姿； 2. 引领顾客顺时针绕车	20 分				
车辆乘坐	1. 为顾客"护顶"开车门，请顾客坐入驾驶位置； 2. 下蹲，为顾客调整座椅、系安全带； 3. 标准的蹲姿	15 分				
送别	1. 目送顾客至店门外； 2. 挥手道别	15 分				
总分						

项目二　引领礼仪实训

实训目的

1．了解引领礼仪的流程。

2．掌握引领礼仪适合的场合及方法。

3．熟悉引领礼仪过程中与顾客交谈的内容。

情境描述

在汽车4S店展厅中，我们会遇到陌生的顾客前来办理交车手续或了解车辆，汽车销售顾问应当主动上前问候、接待，提供热情的服务，如需引领顾客前往相关部门，引领过程中应遵循正确的引领礼仪。

实训内容

引领礼仪实训内容及操作规范如表5.3所示。

表5.3　引领礼仪实训内容及操作规范

实训内容	实训步骤	基本方法	注意事项
引领礼仪	引领站位	1．引领前，向顾客15度鞠躬问候； 2．引领时，站在顾客的左前方"以右为尊"； 3．引领时，保持与顾客1～1.5米的距离； 4．与顾客保持同等步速，随时关注顾客	在生活中，遇到陌生人问路时，我们总是扭头、手指指向正确的方向，并且说"在那边"。在工作中，这种方式是十分不礼貌的
	引领手势	1．引领时，伸出手臂，手掌略微向上，四指并拢，拇指紧靠食指； 2．引领时，胳膊抬起，大约与身体保持30度，小臂伸直与地面平行，说"这边请"。随后将整个胳膊伸直，指向引领的方向，面朝指引的方向说"请直走"	在工作中，遇到第一次来店的顾客，应该按照正确的引领手势，指向目标方向，最好是能够引领顾客到顾客需要去的地方；到达时，帮助顾客敲门通报、开电梯，等待顾客进入之后，方可离开
	引领语言	1．引领前，向顾客15度鞠躬并且问候"您好""欢迎光临本店"等； 2．引领时，称呼应为尊称"先生（女士）这边请，请直走"； 3．引领过程中，一边走，一边和顾客寒暄一些话题"这是您第一次来我们店吗？"等	在引领顾客的过程中，如果还有时间，还可以与顾客进行简单的寒暄，也许顾客只是因为私事，偶尔路过4S店。但是，我们主动的引领、热情的服务之后，再询问顾客是否有意向了解汽车，在送别时给顾客留下汽车资料或联系方式，能够开发潜在客户

实训实施

1．实训地点：教室、实训室、会议室等。

2．实训分组：按照每个班50人分组，每组4～5人。

3．教师演示：教师设定情境，并且进行实操演示，内容包括站姿、微笑、问候、走姿、引领、手势、确认顾客身份、了解顾客情况。

4. 情境演练：每组学生根据自己选择的角色，反复演练。

5. 考核打分：按照考核评价表（见表 5.4）的考核要求进行严格考核，考核由教师点评、学生互评、学员自评三部分组成，增加学生评分是为了增加其他学生的参与度，并且将每一次的考评分数都作为期末成绩的一部分。

6. 课后总结：教师对所有的小组都进行点评，不仅要点评演示的表现，还要评价每个小组的参与度。

表 5.4 考核评价表

考核内容	评价标准	分值	自评（20%）	互评（20%）	教师评分（60%）	得分
引领站位	1. 迎接顾客，鞠躬问候； 2. 行走时能保持站在顾客的左前方"以右为尊"； 3. 保持与顾客 1～1.5 米的距离； 4. 与顾客进行简单的交谈	30 分				
引领手势	1. 手掌斜向上，五指并拢，拇指紧靠食指； 2. 胳膊抬起与肩膀平直，指向目的地，并且面向指引的方向； 3. 指引过程中，保持微笑	35 分				
引领语言	1. 问候语准确，在引领过程中与顾客进行简单的交谈； 2. 使用尊称和敬语； 3. 寒暄过程中避免禁忌话题	35 分				
总分						

重点难点

1. 重点：演练和考核过程中的重点是引领时的站位，引领时的手势，引领过程中的问候与寒暄。

2. 难点：演练和考核过程中的难点是初次见面引领顾客过程中，通过简单的寒暄了解顾客基本要求、为顾客提供服务，并且给顾客留下良好的第一印象。

5.2 汽车销售顾问的沟通礼仪

语言是人类的交际工具和思维工具，是人们沟通信息、交流思想、联络感情、建立友谊的桥梁，也是建立人际关系的重要方法和途径。"语为人镜，言为心声"，交谈内容与方式也能够反映一个人的道德情操和修养水平。

　　语言是最庞大、最广博的艺术。在日常生活中，表达同一个意思，在语言上却有美丑之分、文野之别。谈吐礼仪的目的是通过传递尊重、友善、平等的信息，给人以美的感受。语言礼仪与一般语言的不同在于不能使用侵犯他人的攻击性语言，而是通过文明、礼貌的语言建立起情感沟通的纽带，使用轻松、明快、幽默、赞美的语言营造自然、愉快、亲切和舒畅的氛围，从而培植和增进友谊。

　　所谓交谈，是以两个或两个以上的人之间的谈话为基本形式，进行面对面的口头交流的活动。交谈是表达思想感情的重要工具，是人际交往的主要手段。广泛地交谈可以交流信息、深化思想，从而增强认识问题、处理问题和解决问题的能力。因此，掌握交谈的礼仪要求，提高交谈的语言艺术，对于提高工作水平和工作效率，具有重要的作用。

5.2.1　日常交谈礼仪

情境描述

　　小王是刚参加工作的秘书，一次，奉命接待公司的一位客户。客户来到公司，小王上来就说：“陈先生，我们经理让你上去。”这位陈先生一听，心想：我又不是你的下属，凭什么让我上去就上去，哪有这样做生意的？一气之下对小王说：“你们要想做生意，就来找我。”

　　如果当时秘书小王说了“请”字，是不是就不会出现这样的场面了？讨论一下，在与对方见面交谈时应注意哪些礼仪？

1．交谈的基本礼仪

（1）选择交谈的话题。

（2）用语谦逊、文雅；态度诚恳、亲切。

（3）交谈中可以适当做些手势，但动作不要过大，更不要用手指指对方。

（4）如果同时与多个人谈话，要当好主角。

（5）当遇到意见不一致的人时，应保持冷静，或一笑了之，或回避话题。

　　要使言谈得体，还应注意不可以滔滔不绝，使对方没有应答的机会；不要过于沉默；不要过分夸耀，少用“我”字。

2．交谈的原则

（1）坦诚相见

　　态度诚恳，真诚、热情的态度可以拉近彼此之间的距离，融洽的交谈环境，奠定了交谈成功。认真对待交谈的主题，坦诚相见，直抒胸臆，明明白白地表达自己的观点和意见，

用自己的真情激起对方的感情共鸣，使交谈取得满意的成果。

（2）互相尊重

交谈是双方思想、感情的交流，是双向的活动。交谈双方无论地位高低、年纪大小，在人格上都是平等的。要尽量使交谈围绕主题进行，不要妄尊自大，忽略对方的存在，尽量使用礼貌用语。谈到自己要谦虚，谈到对方要尊重。恰当使用敬语和自谦的语言，可以显示个人的修养、风度和礼貌，有助于交谈的成功。

3．讲究语言艺术

（1）表述准确

在交谈中，要求发音标准，含义有三：第一，发音要标准，不能读错音、念错字；第二，发音要清晰，要让人听得一清二楚；第三，音量要适中，语速要适度。在讲话时，口气谦和，不端架子、摆派头，不以大欺小、官气十足、盛气凌人，也不要随便指责他人。交谈时，应力求言简意赅，简单明白，少讲废话，少用方言土语。

（2）掌握分寸

在交谈中，不要直接陈述令对方不快、反感的事，更不能因此伤害对方的自尊心。必要时，在表述上力求含蓄、婉转、动听，并留有余地，做到善解人意。

（3）幽默风趣

在沟通中，幽默的语言如同润滑剂，可有效降低人与人之间的"摩擦系数"，化解矛盾冲突，协调人际关系，缓解紧张气氛。

5.2.2　交谈技巧

1．学会赞美

（1）因人而异

要根据不同人的具体特点，运用不同的赞美语言。人的长相有美丑之分、人的能力有高低之分、人的年龄有长幼之分，赞美时，要因人而异，突出对方的个性，独到的赞美比一般的赞美会更让人欢欣。

（2）语气真诚

赞美对方要基于事实、发自内心。只有恰当的赞美，才会使对方开心。相反，不切实际、胡编乱造的赞美，不仅不会达到好的效果，反而还会让对方觉得油嘴滑舌，甚至是讥讽对方。

（3）赞美要适度

恰如其分、点到为止的赞美才是真正的赞美。使用过多的华丽辞藻、过度的恭维、空

洞的吹捧，只会使对方感到不舒服、不自在，甚至难受、肉麻、厌恶，其结果是适得其反。

（4）赞美要有雪中送炭的效果

俗话说"患难见真情"，最需要赞美的不是那些早已功成名就的人，而是那些因被埋没而产生自卑感或身处逆境的人，这些人平时很难听到一声赞美的话语，一旦被人当众、真诚地赞美，便有可能振作精神、大展宏图。因此，最有实效的赞美不是"锦上添花"，而是"雪中送炭"。

2．善于倾听

最有价值的人，不一定是最会说的人。做一个合格的听众，比无节制地夸夸其谈好一百倍！那么如何有效地倾听呢？

第一，用耳朵听。听对方说话的时候，双方保持适当的距离，上身稍微前倾，表示愿意聆听；不要贸然打断对方；不要在对方说到精彩处随意接电话或者打哈欠等。

第二，用眼睛"听"。在聆听对方说话的时候，维持良好的视线接触，随着谈话内容和对方感情的变化，实时地通过眼神表达自己的感情倾向，不宜频繁转移视线或者显得呆若木鸡。聆听时，专注是对对方基本的尊重。

第三，用心"听"。首先，要能够抓住对方谈话的实质和主要观点；其次，要能够运用简短的语句鼓励、引导对方往下说，如采用提问、赞同、简短评论、复述对方话头、表示同意等方法，以避免出现冷场；再次，对自己没有听懂的话语，适时询问。

3．正确选择话题

（1）既定的话题

既定的话题是交谈双方业已约定，或者其中某一方先期准备好的话题。例如，商务接洽、征求意见、传递信息、讨论问题、研究工作一类的交谈，往往都属于话题既定的交谈。一般而言，它适用于正式交谈。

（2）对方喜欢的、高雅的话题

选择对方感兴趣的话题。例如，青年人对于足球、通俗歌曲、电影电视有比较多的关注；老年人对于健身运动、饮食文化之类的话题较为熟悉；公职人员关注的大多是时事政治、国家大事；普通市民关注的是家庭生活、个人收入等；男士多关心事业、个人的专业；女士对家庭、物价、孩子、化妆、衣料、编织等更容易津津乐道。所谓高雅的话题，即内容文明、优雅，格调高尚、脱俗的话题。例如，文学、艺术、哲学、历史、地理、建筑等。它适用于各类交谈，但要面对知音，忌讳不懂装懂、班门弄斧。

（3）轻松愉快的话题

轻松愉快的话题是谈论起来令人身心愉悦、自在轻松、饶有情趣的话题。例如，文艺演出、流行时装、体育比赛、电影电视、休闲娱乐等。它适用于非正式交谈，允许各抒己见、任意发挥。以此时、此刻、此地正在流行的事物作为谈论的中心，它适合于各种交谈，

但其变化较快，在把握上有一定的难度。

（4）擅长的话题

如果对交谈对象比较了解，那么，在交谈中，尽可能地选择对方擅长的话题，给对方一个展示自己的机会，很容易让对方谈的开心。谈话的本质是一种交流与合作，因此，应根据对方的性别、年龄、性格、民族、阅历、职业、地位来选择交谈话题，如果完全不考虑这些因素，交谈就难以引起对方的共鸣，很难达到沟通和交流的目的，甚至出现对立的情况。

（5）交谈中的禁忌

与对方交谈时，有些内容属于个人隐私，提及了会破坏交谈的气氛，从而导致场面的尴尬，使交谈无法顺利、友好地进行，影响沟通的效果。我们在交谈过程中，应自觉避免涉及以下问题。

不和初次见面的人，尤其是顾客、外国人谈论一些敏感的问题，以免引起不必要的争论和麻烦。

不聊涉及对方隐私的话题，隐私是指个人不希望被他人了解的事情，包括对方的婚恋状况，有没有恋人、结婚没有、有几个孩子等；对方的收入、支出情况，工资、奖金等各种收入，以及"你买了几套房子？现在一定增值了吧？"诸如此类的问题；对方的个人经历，例如，"你以前在哪家公司就职？"年龄，特别是女士的年龄，询问女士的年龄在交际场合被认为是极不礼貌的行为。

不议论不在场的其他人，不传播流言蜚语及一些小道消息。非议他人的行为是非常失礼的，只能体现出谈话者是缺乏教养、搬弄是非的人。在交际场合中，这种人是极其不受欢迎的。

与对方交谈时，一般不涉及降职、失业、落榜之类不愉快的话题，也尽量不涉及疾病、灾祸、凶杀、死亡等令人反感的话题。如果在交谈中无意涉及这些令交谈对象感到伤感、不愉快的话题，一旦反应过来就应该立即转移话题，必要时应向对方道歉。

4．运用恰当的体态语

美国心理学家艾伯特把人的交流表达效果总结为一个公式：有效表达=语言（7%）+声音（38%）+表情（55%）。意大利悲剧家罗西有一次应邀为外宾表演，他在台上用意大利语念起一段台词，尽管外宾听不懂他念的是什么内容，但却为他那满脸心酸，凄凉的语音、声调、表情所感染，大家禁不住泪如泉涌。当罗西表演结束后，翻译解释说，罗西刚才念的根本不是什么台词，而是餐桌上的菜单。

体态是一种无声的语言。交谈中的体态变化，可以折射出心理状态变化。我们在交谈的时候应当规范自己的体态，不要让不良的体态传出不应交流的信息。所以，交谈中，除注意自己的语言外，还要通过表情的变化，坐姿、站姿及手势的变化来反映、强化自己的思想情绪。

第一，面带微笑、表情自然。微笑是全世界通用的语言，是善良、友好、赞美的表示。微笑是表情中最能赋予人好感，也是人与人之间最好的一种沟通方式和愉悦心情的表现方式。对他人微笑，必能体现出自己的热情、修养和魅力，也易于得到他人的信任和尊重。要使自己的表情随着交谈内容的变化而变化，切忌一脸茫然、冷漠。但表情不宜过分夸张和激烈，要使他人感到自然、真实、亲切。

第二，富有表现力的动作语言，特别是手势，它是体态语中最丰富、最具有表现力的传播媒介，做的得体适度，往往可以加强交谈效果、增强感染力、活跃交谈气氛，有利于体现个人风度、魅力。但是，手势应随着交谈内容和情绪的变化来配合，不宜单调重复。手势的使用一定要规范适度、自然亲切、恰当适时、简洁准确，忌手势过多、幅度过大、变化过快。

图 5.12

第三，视线的接触是人际间最能传神的非语言交谈，眼神所传递的思想感情是最自然、最诚实的。眼睛是人类传递信息最有效的器官，有礼貌而又有成效的交谈，应该将自己的目光同对方的目光放在同一条水平线上，注视对方的眼睛，使对方从心里感到真诚与尊重，交谈才能在一种融洽的气氛中进行。

第四，在交谈中，应注意站姿、坐姿的正确性。

5. 商谈距离（见图 5.12）

通常，与较熟悉的顾客的谈话距离是 70～80 厘米，与较不熟悉的顾客的谈话距离是 100～120 厘米。站着商谈时，一般的距离为两个手臂长。一站一坐时，距离可以稍微拉近，约一个半手臂长。坐着时，约为一个手臂长，同时避免自己的口气吹到对方。

 相天链接

交 际 距 离

当人们进行交际的时候，交际双方在空间所处位置的距离具有重要的意义，它不仅告诉我们交际双方的关系、心理状态，而且也反映出民族和文化特点。心理学家发现，任何一个人需要在自己的周围有一个自己能够把握的自我空间，这个空间的大小会因不同的文化背景、环境、行业、个性等而不同。不同的民族在谈话时，对双方保持多大距离有不同的看法。根据霍尔博士（美国人类学家）研究，有 4 种距离表示不同情况。

亲密接触（Intimate Distance 0～45 厘米），交谈双方关系密切，身体的距离从直接接触到相距约 45 厘米之间，这种距离适于双方关系最为密切的场合，如夫妻及情人之间。

个人距离（Personal Distance 45～120 厘米），朋友、熟人或亲戚之间往来一般以这个距离为宜。

社交距离（Social Distance 120～360 厘米），用于处理非个人事物的场合中，如进行一般性的社交活动，在办公、办理事情时。

公众距离（Public Distance 360～750 厘米），适用于非正式的聚会，如在公共场所看演出等。

6. 视线落点

平时，面对面地交谈，视线落在对方的鼻尖上，偶尔可以注视对方的双目；当诚心诚意地想要恳请对方时，两眼可以注视对方的双目。虽然双目一直望着对方的眼睛能表现出自己的热心，但是，也会出现过于针锋相对的情景。

在整个交谈过程中，与对方目光接触应该累计达到全部交谈过程的 50%～70%，其余 30%～50%时间，可注视对方脸部以外 5～10 厘米处，这样比较自然、礼貌。

交谈时，场合不同，注视的部位也不同，分为公务凝视、社交凝视、亲密凝视。公务凝视，用在洽谈、磋商、谈判等严肃场合，目光要给他人一种严肃、认真的感觉，注视的位置在对方双眼或双眼与额头之间的区域；社交凝视，在各种社交场合都可以使用的注视方式，注视的位置在对方唇心到双眼之间的三角区域；亲密凝视，这是亲人之间、恋人之间、家庭成员之间使用的注视方式，凝视的位置在对方双眼到胸之间。

 相关链接

眼睛——心灵的窗户

孟子在《孟子·离娄上》一书中写道："存乎人者，莫良于眸子。"也就是说："观察一个人，再没有比观察他的眼睛更好的了。"的确，眼睛不能掩盖一个人的内心，若心中光明正大，眼睛就明亮；心中不光明正大，眼睛就昏暗不明，躲躲闪闪。所以，听一个人说话的时候，注意观察他的眼睛，他的善恶真伪大都能暴露无遗。

5.2.3　汽车销售顾问的沟通技巧和语气语调

沟通是吸引顾客的一种资源，良好的沟通技巧让自己充满魅力。在汽车销售过程中，汽车销售顾问与顾客的沟通主要体现在：会说，说到点子上；会听，理解顾客心声，把握顾客需求；会看，从细节观察顾客需求，准确把握成交时机；会干，善于处理顾客异议，巧妙促成顾客购买；会想，想顾客之所想，及顾客之所及。

最简单、有效的人际沟通技巧是指嘴里没有否定，眼里没有蔑视，肢体没有威胁，表情没有冷漠。正如卡耐基所说，如果你是对的，就要试着温和地、技巧地让对方同意你；

如果你错了，就要迅速而诚恳地承认，这要比为自己争辩有效得多。

1. 汽车销售中的沟通之道

（1）了解产品，保持足够的热情

汽车产品和服务有极强的专业性，因而对汽车销售顾问有着极高的要求和严格的管理制度，无论是个人的修养还是专业素质都应处在企业竞争的最前沿。只有不断地提升自己，才能在激烈的竞争中生存。

要想成为一名合格的汽车销售顾问，必须对自己的产品有足够的了解，这也是与顾客沟通的一个前提。面对眼前的顾客，面对其种种古怪刁钻的问题，都能轻松应对，这样，在顾客眼中，才是一名专业的汽车销售顾问。他有理由相信，眼前的你能帮他解决问题，以后不论有什么疑虑，他都愿意找你解决。

（2）给顾客留下良好的第一印象

良好的精神面貌，能给顾客留下美好的印象，能让自己的事业有所进步。一段吸引顾客的开场白，能促使销售的成功。对于汽车销售顾问来说，在与顾客沟通的过程中，一段好的开场白能够起到的作用不仅仅是成功地向顾客介绍自己及自己要销售的产品，而且还为后来的良好沟通奠定了坚实的基础。

（3）牢记顾客信息，掌握基本礼仪

顾客从踏入展厅的那一刹那，就决定着一个潜在客户的挖掘工作开始了。这个时候需要汽车销售顾问细心地观察顾客的一举一动，不轻易打扰顾客，因为此时的顾客有着很强的戒备心理，若这个时候主动出击，难免给顾客留下不好的印象。

大部分顾客在 3 分钟之内，会把眼光投向汽车销售顾问或是会专心看车子的某一点。此时，汽车销售顾问应该根据所观察到的顾客信息采取必要的攻略，并运用基本的礼节，拉近与顾客的关系，从而为进一步沟通创造条件。一个举止文明、亲和力强的汽车销售顾问在举手投足之间都会流露出一种职业的素质。

 **相关链接**

某汽车品牌六方位绕车介绍词

首先映入眼帘的是**汽车标志，每个成功的品牌都有醒目的 LOGO，**汽车也不例外，非常明显，一看就知道是具有百年历史的**汽车。**汽车是世界三大豪华品牌之一，无论开到哪里都能证明您是一位有品位的人。一体式进气格栅是**汽车家族的明显特征，它源于概念车，可以在行驶中给发动机提供更多冷却、新鲜的空气，发动机动力十足，所以，时尚、运动。

再看**汽车的前大灯，我们知道车辆的大灯就好比人的眼睛，明亮有神的眼睛看上去

气质更佳、精神更好。**汽车采用高强度氙气大灯，亮度更高，穿透力更强，而发热却更少，使用寿命更长，同时配备了灯光照射自动水平调节装置，这不仅可以确保清晰的行驶视野，也可避免给迎面而来的车辆造成炫目，这些都大大提高了夜间行车的安全性，为您的夜间行车保驾护航。如同钻石般晶莹剔透的 LED 灯组成的行车灯，体现了**汽车的美学特点和运动特征，引领了汽车最时尚的设计方向。

再看××汽车前脸，采用放射性线条设计，使整车大气、尊贵、进取。V 字形设计可以明确发动机的位置，像个向前的箭头一样象征着勇往直前，车如其人，车的品质如同人的品质一样重要。**汽车的优质不单单只表现在发动机上，在主体安全和外部造型上也是独具匠心的。**汽车在方方面面上都为您考虑，您看看咱们的零间隙技术，可以降低风阻、节省燃油、增大驾驶的安全性和舒适性，同时也反映了**汽车的精细做工，体现**汽车的尊贵品质；发动盖的间隙也非常均匀，可以降低风阻、节省燃油。

无骨雨刷完全贴附玻璃表面，两面刮水，使用寿命长，降低维修成本。它使用光线传感、雨水传感宽胎式设计，具有稳定性和安全性。前悬架是轻质四连杆，具有精确的转向随动性、杰出的操控性和转弯效果，加速时无抖动现象。

您在侧面可以感受一下**汽车的流线型车身，抛物线式的设计，顶棚线仿蛋壳设计原理，使每一点受力都很均匀。您再看咱们**汽车的玻璃，都是双层绿色隔热玻璃，可以过滤掉百分之百的紫外线、百分之三十的光度和热度，这样无论外面的阳光多么强烈，您在车里感觉都很舒服，同时可以防止内室老化，不会产生有害气体，保证您的身体健康，也可以让您和阳光有一次亲密的接触，轻松、安全地享受日光浴，可谓是一举三得，对吧！

您再看整车的腰线，整车前低后高被腰线贯穿于一体，使整车看上去更为动感。加强的 B 柱，看上去是最薄弱的地方，事实上是最为坚固的，它是由四层钢板并列组成，而且整车都采用激光焊接、双层镀锌钢板、PVC 涂层和空腔注蜡等技术，使车辆更坚固、更耐用，带给您更长的使用周期，提升了车辆的二手价值。内嵌式把手与流线型车身浑然一体，看上去更为典雅、大方、高贵，同时可以防刮、防蹭、降低维修成本，符合高档、豪华品牌的特征。**汽车外后视镜采用 LED 灯，集成在外后视镜的 LED 灯分外耀眼夺目，美观、大方的 LED 灯能提醒周围的人和车辆更加清楚您所驾车辆的行驶意图，增加了安全系数。**汽车配备了 225|50|17 英寸的宽胎的铸铝合金轮毂，具有良好的抓地力，确保了车辆的稳定性和安全性。**汽车每个轮胎都配备有压力检测系统，由气压传感器和温度传感器构成，当温度过高和气体压力过高或者过低时，通过传感器可以传输到计算机模块，并显示在仪表台上，能够及时监测和发现轮胎的使用情况，全方位地保证行车安全性。前悬架使用轻质四连杆，转向精准，操控性和转弯效果更佳，加速时无抖动，过坡时减震效果更好，极大地提高了车辆的舒适性。您看，这就是侧面的**汽车，非常的时尚、动感。

您可以看一下高位刹车灯，再看一下翘起的尾部。打开后备厢，这是 501 升后备厢，平整见方，大开口设计，三角警示牌可警示后面车辆，原尺寸备胎摆放合理，拥有行李滑道、后缓冲区，以及来源于运动跑车设计的双排气管。

您还可以过去看一下宽敞的后座空间。

车门是三阶梯开启，可以防止在某种情况下车门回弹发生危险。您可以关门听一听车关闭门的声音，好车的车门关闭时是空气压缩的声音，而不是铁皮撞击时的啪啪的声音，我们的车门的声音给人感觉很厚重、很踏实，事实上也是非常坚固的。车门是四防撞梁设计，加强了对乘客的保护能力，后座安全气囊放置在后座上靠近窗户的一边，还有放置在B柱上的侧气帘，确保后座乘客在任何时候都万无一失、高枕无忧，这样您就可以更放心地把孩子放在后座，不用担心他们的安全，是吧。汽车后座也很舒适，2945轴距直接决定了××汽车有宽敞的空间，座椅符合人体工程学，B柱出风口先吹玻璃再折射到乘客身上，既能吹玻璃，防止玻璃上霜，又能保证不直接吹向乘客。后座的舒适性和安全性您已经体会到了，现在我带您感受一下驾驶的乐趣。

方向盘中间是我们**汽车LOGO，**汽车是全手工、用真皮缝制的多功能带有换挡拨片的方向盘，并具有上下高低调节功能。手工制作的方向盘，握上去十分有质感，一搭手就能感觉他的高档。仪表台上方的软材质，不但手感出色，而且对人体有保护，没有日系车的棱角。**汽车四幅运动方向盘的中间标志造型与汽车前脸的一体式进气格栅相互呼应，展现了**汽车的协调统一和精益求精。前排座椅可以进行12方位的调节，便于不同体型身材的驾驶人员找到最佳的坐姿，大大提高了舒适性。

我们说车如其人，车的品质如同人的品质一样重要，而车的发动机就如同人的心脏一样重要。下面我把**汽车的核心部分给您展示一下，FSI技术，最新的技术，您轻踩油门就能感受到它的动力。FSI发动机是直喷式汽车发动机领域的一项创新的革命性技术，这一世界领先的发动机技术自问世起就为**汽车赢得了无数项荣誉，使得**汽车连续三年取得了LEMAN24小时的汽车耐力赛的冠军！绿色高效发动机具有低转速、高扭矩的特性，无论您是日常使用还是激情驾驶，都能满足您的需求，在任何路况下都能轻松胜任。这款发动机符合欧四排放标准，在您享受激情驾驶的同时，更能让您行驶在环境保护的前列。

2. 语气语调要亲切、自然

在人际交往中，使用的谈话用语应以亲切、自然为第一要旨。所谓亲切，是要求说话时遣词造句及表述方式应处处使人感到诚实坦率、平等和谐、轻松愉快。这种朴实无华、推心置腹的作风，有利于人与人之间的沟通，而且更加易于广结善缘。所谓自然，是要求在谈话时尽量使用一些明白、易懂的口语白话。这样做，既合乎习惯，容易被理解、接受，还不会给他人以卖弄作风之感。

（1）音量大小适度

讲话时，声音不宜过高、过大，适中即可，其标准是让所有参与者既能够听清楚，又不干扰与之无关的其他人。明朗、低沉、愉快的语调最能吸引人，放低声音比提高嗓门、声嘶力竭让人听起来感到舒适，低声交谈更能反映一个人的涵养。谈话音量的大小还取决于交谈的场合，例如，在嘈杂的喜宴上小声说话，人家能听得到吗？相对地，到"烛光轻音乐"的西餐厅高谈阔论，能不引人侧目吗？

（2）讲话速度快慢适中

讲话速度快，一般表示紧张、激动、愤怒、欢畅、兴奋的心情，或是叙述急剧变化的事情，或是反映个人热情的性格，或是责备不满的人和事；中速一般用于表示平和的感情或叙述一般的事情；慢速一般表达沉重、沮丧、悲痛的情感。因此，讲话时，要依据实际情况的需要来调整快慢，一般情况下的交谈用语速度最好适中，尽可能娓娓道来，给他人留下稳健的印象，也给自己留下思考的余地。

（3）语调柔和

语言是心灵的表现，"有善心，才有善言"。因此，应加强个人的思想修养和性格锻炼。在交谈时，语调要亲切、自然，既不要嗲声嗲气、矫揉造作，又不要生硬、蛮横。语调是个人内心情感的反映，同样一句话可以把人说笑，也可以把人说跳，这就是由于语调不同而导致的。个人在高兴时，语调往往清新、欢畅；在悲伤时，往往低沉、抑郁；平静时，语调柔和、宁静；愤怒时，语调快速、浑浊。例如，同样一句话"这是你的？"高兴的语调就表示不错、真好；惊讶的语调就表示真没想到，是赞赏；怀疑的语调就表示可能吗，是质疑；轻蔑的语调表示根本算不了什么、不屑等。

项目三　汽车销售顾问礼貌用语标准实训

实训目的

1．掌握礼貌用语的基本内容。
2．以礼貌用语提高服务水平，提升服务意识和服务能力。
3．掌握汽车市场服务行业的行业用语内容。
4．以汽车市场服务行业的行业用语为准则，提高自己的汽车服务工作能力，提升自身的服务形象。

情境描述

周末，下午 5 点钟，即将要下班时来了一位男顾客，想看一下新款的大众汽车，但是，担心工作人员要下班，所以想先拿一份资料走。作为汽车销售顾问如何留住顾客并为顾客介绍车辆？

实训内容

汽车销售顾问礼貌用语标准实训内容及操作规范如表 5.5 所示。

表5.5　汽车销售顾问礼貌用语标准实训内容及操作规范

实训内容	实训步骤	基本要求	注意事项
汽车销售顾问礼貌用语标准	迎顾客	顾客进店时，汽车销售顾问上前迎接，致欢迎词"先生，欢迎光临××汽车4S店，请问有什么可以帮到您？"	在致欢迎词的同时，鞠躬45度，同时面带微笑
汽车销售顾问礼貌用语标准	给新顾客递名片	顾客进店后，汽车销售顾问进行简短自我介绍，请教顾客尊姓，并将名片以易于顾客阅读的方向双手递给顾客。"先生您好，我是4S店的小王，这是我的名片，请问先生您贵姓？"	汽车销售顾问还应提供免费茶水接待顾客，除与顾客进行交谈外，还必须随时关注顾客的同行人员并一一寒暄，应注意保持适当的身体距离
	顾客自行看车时	若顾客表示想自行看车，汽车销售顾问向顾客说明自己的服务方位，并告知顾客如有需要，会立即提供帮助	
	顾客想要交谈时	汽车销售顾问主动邀请顾客先入座，并及时为顾客提供汽车资料，递资料时，将资料以易于顾客阅读的方向双手递给顾客	注意倾听顾客的意见，了解顾客更多的信息，并针对顾客的情况进入相应的服务流程，积极回答顾客提出的话题，不随意打断顾客的谈话
	顾客离开时	主动留取顾客的信息，并让顾客理解留取信息的好处，汽车销售顾问应向顾客表示今后有什么需求，可随时与自己联系，并欢迎再次惠顾	提醒顾客带齐随身携带的物品，送顾客至展厅门外，面带微笑，身体稍向前倾，目送顾客，挥手离去，直到顾客离开视线
	顾客离开后	汽车销售顾问应整理资料，填写《来店顾客登记表》和《顾客管理卡》	3天内对顾客进行电话追踪回访

实训要求

1．实训地点：礼仪实训室。

2．实训着装：男生、女生均穿西装，女生着淡妆。

3．实训分组：根据学生人数进行适当的分组。

4．情境演练：每组学生通过表演的形式来反映汽车销售顾问在汽车技术服务与销售过程中的礼貌用语及沟通技巧。

5．考核打分：按照考核评价表（见表 5.6）的考核要求进行严格考核，考核由教师点评、学生互评、学员自评三部分组成，增加学生评分是为了增加其他学生的参与度，并且将每一次的考评分数都作为期末成绩的一部分。

6．课后总结：教师对所有的小组都进行点评，不仅要点评演示的表现，还要评价每个小组的参与度。

表 5.6　考核评价表

考核内容	评价标准	分值	自评（20%）	互评（20%）	教师评分（60%）	最后得分
着装规范	男生、女生着正装	20 分				
面部表情	亲切、热情、友善、自然、面带笑容	20 分				
举止优雅	神态专注、友善自然、端庄大方	20 分				
礼貌用语	称呼得体，多用敬语，用词文雅，语调柔和，语气正确	20 分				
沟通高效	自我介绍，递送名片，注意倾听，礼貌交谈	20 分				
总分						

项目四　汽车销售顾问记录实训

实训目的

1．了解汽车 4S 店汽车销售顾问的交谈礼貌。
2．掌握汽车销售顾问询问和记录的方法和技巧。
3．熟悉交谈内容的记录方法。

情境描述

顾客王先生进入汽车 4S 店，汽车销售顾问进行接待，简单的寒暄之后，引领王先生进入洽谈区，递上茶水并进行简单的需求分析，填写顾客信息卡，记录顾客个人资料和需求信息。

实训内容

汽车销售顾问记录实训内容及操作规范如表 5.7 所示。

表 5.7　汽车销售顾问记录实训内容及操作规范

实训内容	实训步骤	基本要求	注意事项
汽车销售顾问记录	记录准备	1. 准备好签字笔，确保签字笔可以书写流畅； 2. 准备好"顾客信息卡"	1. 调整好精神状态，注意力集中； 2. 接待重要顾客时关闭手机
	询问和记录	1. 询问顾客时，用尊称； 2. 询问顾客时，要态度和蔼、语气和缓； 3. 询问时，避免敏感话题； 4. 对于顾客留下的联系方式，要重复、确认，以免写错	询问过程中，遣词造句要礼貌、周到，多使用开放式问句，少使用封闭式问句，如，"您喜不喜欢红色的车？"应当换成"您喜欢白色的车，还是红色的车？"
汽车销售顾问记录	记录方法	1. 记录要准确、快速； 2. 谈话后，对于交谈内容进行记录，并根据交谈内容分析、判断顾客的最终需求	1. 务必确保信息真实、准确； 2. 对于重要信息应当向顾客当面确认
	保存记录	1. 将"顾客信息卡"进行整理与补充； 2. 将信息卡的内容录入数据库，便于查找； 3. 建立顾客信息档案并及时更新	汽车 4S 店对顾客信息的掌握、保存和研究，既可以用来分析市场现状，又可以用来预测市场未来
	顾客记录	1. 请顾客签字并留下联系方式； 2. 递交签字笔时笔尖不能朝向顾客； 3. "顾客信息卡"应正面递交给顾客，方便顾客签字	在给顾客递交签字笔、顾客信息卡时应该用右手或双手

实训实施

1．实训地点：教室、实训室、会议室、广场等。

2．实训设备：茶水、办公桌椅、电话记录本、签字笔。

3．实训分组：按照每个班 50 人分组，每组 5 人。

4．教师演示：教师设定情境进行演示，内容包括坐姿、微笑、需求分析、谈话技巧、礼貌用语、递送茶水、记录检查。

5．情境演练：每组学生根据自己选择的角色，反复演练。

6．考核打分：按照考核评价表（见表 5.8）的考核要求进行严格考核，考核由教师点评、学生互评、学员自评三部分组成，增加学生评分是为了增加其他学生的参与度，并且将每一次的考评分数都作为期末成绩的一部分。

7．课后总结：教师对所有的小组都进行点评，不仅要点评演示的表现，还要评价每个小组的参与度。

表 5.8　考核评价表

考核内容	评价标准	分值	自评（20%）	互评（20%）	教师评分（60%）	得分
记录准备	1. 准备好签字笔，确保签字笔可以书写流畅； 2. 准备好"顾客信息卡"	20 分				
询问和记录	1. 询问顾客时，用尊称； 2. 询问顾客时，要态度和蔼、语气和缓； 3. 询问时，忌讳询问女性顾客年龄等问题； 4. 对于顾客留下的联系方式，要重复、确认，以免写错	20 分				
记录方法	1. 记录要准确、快速； 2. 谈话后，对于交谈内容进行记录，并整理交谈内容	20 分				
保存记录	1. 将"顾客信息卡"进行整理与补充； 2. 将信息卡的内容录入数据库，便于查找； 3. 建立顾客信息档案并及时更新	20 分				
顾客记录	1. 请顾客签字并留下联系方式； 2. 递交签字笔时笔尖不能朝向顾客； 3. "顾客信息卡"应正面递交给顾客，方便顾客签字	20 分				
总分						

重点难点

1. 重点：演练和考核过程中的重点是记录的前期准备，记录时的准确、细致，记录后的保存。

2. 难点：演练和考核过程中的难点是记录过程中把握与顾客交谈、询问的技巧和交谈内容。

第 **6** 章

汽车试乘试驾服务礼仪

 **本章学习目标**

1. 掌握交通工具的乘坐礼仪。
2. 了解试驾过程中的安全知识。
3. 掌握试驾过程中用户感受的引导方法。

6.1 乘坐交通工具礼仪

乘车礼仪是商务接待中重要的一个环节，客户到达后，汽车销售顾问应主动上前问候并作自我介绍。上车时，应先请客户上车，并核准人数和携带的物品，待客户坐稳后再开车，在车上可以做一些简单的交谈，增进相互之间的感情。座次的完美安排是对客户尊重的体现，商务乘车遵循的一个原则就是把客户放在最安全的位置。商务乘车座次的安排，根据车辆的不同，座次的尊卑不同；根据驾车人的不同，座位的尊卑也不相同。轿车座次安排通常有以下几种情况：

第一种，双排、三排座的小型轿车。如果由主人亲自驾驶，一般前排为上，后排为下，如图 6.1 所示。如果由专职司机驾驶，通常后排为上，前排为下；以右为"尊"，以左为"卑"，如图 6.2 所示。

第二种，多排座的中型轿车，无论由何人驾驶，均以前排为上，后排为下；右高左低，如图 6.3 所示。

第三种，轻型越野车，不管由谁驾驶，其座次尊卑依次为：副驾驶座，后排右座，后排左座，如图 6.4 所示。

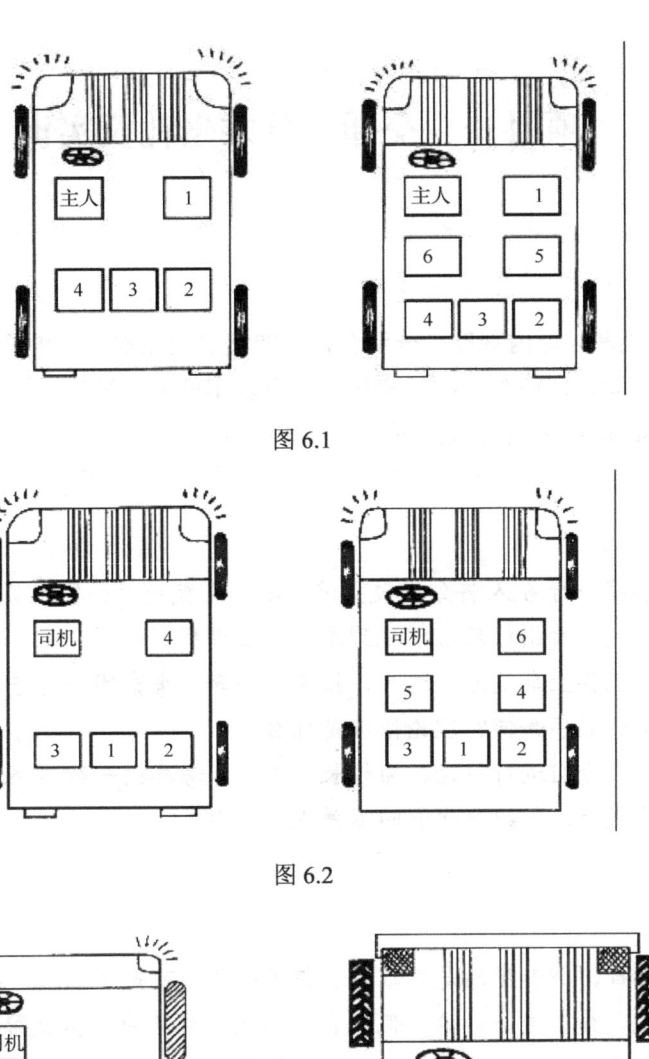

图 6.1

图 6.2

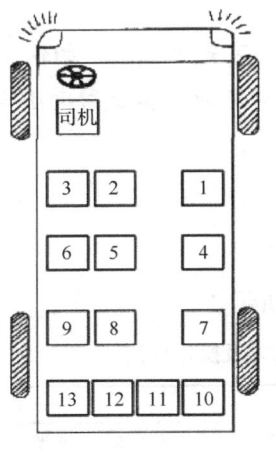

图 6.3

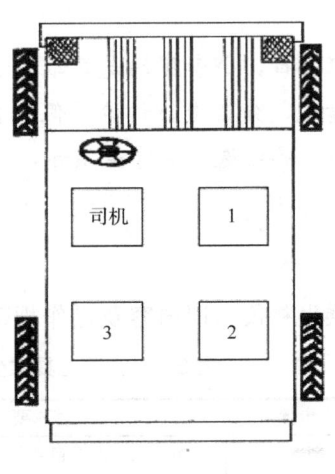

图 6.4

　　上下轿车的先后顺序通常为尊长、客户先上后下，汽车销售顾问或其他陪同人员后上先下。即请尊长、客户从右侧车门先上，汽车销售顾问再从车后绕到左侧车门上车。下车时，汽车销售顾问应先下，并协助尊长、客户开启车门。

项目一　交通工具乘坐礼仪实训

实训目的

1．通过情境判断、课内观摩、分组合作，能够识记座次礼仪的原则，初步掌握由主人驾驶和专职司机驾驶时，轿车座次的安排及上下轿车的先后顺序。

2．通过练习，能够采用正确的举止、姿态乘车。

情境描述 1

澳大利亚考察团一行 5 人将到我校交流，小李是我校办公室人员，校长开车与小李同去萧山机场接机。到达萧山机场后，见到澳大利亚考察团领队 1 人，工作人员 4 人。简单寒暄后，所有人员准备上车就座。这时，校长、小李、考察团一行 5 人应分别坐在轿车的哪个位置？上下车的顺序如何？理论依据是什么？

学生根据情境，分组进行讨论，为校长、小李、考察团一行 5 人安排座次，并模拟进行座位的调整。完成后，各组派代表回答并说出理由。

情境描述 2

在机场接机当日，小李穿的是高跟鞋和裙式套装，可是她上下车的仪态很不得体。

学生根据情境，分组进行讨论，假设自己的凳子为车座，尝试帮助小李使用得体、优雅的姿态上下车。各组选 1 名学生演示，其余学生点评。

实训内容

交通工具乘坐礼仪实训内容及操作规范如表 6.1 所示。

表 6.1　交通工具乘坐礼仪实训内容及操作规范

实训内容	实训步骤	基本要求	注意事项
交通工具乘坐礼仪	双排、三排座的小型轿车	如果由主人亲自驾驶，一般前排为上，后排为下；如果由专职司机驾驶，通常后排为上，前排为下；以右为"尊"，以左为"卑"	若同时与女士、长辈、上司或嘉宾在双排座轿车的后排就座时，应请后者先从右侧后门上车，在后排右座上就座。随后，应从车后绕到左侧后门上车，落座于后排左座
	多排座的中型轿车	无论由何人驾驶，均以前排为上，后排为下；右高左低	
	轻型越野车	不管由谁驾驶，其座次尊卑依次为：副驾驶座，后排右座，后排左座	

续表

实训内容	实训步骤	基本要求	注意事项
交通工具乘坐礼仪	上下轿车的先后顺序	尊长、客户先上后下	1．上车时，注意使用"护顶"礼仪； 2．穿短裙的女士，上车时，应首先背对车门，坐下之后，再慢慢地将并拢的双腿一齐收入车内，然后再转向正前方。下车时，应首先转向车门，先将并拢的双脚移出车门，双腿着地后，再缓缓地将身体移出

实训要求

1．实训地点：礼仪实训室。

2．教师演示：教师设定情境，并且进行实操演示。

3．情境演练：将学生分组进行演练。

4．考核打分：按照考核评价表（见表 6.2）的考核要求进行严格考核，考核由教师点评、学生互评、学员自评三部分组成，增加学生评分是为了增加其他学生的参与度，并且将每一次的考评分数都作为期末成绩的一部分。

5．课后总结：教师对所有的小组都进行点评，不仅要点评演示的表现，还要评价每个小组的参与度。

表 6.2　考核评价表

考核内容	评价标准	分值	自评（20%）	互评（20%）	教师评分（60%）	最后得分
座次安排	1．决定迅速； 2．座次准确	50分				
上下车顺序	1．顺序正确； 2．谦逊有礼	20分				
上下车仪态	1．仪态得体； 2．用语规范； 3．谈吐文雅	30分				
总分						

6.2　试乘试驾过程中用户感受的引导

6.2.1　试乘试驾过程中的安全知识

　　带客户试乘试驾之前做必要的车辆讲解，以便客户对车辆有一个更全面的了解。客户坐到驾驶座上后，必须先帮助客户完成座椅调整、方向盘调整、后视镜调整和系好安全带四项工作，然后才能启动汽车。在驾驶过程中，汽车销售顾问应适时地提醒客户行驶的路线，请客户遵守交通规则，引导客户进行完美的试驾体验。

6.2.2　试乘试驾过程中用户感受的引导方法

　　试乘试驾过程中用户感受的引导方法如表 6.3 所示。

表 6.3　试乘试驾过程中用户感受的引导方法

步骤	基本要求	操作标准及话术
客户试乘试驾前的介绍	引荐试驾专员	带客户到试乘试驾区，汽车销售顾问向客户引荐试驾专员
	引导客户进入副驾	汽车销售顾问用手挡在车门上侧做保护，客户进入副驾后帮助客户调节座椅、关闭车门
	试驾专员进入主驾	提醒、帮助客户系好安全带，将自己手机设置为振动或静音状态
	静音效果	"您听一下发动机的声音，不注意还以为没有启动车呢"
	音响效果	1. 播放 CD； 2. 挑选客户喜欢的曲目； 3. 根据客户感受调节合适音量
	介绍方向盘及蓝牙	简单介绍中央固定集控式方向盘，询问客户手机是否具有蓝牙功能（客户愿意的话，尝试进行设置连接）
	调节空调	将温度调节至客户舒适的度数
	检测胎压	进行胎压检测操作，提醒客户查看组合仪表上关于车辆胎压是否正常的提示信息
	介绍体验点	试乘时的体验点有起步平顺性、静音效果、过弯稳定性、动态舒适性、动力性、刹车灵敏性、换挡平顺性等
	目送客户离开	试驾专员开车离开试乘试驾区，汽车销售顾问目送客户离开

续表

步骤	基本要求	操作标准及话术
客户试乘试驾时的介绍	体验车身稳定性	1．提醒客户坐好（扶好）； 2．变换车道，体验车身稳定功能 "这款汽车的稳定性很好，我变换车道，请您感受一下。"
	体验加速时的动力性	1．轻踩油门至车速30～40km/h； 2．观察前方路况后再加大油门至1/2，车速为80～100km/h时收油门，然后轻踩油门保持 "我加速了，您看推背感很强吧，发动机动力强劲吧，2500转速即可实现大功率大扭矩，您试驾时可以自己体验一下。"
	体验制动灵敏度和刹车稳定性	1．观察后方车辆距离，并提醒客户扶好； 2．急刹！提醒客户看标注物 "您扶好，我们准备紧急刹车。您看，刹车灵敏，制动迅速，远超同级汽车，方向不跑偏，车身很平稳，没有'点头'现象。"
	体验定速巡航	1．先提速，再收油门，自然减速至50km/h； 2．打开定速巡航功能，设定巡航速度：50km/h "我已开启定速巡航功能，您看，我们设定50km/h（≥40km/h），不踩油门车辆也会以设定速度匀速前进，这项功能在高速公路长时间行驶时非常有用，脚不需要放在油门上。"
	体验换挡平顺性	"手自一体变速箱与发动机匹配非常完美，加速和减速非常平顺，丝毫感觉不到冲击和顿挫感。"
	体验匀速静音效果	1．将车速保持在45km/h左右，匀速行驶（或者开启定速巡航匀速行驶）； 2．将CD音量调到0，客户感受完后再恢复 "噪声处理很到位，有多维超静音系统（隔音棉/底盘/悬挂），降噪水平领先同级汽车，您听一听，车内噪声很小（因路况）。"
	体验过弯稳定性	1．提示客户前方右转； 2．提示客户缓慢向右打方向盘，勿一次性打死； 3．以40km/h过弯，车身走线弧度尽可能大； 4．提示客户前方右转是个90度直角弯，请客户体验转向、车身
	体验颠簸路面舒适性	1．行驶至120～140km/h； 2．把握好方向，保持匀速通过，提醒客户感受底盘减震性能和乘坐舒适性，"多连杆后悬挂和S40底盘能有效缓解和吸收来自路面的震动，您感觉一下，很舒适吧，这说明车身减震好，晃动小。"

项目二　试乘试驾用户感受引导方法实训

实训目的

1. 掌握试乘试驾过程中用户感受的引导方法。
2. 掌握试乘试驾过程中用户感受的引导话术。

情境描述

模拟与客户接触场景，进行试乘试驾用户感受引导方法演示练习，开展情境综合实训。

实训环节

试乘试驾用户感受引导方法实训环节及操作规范如表 6.4 所示。

表 6.4　试乘试驾用户感受引导方法实训环节及操作规范

环节	步骤	动作	话术
试乘试驾前	试乘试驾邀请	坐在洽谈桌边	×先生，刚才我已经简单地向您介绍了车辆的性能和配备特点，不过，只靠看和听就做决定是不够的，买车是一件大事情，因此，在您做决定之前，我建议您先做一个试乘试驾，亲身感受一下这款汽车
	试乘试驾的时间、路线和车型		我们已经为您准备好了您所关注的车型试驾。现在我简单为您介绍一下我们要试驾的路线，全长约为×千米，根据需求您可以选择一条适合您的路线；等一下我们会先驾驶，以便您熟悉车辆的性能特点和路线；然后，您就可以亲自驾驶这辆汽车了
	空调调整	请同事帮忙开空调	现在天气特别热，直接坐到车里很难受，要不我帮您把空调先打开，把温度降下来，您坐着也舒服，您看行吗
	请客户填写试乘试驾保证书	复印驾照	这是我们的"试乘试驾流程图和路线图"，您可以先参考一下，我去帮您把驾照复印一下，5 分钟就回来，这里面您要是有什么不清楚的，我回来给您仔细讲解
		请客户到洽谈桌边签保证书(从销售手册里面拿)	让您久等了，我们老板说的，试乘试驾最最重要的就是客户的安全，所以严格要求我们一定得带您驾驶一圈，让您熟悉一下路线，再由您亲自来驾驶，您说咱这服务到位吧？这是我们的试乘试驾安全协议书，您在这个地方签个字
		讲解"试乘试驾流程图"(指着图说)	为了让您感受到完美的驾驶乐趣！我们给您准备了约 15 千米的试驾路线，主要分为：音响体验区，颠簸路况区，双模式减震及瞬间加速区，连续弯道静音区，拨片换挡区，以及上坡加速区！为了更好地体验车辆，请您按照我的指引驾驶车辆

续表

环节	步骤	动作	话术
试乘试驾前	调节空调	微笑、点头	"我的同事发短信过来说，打开空调后，车内温度已经合适了，我们上车吧。"
	入座	蹲下，提醒客户	"这边请，我来帮您开门，小心别碰到头，我们的座椅是可以调整的，现在这个角度坐着舒服吗？"
	音响体验区	打开音响	"在驾驶乐趣中'听觉享受'是最为重要的一个环节，可以给您营造全方位的美妙体验，同时可以给您带来移动音乐厅般的听觉享受。"
试乘	起步	"为了让您听得更清楚，我把音响关掉，好吗？"	"接下来，我给您试一下起步，如果是您自己的车一定要尽量温柔，这样有三个好处：第一，安全；第二，省油；第三，车子就像朋友一样，您对她好，她也会对您好，您温柔地对待她，几年以后您要换车了，车况保持得好，一定能卖个好价钱。"
			起步过程中第一点，是发动机的声音，应该是很柔顺的； 第二点，当挡位变换的时候，车身应该是很稳定的，没有一顿一顿的感觉。您看发动机转速表，我踩下油门，发动机就越转越快，指针就会上升，到一定高度的时候，会自动转下来，这就说明自动换挡了，这个时候变速箱越好，顿挫感就越少，如果一点顿挫感都没有，那就完美了
	起步后	轻放离合，缓给油门	您看发动机转速表，是不是下来了？现在已经从一挡升到两挡，一点顿挫感都没有吧？ 这个声音很柔顺吧
	中段提速	点头、微笑、眼睛看着对方（暗示）	接下来，我给您演示中段提速，您重点感受两点： 第一点是提速效果，您坐着好像座椅推着您走一样(推背感)； 第二点是发动机的声音，应该是很浑厚、很有力量的，而且这声音还有讲究——要低沉，不能尖锐，不能有任何金属杂音 您听，这声音浑厚吧？推背感可以吧
	刹车	用尽全力踩刹车，ABS启动	接下来，我给您演示刹车、紧急制动。 我们现在的车速是60km/h，我会把车刹停，您重点感受两点： 第一点是减速的效果； 第二点是当我急刹车的时候，我会故意动一把方向盘，您看急刹车的时候方向盘是不是很听话（看一下后视镜，后面没有车）（扶稳、坐好），倒数3、2、1 您看刹车灵敏吧！刹车时最怕方向盘不听话，我刚才动了一下方向盘，您注意到了吗？
	360度回转	20km/h	接下来我给您示范360度回转，我把方向盘打到底，看着我的眼睛，一定要看着我的眼睛，别看路
		四目相对	您知道我为什么不看方向吗？因为坚固扎实的汽车底盘，只要方向盘不动，车子一定是原地划一个正圆，不用担心转到旁边去，这说明我们的方向和底盘够扎实，您觉得这个方向和底盘不错吧

环节	步骤	动作	话术
试乘	再次感受刹车	开到60km/h	您再次感受一下刹车，刹车很重要（扶稳、坐好），您注意看我的手（松开方向盘，踩刹车）； 您看我放开方向盘，这么急刹车，车子还走得这么直，您觉得我们的刹车和方向设计、配合得好吧
	隔音效果测试	开到吵的地方，把车窗放下来	您听外面是不是很吵呀，我把窗户关起来，请您感觉下隔音效果（升起窗户）； 隔音效果很好吧
	蛇形前进感受	注意方向盘动作柔和	现在汽车比较少，我给您示范下"S"行驶，您注意两点：第一，车身侧倾不明显；第二，我回方向的时候，车子不会两边晃
			一般在30km/h以内，质量达标的车侧倾都能接受，超过30km/h就完全不一样了，您看现在是30km/h…40km/h…50km/h，很平稳吧？是吧？
			现在我要回到正方向了，您看，车身也立刻回正，干净利落吧
换手	换手	靠边停车，拔下钥匙，坐到副驾驶座	不知道您对我的服务态度还满意吗
			您对我们的路线设置还满意吧！谢谢
			接下来，您来开吧！您小心开门
			我们就按照刚才的路线走，您专心开，注意安全，遇到转弯，我会预先提醒您的
试驾后		停车到展厅门口	您直接停在展厅门口吧！您帮我填一下"意见反馈表"
		填写"意见反馈表"	（指着"意见反馈表"逐项询问）麻烦您帮我签个意见吧
		尝试签约	看起来您对这款车真的很满意，那您喜欢什么颜色呢（拿出合同填写）

实训实施

1．实训地点：驾驶实训场。

2．教师演示：教师设定情境，并且进行实操演示。

3．情境演练：将学生分组进行演练。

4．考核打分：按照考核评价表（见表6.5）的考核要求进行严格考核，考核由教师点评、学生互评、学员自评三部分组成，增加学生评分是为了增加其他学生的参与度，并且将每一次的考评分数都作为期末成绩的一部分。

5．课后总结：教师对所有的小组都进行点评，不仅要点评演示的表现，还要评价每个小组的参与度。

表 6.5　考核评价表

考核内容	评价标准	分值	自评（20%）	互评（20%）	教师评分（60%）	最后得分
做好试乘试驾前的准备工作	填写试乘试驾协议；检查驾驶证；对车辆进行静态说明	20 分				
试乘试驾中	严格按照试乘试驾流程进行，先试乘，后试驾	20 分				
试驾后	邀请客户填写意见反馈表，努力促成交易	20 分				
话术	引导话术运用恰当、得体	40 分				
总分						

第 *7* 章

汽车交车服务礼仪

 **本章学习目标**

1. 了解交车前交车区准备、车辆检查的事项。
2. 掌握交车过程中预约顾客，交车流程中交车仪式。
3. 提高汽车销售顾问在交车服务中的礼貌礼节，以及在交车过程中的服务意识。

交车是汽车销售过程中最关键的一个时刻，汽车销售顾问应按照销售程序，为客户准备好车辆、布置好交车区域、准备好精美的礼品。在这个过程中，我们还需要为客户提供各种服务，通过我们礼貌、周到的服务，除了为顾客提供各种专业信息，更重要的是保证客户的满意度，为此，我们要在交车过程中给客户留下最完美的形象。

7.1　交车准备

7.1.1　交车前交车区准备

1. 交车区的位置

在汽车 4S 店的建设过程中，交车区一般设置在汽车展厅的右侧，或者是在靠近公路的一侧，这样可以方便客户驾车、试车。当然，这样设置的目的也是为了让顾客来展厅时可以明显地看见汽车交车区。交车区最好是位于室内，用落地玻璃遮挡，这样既可以保证新车整洁、无灰尘，又可以让顾客从远处就可以看到交车的过程。

2．交车区背景墙

交车区应该有一座墙面做成的背景墙，背景墙主要以企业 logo 为主题，展示企业品牌。还可以做一面交车用户交车照片组成的照片墙，来凸显交车区的氛围。

3．作业流程板

在交车区应有作业流程看板、交车客户姓名及预定时间告示牌，向全店员工提示今天有客户交车活动。

4．红地毯

交车区必须铺好红地毯，红地毯是人们对庄严、高贵、浪漫的追求和象征。不论是民间活动还是国家重要活动都将铺红地毯作为重要礼仪，在商业仪式中，依然以使用红地毯表达庄重和热烈。如今红地毯已经不仅仅是地毯颜色的一种代表，而且成为重要活动的必备用品。

5．拱门

如果遇到集体交车，或者来交车的是公司的大客户，需要安排拱门。拱门其最大的特点是造势，可以让过路的潜在消费群体关注得到，在树立品牌和促销过程中有着不可替代的广告、宣传作用，容易形成隆重、热闹的氛围。

6．车边花盆

在汽车四周放上一些盆栽，盆栽可以选用普通的办公室绿植。一般公司都会有绿植营造办公室气氛，交车时，用绿植可以烘托气氛。另外，还要准备一束鲜花，在交车仪式过程中送给客户，表示庆贺。

7．花炮

准备花炮。在交车后，点放花炮，烘托气氛。燃放烟花时要注意安全，避免引起火灾。

7.1.2　车辆检查

购车客户从去汽车 4S 店看实车，再到订车，最后到汽车 4S 店提车，每个阶段感受都是不一样的。以下介绍该如何做提车检查。提车过程中最重要的就是对车辆的检查，虽然汽车相比以前，汽车整体质量有了不小的提升，但是，一辆商品车从工厂运到汽车 4S 店往往长达数千千米，从工厂的车库到消费者的手中往往要经过多个环节、数个人之手，在这个过程中，由于工作人员的疏忽或者驾驶者风格粗野，往往会对车辆造成细小的损伤。

（1）检查车辆外观

首先，慢慢地绕着车走一圈看车身有没有明显的漆面外伤，车辆在数千千米的运输途中免不了会沾染上一些脏东西。有的新车车头、车侧就有很多飞虫的尸体，这些位置一定要仔细地检查，确保这些地方没有剐蹭，漆面没有问题；接着，看看防撞条粘贴、安装是否平整，挡泥板安装是不是牢固；最后，蹲下，让眼睛与检查面在一个平面上，仔细看看有没有小坑，打开车门推拉几个角度让光线从不同的角度照射来检查板金是否平整，车体钢板轻微的凹陷近距离是不容易发现的，但是凹陷的地方反光度是有别于其他地方的，所以，用这种方法很容易发现这些小的凹陷。

（2）检查每个车门

首先，分别拉开四个车门，检查对应的左右两个车门开门力度是否相同，各阻尼段的阻力是否相同；然后，观察车门是否有下垂现象；最后，将车门慢慢打开到推不动的位置，感觉限位开关是否起作用。我们把车门拉开一个很小的角度，然后轻轻地关车门（注意一定要轻），听是否有尖锐的撞击声，有撞击声说明阻尼和密封不好。用手顺着密封条方向滑动，稍微用点力，看密封条是否均匀，粘贴是否平整，每一块手感是否一样，按在上面是否有弹性。

（3）检查后备厢

后备厢的开合是否顺畅，特别是锁止是不是正常，里面的照明灯是否能正常工作。打开后备箱并顺便检查下备胎，看看备胎是否完好、气压是否正常。备胎和随车工具一般都在一起，检查工具的同时也可以熟悉一下这些工具怎么使用。

（4）检查钣金

检查车身各个部分接缝是否均匀，每个车门、机器盖、后备厢都打开、关闭几次检查机构运转，观察玻璃、大灯、塑料件有没有裂纹，特别是车体两侧对应的缝隙一定要均匀。各灯组与车体的接缝是检查的一个重点，一定要用手触摸，装配良好的汽车其接缝很均匀、紧密，对应位置给人的感觉完全是一样的。一些车体钣金不是特别好的低档车，这些接缝会有暴露钣金的质量问题。

（5）轮胎的检查

先看看胎面有没有磨损，轮胎上的毛刺是否完整，如果不能确定，可以将轮胎和备胎进行对比检查。

（6）灯光系统检查

打开点火开关，先看看车的里程表，在提车时，如果能够挑选，一定要选择行驶里程少、出厂日期近的车，里程越长的车存在问题的风险就越大。打开各种灯组，看看远光灯、近光灯、雾灯、双闪灯、转向灯等是否正常，检查左右灯的亮度，闪烁频率是否一样。尾灯的检查和前面各灯组一样，除了检查转向灯、双闪灯，一定要记得检查刹车灯、高位刹车灯、倒车灯和后雾灯。

（7）电气系统检查

首先，喷一些玻璃水，检查雨刮是否正常，各种挡位下的速度是否有变化，雨刮运行是否流畅。然后，逐一检查每个车窗，升起、落下，注意听有没有不顺畅的声音，检查一键升降、防夹手功能。检查车窗防夹手功能可以把一个矿泉水瓶放在窗框上沿进行实验，正常的情况是水瓶被压缩一部分后车窗马上会向下运行。有天窗的车一定不要忘记检查天窗。接着，检查音响，看 CD、收音机、AUX 接口等音源能否正常工作；调节音量，各种音效调节是否正常；把声音开大，听喇叭是否有破音。最后，检查空调和暖风，主要保证空调和发动机工作时暖风的出风口没有风扇振动的嗒嗒声，特别是冷风开启时继电器吸合的声音是不是很大，及对发动机怠速影响如何。

（8）座椅内饰检查

检查座椅，通过折叠推拉听听有没有松动的声音，如果是电动座椅，看看电动机工作是否平稳，有没有异响。检查完后关闭车窗，用力关下车门，听声音，有沉重感的说明密封很好。打开所有车门，门板与内饰板之间是用卡子连接的，用手指轻轻往外拉内饰板的边缘，看卡子是否安装好。车内的各储物格、手套箱、遮阳板等也都开合几次，检查是否能正常工作。

（9）发动机舱检查

打开发动机盖，首先，看整个机舱是否干净整洁，如果很脏，而且有油污渗漏，说明这辆车是以前频繁使用过的车。然后，听发动机怠速的声音，用大拇指按住发动机上的塑料盖子，用力压住，感受发动机传到胳膊上的震动是否平稳，是否有固定的频率，确保不要有凌乱的震动。让车上的人踩下油门，听发动机加速运转的声音是否平滑，有没有凌乱的感觉，加速是否灵敏。最后，看发动机的各种液面是否在正常的位置，机油的颜色是否正常。

经过上述检查，判定车辆基本上没有什么问题了。最后，我们可以简单地试驾一圈，看看发动机变速箱的响应是否正常，左右打方向，有意地过几个减速带，检验车辆行驶是否正常。

7.1.3　交车资料

在交车前，汽车销售顾问应当为客户准备好各种保修、车辆信息等资料，在交车过程中，汽车销售顾问需要对购车过程中产生的手续与客户一起查验和确认。

（1）交车过程中的文件资料。汽车销售顾问要准备、提供好随车资料，分别有使用手册、保修保养手册（车款完全付清，手续齐备后方能给客户）、快捷使用手册、使用光碟、合格证、出厂检验单、车架号、发动机号拓印本、回函等。

（2）交车前的一些票据的准备工作，包括各项缴费收据及发票。确保发票的时间和保养手册的时间一致，并且礼貌地邀请客户核对、确认，以免出现误差。

（3）在交车结束之后，汽车销售顾问还要对其他相关文件进行整理，如费用清单，交车确认单，交车服务验收单，客户满意调查表。

（4）最后，客户和汽车销售顾问在各种费用清单上签字，各自留存一份。结算费用包括车款、购置税、车船税、保险费、装潢费、牌照费、GPS 费、到查费、抵押费，要注意凭票结算的费用必须注明，并与客户说明。

项目一 交车区要求标准实训

实训目的

1．了解汽车 4S 店交车区的准备。
2．掌握交车物品的种类。
3．熟悉交车物品的用途。

情境描述

某位先生已经决定购买某品牌的车辆，汽车销售顾问也已经打电话对客户进行了预约，邀请客户前来交车。在客户来店之前，对交车区域要进行一些简单的准备和布置。

实训内容

交车区要求标准实训内容及操作规范如表 7.1 所示，汽车 4S 店交车区布置物如表 7.2 所示。

表 7.1　交车区要求标准实训内容及操作规范

实训内容	实训步骤	基本要求	注意事项
交车区要求标准	交车区位置	交车区域位于 4S 店右前方	提前打扫好交车区域卫生
	车辆位置	车辆垂直停放于展厅右前方，车头对外	1．车辆 PDI 检查，保持车辆干净； 2．车头对外，方便车主开走车辆
	鲜花拱门	1．车前方安放进入拱门，拱门边沿布满鲜花； 2．车主和公司领导从拱门进入验车	1．拱门用于高档次的车，以显示对尊贵的客户的重视，配比车辆的档次； 2．提前预订、准备好塑料材质的拱门

续表

实训内容	实训步骤	基本要求	注意事项
交车区要求标准	车辆两侧	车辆两侧分别整齐摆放四个花篮	鲜花花篮，花篮飘带写好祝贺词
	车辆尾部	1. 车辆尾部提前安放交车背景板。背景板文字为"恭祝×××成为××汽车4S店直营店第×位车主"； 2. 背景板大小适中	1. 交车区域用 PT 板，或者电子 LED 屏幕打上向客户道贺的用语； 2. 提前预订、制作
	其他	1. 交车礼品、鲜花、盆栽、照相机； 2. 准备车辆买卖合同、车辆付款发票、车辆使用手册等资料	车辆买卖、购买合同的签署，严格按照签约的礼仪流程进行

表 7.2　汽车 4S 店交车区布置物

布置物品内容	制作规格	材质	方法用途	数量	预估费用
鲜花拱门	12m		布置交车区	1个	
交车背景板		背景海报		1面	
模型钥匙	0.3m×0.7m			1把	
鲜花			送花	1束	
车边盆栽	普通绿植			8盆	店内已有
彩带				10个	
花炮				1对	
合计					

实训实施

1. 实训地点：教室、实训室、广场等。

2. 实训设备：一辆汽车，一束鲜花，车钥匙，车辆礼品。

3. 实训分组：按照每个班 50 人分组，每组 10 人。

4. 教师演示：教师设定情境，并且进行实操演示，内容包括交车区的卫生、车辆清洗、交车区背景板、鲜花盆景的摆放、交车物品的准备。

5. 情境演练：每组学生根据自己选择的角色，反复演练。

6. 考核打分：按照考核评价表（见表 7.3）的考核要求进行严格考核，考核由教师点评、学生互评、学员自评三部分组成，增加学生评分是为了增加其他学生的参与度，并且将每一次的考评分数都作为期末成绩的一部分。

7. 课后总结：教师对所有的小组都进行点评，不仅要点评演示的表现，还要评价每个小组成员的参与度。

表 7.3　考核评价表

考核内容	评价标准	分值	自评（20%）	互评（20%）	教师评分（60%）	最后得分
准备	1. 车辆干净，交车区域干净、整洁； 2. 交车资料准备齐全	30 分				
交车区布置	1. 交车区布置合理； 2. 车辆摆放准确	30 分				
交车物品	1. 交车物品准备齐全； 2. 熟悉交车物品基本价位、用途	40 分				
总分						

重点难点

1．重点：演练和考核过程中的重点是交车物品准备齐全，车辆检查完好，交车区干净、整洁。

2．难点：演练和考核过程中的难点是交车区布置，车辆检查。

7.2　交车仪式

7.2.1　交车仪式准备

1．电话预约客户交车

在交车的前一天，汽车销售顾问与客户联系，再次确认客户来店的具体交车时间，提醒客户携带证件，以及其他资料。如有突发状况，导致无法按时交车，就要重新安排。如果是公司原因造成交车日期和时间的推迟，应当向客户说明情况，并向上级汇报，酌情给予客户一定的优惠，同时真诚致歉，并且重新安排交车时间。电话预约礼仪，前面的章节已经讲过，在此不再重复。

2．接待客户

在展厅门口设立欢迎牌，祝贺客户提车。汽车销售顾问可以邀请公司主管或经理参与，到门口迎接并祝贺客户。建议为客户挂上交车贵宾的识别标志，经销店内每位员工见到挂

有交车贵宾识别标志的客户均应热情道贺。

3．商谈桌的交谈

接到客户之后，热情地欢迎，引领到商谈室商谈，向客户概述交车流程和需要的时间，并征询客户的意见。按照准备好的各项清单与客户结算各项费用，移交有关的物品：用户手册、保修保养手册、保险手续、行驶证、车辆钥匙（按揭车辆只能给一套）等，文件手续工作应在最短的时间内完成。如有必要，其他部门人员应到场协助，避免客户奔波及久等。用户手册结合实车一一说明使用，其余各项文件皆应逐项逐条向客户讲解、说明，让客户了解，并提醒客户详细阅读。交车时，除了口头说明，还需要使用相关资料，让客户签字认可，同时不能忘记照顾客户，不能因忙于书面文件的填写，忽略了客户的感受。

4．验车

在第一时间将车钥匙郑重地交给客户，并予以恭喜、祝贺。汽车销售顾问将客户带到新车旁，按照《交车确认单》首先请客户确认验车，然后陪同客户绕车检查，同时分享客户欣喜的心情。

5．车辆说明与试车

结合《用户使用手册》，向客户介绍如何操作，每一个开关、每一个步骤都要讲解清楚。不能用"您自己回去慢慢找""用户手册上有说明的"等语句，并依据客户的了解程度进行解说，提醒客户阅读用户手册，尤其是注意事项。如果客户对车辆的操作或功能仍不熟悉，应开车带客户驾驶一段，边驾驶边做介绍，然后换手让客户驾驶一段。换手时，应主动为客户开启车门，请客户坐上驾驶座，协助调整座椅、方向盘、后视镜等，并且帮助完成个性化设置，如座椅调节等。

7.2.2　交车仪式流程

1．交车仪式

（1）待交车辆用红绸缎盖住，准备好车钥匙、鲜花、CD 等小礼品。

（2）销售经理、展厅经理、服务经理、客服经理等人员出席、参加交车仪式，销售服务店有空闲的人员都应参与交车仪式并向车主道贺。

（3）由总经理、销售经理、展厅经理奉上鲜花（由女士赠予女宾），再将车钥匙交予车主，同时向其家人赠送 CD 等小礼物。

（4）现场全体人员与车辆合影留念，影毕，全体鼓掌，并放鞭炮以表示祝贺。

2．售后服务

交车之后，还要给客户提供必要的售后服务。售后服务和保险服务由服务经理和维修接待人员向客户介绍、说明。

首先，汽车销售顾问礼貌地将服务经理和维修接待人员介绍给客户并交换名片。

其次，介绍售前和售后的衔接，售后服务经理向客户介绍售后流程及其注意事项，让客户感到维修接待是对客户进行一对一的管家式服务。保养手册必须打开面向客户，让客户明确地看到保修的内容。

再次，维修接待人员介绍车辆检查、维修的里程及日程，重点提醒首次保养的服务项目、免费维护项目和公里数，维修接待人员说明保修内容和保修范围，强调保修期限，提醒客户在新车磨合期中的注意事项。

最后，介绍售后服务的营业时间、服务流程及服务网络、服务特色等。

3．欢送客户

汽车销售顾问取下车辆上的绸带，亲自陪同客户将车辆加到公司规定的油量，告知客户将来可能收到销售或售后服务满意度电话，请客户予以支持，请客户推荐潜在顾客前来赏车、试驾。再次恭喜并感谢客户，微笑、目送客户的车辆离去，挥手道别一直到看不见为止；详细填写"客户信息卡"交予客服部。

 **相关链接**

重庆最早的交车仪式

重庆最早的交车仪式已不能准确考证，不过一般认定在1997—1998年，由当时的一家公司举行的奥拓羚羊交车仪式，数十辆奥拓羚羊现场交车，车主现场交款，十多台点钞机哗啦哗啦现场数钱，车扎红花，好不热闹。

而重庆真正意义上的大型交车仪式诞生在2000年的正典汽车，当时正值AAPP会议期间，近50辆奥迪汽车交给政府部门，并绕长滨路（当时唯一一条滨江路）一圈，阵容巨大，这是现在"阅兵式"交车的鼻祖。

交车主要道具

背景音乐、车钥匙模板、大红花、饮料、数码相机、小礼品及微笑若干。有条件、有创意的交车会变换场地，如在车展、新车发布会上举行新车交付仪式，中间穿插歌舞、语言等各类助兴小节目。

交车成本核算

一般的展厅内交车，成本几乎没有什么损耗，算上电费、大红花等，约在百元以内。大型交车仪式的费用跨度较大，2 万元～15 万元不等。

"交车仪式"卖的是关怀

什么叫"宾至如归"，什么叫"无微不至"，就是要想客户所想，及客户之及，可能每个汽车 4S 店的总经理都想把自家店的服务加上这两个定语，所以，他们挖空心思要为消费者们做点什么，这的确是件好事。

所以，新奇古怪的交车仪式便成了营销方式的产物和"无微不至"服务的产物。交车是营销的结束吗？错！换位思考便可以发现它是与消费者保持良好关系的开始，确切地说，这是在购车过程中激情昂然的时刻，在这一时刻，哪个消费者会愿意承受仅把钥匙领走就被你的脸色扫地出门的尴尬，所以，有心的 4S 店的高层们，很聪明地要将客户的激情散发到极点，而且要心胸坦诚地规划、态度真诚地干好，这是一种企业态度以及企业理念的展示，因为，一个绚烂的交车仪式可以让消费者对该品牌的服务体制以及商品保证有高度的认可，从而提升客户满意度。

一个高品质的交车仪式至少可以带来两大回报：一是口碑，老客户带着新客户买车之时，价格相当之时，他会拍着胸脯说：走，去某某店买车，足能让你感觉自己是江湖一大人物；二是品牌忠诚度，消费者也会转脑筋：交车都做得这么到位，维修也能尽心尽力吧！

这不，效果那是相当得明显。因此，咱们对这种营销应该拍手叫好，对这种有魄力、有经历来谋划一出精彩交车仪式的营销者竖起大拇指。

资料来源：腾讯汽车 记者 石果 http://auto.qq.com/a/20100817/000132.htm

项目二 交车仪式实训

实训目的

1．了解交车仪式的准备工作。
2．掌握交车流程。
3．熟悉交车仪式过程中的礼仪标准。

情境描述

王先生已经订购了一辆大众汽车，今天来提车，我们为王先生举行了一次简短而热烈的交车仪式，以示庆祝。下面我们就进行一次模拟的交车仪式。

实训内容

交车仪式实训内容及操作规范如表7.4所示。

表7.4　交车仪式实训内容及操作规范

实训内容	实训步骤	基本要求	注意事项
交车仪式	交车准备	1. 电话预约客户前来提车，并且礼貌地提醒客户带好所有资料； 2. 准备车辆，准备好其他相关资料； 3. 准备好礼品、相机、优惠券等； 4. 打扫好交车区域； 5. 准备好汽车模型和钥匙	1. 预约客户时，要礼貌地询问具体的交车时间，询问与客户同行人员、交通工具，并对交车所需要的时间作简要说明； 2. 准备相关资料，准备购车合同
	开场白	1. 汽车销售顾问着正装，礼貌地在4S店门口迎接； 2. 客户到来，汽车销售顾问亲切地走向客户，问候，并与客户寒暄	1. 联系好公司领导； 2. 联系好其他服务顾问
	交车流程介绍	1. 向客户介绍其他服务顾问、售后服务部门的其他相关同事； 2. 汽车销售顾问确认好客户付款状况和车辆保险； 3. 客服部人员上前询问服务状况并填写《客户满意度调查表》	1. 准备《客户满意度调查表》请客户填写； 2. 将车钥匙交给公司领导，由公司领导交给车主
	祝贺并送花和小礼物	1. 向客户和客户家属送花； 2. 公司领导出面祝贺； 3. 集体鼓掌祝贺客户	1. 准备好鲜花； 2. 准备好小礼物：汽车模型、精品钥匙扣等
	拍照	1. 拍照排序，客户、公司领导站中间； 2. 拍照留念	将客户交车时所拍照片保留，存入数据库系统，并且选出一些作为公司宣传使用
	欢送	1. 感谢客户的购车，留下售后联系方式，方便日后做车辆保养； 2. 汽车销售顾问、汽车服务顾问等人员送客户至店门口，挥手道别，目送客户	1. 办理好所有手续之后，询问客户是否愿意采用送车服务； 2. 提醒客户行驶路线，提醒客户加油

实训实施

1．实训设备：一辆汽车，办公桌椅，记录本，签字笔，相机，一束鲜花。

2．实训分组：按照每个班50人分组，每组5～7人。

3．教师演示：教师设定情境，并且进行实操演示，内容包括站姿、微笑、走姿、引领、手势、物品交接、拍照、车辆展示。

4．情境演练：将学生分组，进行演练。

5．考核打分：按照考核评价表（见表 7.5）的考核要求进行严格考核，考核由教师点评、学生互评、学员自评三部分组成，增加学生评分是为了增加其他学生的参与度，并且将每一次的考评分数都作为期末成绩的一部分。

6．课后总结：教师对所有的小组都进行点评，不仅要点评演示的表现，还要评价每个小组成员的参与度。

表 7.5　考核评价表

考核内容	评价标准	分值	自评（20%）	互评（20%）	教师评分（60%）	得分
准备	1．提醒客户带好资料、身份证、车款等； 2．车辆购买合同、保险合同等； 3．礼品、相机、优惠券等	30 分				
语言	1．接待客户，说话语气充满笑意； 2．语速适中，普通话标准； 3．说话注意节奏，语调抑扬顿挫； 4．谦语、敬语、礼貌用语使用得当	20 分				
举止	1．各个角色站位正确； 2．与客户交谈流畅； 3．握手、站姿、鼓掌礼仪正确； 4．递送物品、接受物品的礼仪正确	20 分				
仪式	1．确保客户填写《客户满意度调查表》； 2．确保客户付款成功和保存发票； 3．安排好拍照的位置并拍照留念； 4．服务周到，确保热情、融洽的交车气氛	30 分				
总分						

重点难点

1．重点：本次实训的重点是客户在车辆交接仪式中各种资料的填写和确认。

2．难点：本次实训的难点是交接仪式过程中热情的气氛，通过赠送礼品、拍照、鼓掌等营造出良好、热情的交接气氛。

第 8 章

汽车售后跟踪服务礼仪

本章学习目标

1. 了解电话礼仪的基本规范要求。
2. 掌握电话预约的礼仪规范。
3. 掌握售后电话回访礼仪要求。
4. 了解售后电子邮件的回访礼仪。

8.1　电话预约与售后电话回访礼仪

案例导入

一个彩铃误了 50 万元的生意

　　文先生是个新潮的年轻人，喜欢使用美妙、悦耳的手机彩铃声，各种各样的彩铃他都想试一试。这不，上个星期他又下载了"我不接，不接，就不接……"的彩铃。

　　五天前，公司和客户洽谈一笔 50 万元的业务，公司让文先生负责和对方联络。在对方决定要与哪家公司合作的那天早上，客户想和文先生的老总碰面，就打电话通知文先生。

　　由于手机的信号不好，客户连续打了五次都因为通话声音不清晰而被迫中断，每次通

话中断后重新再拨，手机中听到的就是"我不接，不接，就不接……"的声音。那家公司的老总被这种行为惹烦了，拒绝再和文先生联系。第三天，公司得知这件事情后，这笔生意已经彻底泡汤了。

8.1.1　电话礼仪

电话被现代人公认为是便利的通信工具。在日常工作中，使用电话的语言很关键，它直接影响着一个公司的声誉；在日常生活中，我们通过电话就能粗略地判断对方的人品、性格。因而，掌握正确的、礼貌待人的打电话方法是非常必要的。

电话礼仪由电话交往中的语言、内容、态度、表情、举止、时间感等方面构成。电话礼仪的三要素是态度友善、语调温和、讲究礼貌。

1．打电话礼仪

电话接打的礼节，可以归纳为礼貌、简洁和清楚六个字。

（1）选择合适的时间

当需要打电话时，首先应确定此刻打电话给对方是否合适，也就是说，要考虑此刻对方是否方便听电话。应该选择对方方便的时间打电话，尽量避开在对方忙碌或是休息的时间打电话。一般来说，以下几点应该注意。

避开对方吃饭和休息的时间。总的来说，早晨 8 点以前，晚上 10 点以后，给对方打电话是不合适的，除非有紧急的事情。当然，当对方有可能非常忙碌的时候打电话去，也是不合适的。例如，在对方准备出门上班前几分钟打电话，可能会使对方迟到；工作上的事情，尽量不要打电话到对方的家里。

打电话到工作单位，最好不要在星期一刚上班时打过去，因为经过一个周末，对方要处理的公务也许会很多。当然，在对方快要下班的前几分钟打电话，也不太适合，因为快要下班了，对方也许有些事情要处理，处理完后直接回家，如果因为你的电话而耽误了对方的私人时间，也许对方会不愉快。一般情况下，也不要为私人的事情打电话到对方的工作单位，除非对方不介意。如果因为私人的事情打电话到对方的工作单位，最好先问一声："您现在方便听电话吗？"而且，即使得到对方肯定的回答，也要尽量简短，因为占用对方的工作时间，可能会影响对方工作单位正常的业务往来。

（2）自报家门

无论是正式的电话业务，还是一般交往中的非正式的通话，自报家门都是必要的，这是对对方的尊重，即使是熟悉的人，也应该主动报出自己的姓名，因为对方往往不容易通过声音准确无误地确定打电话的人。另外，自报姓名还包含着另外一层礼仪内涵，那就是直接将自己告诉对方，那么，对方就有是否通话的选择权，或者有拒绝受话的自由。

在打电话之前，确定打电话内线或打电话外线是很重要的。具体的做法是：

打电话外线——不认识对方时，应该做详细的自我介绍，例如，"您好，我是**，**公司销售部经理的秘书。"若认识对方，而且自己也有个好记性，对方一接听电话就能确定听话人是谁，那么不妨直接说出对方的名字或正确的称呼，这样会使对方感到被重视的荣幸，可以这么说："王经理，您好，我是**，**公司销售部经理的秘书。"

打电话内线——可以直接表达"我是**，王经理的秘书""我是销售部的**""王先生，您好，我是**。"

（3）通话简明扼要

在做自我介绍以后，应简明扼要地说明通话的目的，尽快结束交谈，因为随意占用对方的电话线路和工作时间是不为对方考虑的失礼行为。在业务通话中，"一个电话最长三分钟"是通行的原则，超过三分钟应改换其他的交流方式。

如果估计这次谈话要涉及的问题较多、时间较长，那么，应在通话前询问对方此时是否方便长谈。如果对方不方便长谈，就应该有礼貌地请对方约定下次的通话时间。明明需要占用一刻钟的时间，却偏偏说："可以占用您几分钟时间吗？"这就很不合适了，应该说："王先生，此次我想和您谈谈分配方案的事宜，时间大约需要一刻钟，您现在方便吗？"

2. 接电话礼仪

电话铃声响过两遍时，应拿起话筒，在工作中，接电话有"铃声不过三遍"的说法。通话中途电话中断，依照惯例应由发话人立即再拨打一次。接到拨错号码的电话，应立刻告诉对方弄错了，不要责怪对方。

（1）掌握让对方等候的时间

因为查找资料或其他事情，让对方在电话彼端等待5分钟是不应该的，通常觉得让对方等待1分钟是很"应该"的，事实上，不管等待多久，都会使对方感到很烦躁。因为在等待的时间里，对方必须把电话放在耳边，什么事都不能做，所以在等待过程中，时间会被放大，1分钟的等待时间会让对方觉得有5分钟那么漫长。

一般对方会问："大概需要多长时间？"假如需要15分钟，就不能回答"15分钟或10分钟"，而应该说"大约需要30分钟的时间。"大部分人认为可能时间"说"得越短，对方会越满意。实际上，如果在约好的时间内没有完成通话，反而会失礼。相反，本来预定30分钟，却在15分钟内完成，对方会觉得很高效、很重视这件事情。

（2）倾听电话要有耐心

工作中，难免会接到顾客抱怨的电话，如果因为自己公司的错误，给对方造成困扰时，就算错误发生在与自己无关的部门，也应该诚心诚意地道歉。此时，最重要的就是要耐心地倾听对方的意见。当我们接到这种电话时，都希望对方尽早地挂断电话，往往在对方说到一半时，就不知不觉地插嘴说："关于这件事……"，这种行为是很失礼的。这种情况下，耐心倾听能消除对方很大的不满。

（3）即使对方打错电话也应亲切应对

因为这种情形经常会发生，所以要特别注意应对的方式。最好的回答是："这里是××公司，您好像打错电话了。"一定要表现出很客气的样子，以避免给对方留下不愉快的印象。一般人在电话中听到与自己或本公司无关的事情时，会不知不觉地变成很生硬的语气，这点必须注意。

（4）随时不忘说"让您久等了"

如果因为有事没有及时接起电话，拿起电话第一句话就应该说："对不起，让您久等了。"在查阅资料让对方等候时，无论时间多短，都应该说一声："让您久等了。"亲切的致歉会让对方感到温暖和被尊重。

（5）代接电话

以礼相待。在接电话时，对方所找的人不是自己，应友好地说："对不起，他不在，需要我转告什么吗？"

尊重隐私。代接电话时，不要询问对方与其所找之人的关系。当对方有求于己，希望转达某事给某人时，要守口如瓶，不要随便扩散。他人通话时，不要旁听，更不要插嘴。

记忆准确。代接电话时，对方要求转达的具体内容，要记录的正确、无误，免得误事。

传达及时。代人接电话，首先弄清找谁。如果答应对方代为传话，要尽快落实，不要轻易地把转达的内容托他人转告，这样不仅容易使内容走样，而且有可能会耽误时间。

电话礼仪的话术：在事情不是很紧急，而且自己还有对方其他的联系方式的情况下，可以直接用"对不起，打扰了，再见"的话语结束通话。在比较紧急的情况下，具体的话语用"请问我什么时候再打来比较合适？""我有紧急的事情，要找王经理，不知道有没有其他的联系方式？"不管对方是否提供了其他的联系方式，都应该礼貌地说："谢谢""再见"。若要找的人不在，或恰巧不能听电话，最好用礼貌的方式请求对方转告，留言时，要说清楚自己的姓名、单位名称、电话号码、回电时间、转告的内容等，在对方记录下这些内容后，千万不要忘记问："对不起，请问您怎么称呼？"对方告知后要用笔记录下来，以备查找。

3．挂电话礼仪

一般应由发话人先挂电话，受话人不宜抢先挂断电话，如果通话对方是自己的上级或长辈，应请对方先挂电话。挂电话时，话筒要轻轻地放下。

8.1.2　电话用语礼仪规范

使用电话的过程实质上是用语言进行交流的过程，语言是信息传递的载体，因此，语言的使用是电话礼仪中的一项重要内容。在使用电话时，应当遵循礼貌、规范、温和、文雅这四项基本的用语要求。

1．用语礼貌

用语是否礼貌，是对通话对象尊重与否的直接体现，也是个人修养高低的直观表露。要做到用语礼貌，就应当在通话过程的始终较多地使用敬语、谦语。通话开始时的问候和通话结束时的道别，是必不可缺的礼貌用语。

通话人开口的第一句话就事关自己留给对方的"第一印象"，因此要慎重对待。一句"您好！"可以让对方备感自然和亲切，而一张嘴就"喂喂"个不停，或者询问对方"有人吗？"甚至"单刀直入"地盘问"你找谁？""你是谁？""什么事啊？"等，都是极不礼貌的开场白。

通话过程中，通话人应当根据具体情况适时选择、运用"谢谢""请""对不起"一类礼貌用语；通话结束时，须说"再见。"若通话一方得到了某种帮助，应不忘致谢。通话结束前，可主动征求对方意见"就谈到这里，好吗？"等待对方说完、放下话筒，再挂断电话。

2．用语规范

通话用语往往是有一定之规的，这种规范性主要体现在通话人的问候语和自我介绍这两项基本内容之上。

例如，发话人可以这样自报家门："您好，我是×××。"随后再告诉对方自己找的通话对象："请问，×××先生在吗？"或者说："我可以和×××先生通话吗？"如果需要总机转接时，发话人可说："小姐，您好！请帮我转接分机号527，谢谢！"

为了使发话人及时了解所拨号码是否正确，或是否是发话人所找之人，受话人同样应当自报家门："您好！我是王××。"如果是单位内部电话，只需报上本部门名称即可。

3．用语温和

通话时，语气的把握至关重要，因为它直接反映着通话人的办事态度。语气温和、亲切、自然，往往会使对方对自己心生好感，从而有助于交往进行；语气生硬、傲慢、拿腔拿调，就无助于工作的顺利开展。

为确保信息的准确传递，通话人在通话过程中应当发音清晰、咬字准确、音量适中、语速平缓。要做到这一点，通话人应当在细节上予以充分的注意。例如，通话过程中始终使话筒与嘴部保持2～3厘米的间距，这样能有效保证音量的适度。

如果自己说话带有口音，或觉察到对方听得较困难，就应该有意识地调整语速和音量；如果由于种种原因听不清对方的话语，则应委婉地告诉对方"对不起，我们这边线路有点问题，我听不清楚您的声音，请大点声，好吗？"对方调整后，应向对方致谢，切不可抱怨对方。

4．用语文雅

通话过程中，为了不影响他人的正常工作，通话双方都应对自己的说话音量和方式加以控制。既不可大声嚷嚷、高声谈笑、时高时低，从而打断他人的工作思路，也不可窃窃私语、鬼鬼祟祟，无端吸引他人的注意。

除了用语要文雅，通话人的举止也应保持文雅。话筒要轻拿轻放，不宜用力摔挂；通话时，应避免过分夸张的肢体动作，以防带来嘈杂之声。

5．电话禁忌用语

在接电话时，不要使用"说"或"讲"。说、讲是一种命令式的方式，既难让人接受，又不礼貌。有的人在接听电话时，一接起电话马上说："说"或"讲"，或者多加一两个字"听到，说!"这种行为在公司、单位内部也许可以理解，是由于某种原因工作繁忙、时间紧张、没有太多的时间应对电话，希望对方直截了当、别浪费时间。但是，这种硬邦邦的电话接听方式会显得过于粗鲁无礼，有一种盛气凌人的气势，好像是摆架子。

有的人对这样的电话应答方式也懒得再"说"，干脆一声不吭地将电话挂断了。本来还想联系一些业务或者提供一些信息，一听到这种口气就不舒服，说了等于白说，懒得理会。

每个人都希望他人以礼相待，有谁愿意同不懂得礼貌的人打交道呢？所以，在接听电话时，一定要注意应有的礼貌。

8.1.3　手机礼仪

1．手机的携带（见表 8.1）

表 8.1　手机的携带

常规位置	暂放规定
放在随身携带的公文包之内	未穿外套时，最好不要挂在腰带之上，暂放他处
放在上衣口袋之内，尤其是上衣内袋	参加会议时，将其暂交给秘书、会务人员代管
不使用时不要握在手里	交谈时，暂放在手边、身旁、背后等不起眼处

2．手机使用过程中的礼节

（1）先确认对象或电话号码；

（2）长话短说，精简通话内容；

（3）上班时间，电话要调整为震动；

（4）公共场所，要压低通话声音；

（5）接待访客时，不要使用移动电话；

（6）移动电话留言时，要留下时间、日期；

（7）信号较弱时，应寻求其他方式联系。

3．不适合使用手机的场合

（1）人来人往的公共场合；

（2）要求保持安静的公共场所；

（3）上班期间；

（4）开会、会见等聚会场合；

（5）驾驶汽车途中；

（6）在易燃、易爆场所；

（7）病房之内；

（8）飞机飞行期间。

项目一　电话预约实训

实训目的

1．了解汽车4S店日常电话预约的流程。

2．掌握电话预约的要点。

3．通过电话交流营造出良好的谈话氛围，并且能拉近与顾客之间的关系。

情境描述

　　王先生半月之前来到汽车4S店了解汽车，看中了大众某款车。现在"五一"假期到了，公司要举办车展，王先生打电话咨询，车展期间是否有活动、礼品相送，以及购车折扣等。于是，汽车销售顾问电话预约王先生前来参观车展，看车、购车。

实训内容

接听电话实训内容及操作规范如表 8.2 所示，电话预约实训内容及操作规范如表 8.3 所示。

表 8.2　接听电话实训内容及操作规范

实训内容	实训步骤	基本用语	注意事项
接听电话	准备	1. 电话铃响三遍之内接起； 2. 要在电话旁边放上记录本和签字笔； 3. 如果当事人不在，则应由附近的人接起电话	1. 要是电话铃响超过三遍接起电话，就要致歉："抱歉！让您久等了"； 2. 当事人在其他办公室时，可以按*键或#键，再按分机号码转接电话
	问候、自报家门	1. "您好，**汽车 4S 店，这里是销售部，我是汽车销售顾问**"； 2. "请问，我能帮您做点什么"	1. 问候"您好"，而不是接起电话就"喂"； 2. 自报家门公式"公司名+部门+岗位+姓名"
	确认对方身份	1. "请问，您是王先生吗？" "该怎么称呼您？" 2. 了解到姓氏"王先生（女士）"	1. 含蓄地确认对方的身份； 2. 如果已经知道了对方的职业，就称呼"姓氏+职位或者职业"
	电话交谈	1. "非常感谢您的来电！"； 2. 认真聆听顾客的需求； 3. "对""嗯"等语气词表示对顾客所说的肯定	1. 寒暄中，要感谢对方主动来电； 2. 交谈时，把握"5W"就可（Who.What.When.Where.Why）； 3. 对顾客的诉说一定要认真聆听，而且要做出应对的回答
	结束语	1. "您还有什么其他需要吗？" 2. "祝您生活愉快！" 3. "您先挂电话！"	1. 快要结束时，把顾客所说的事情重复一遍，并且核对好时间和地点； 2. 询问顾客是否还有其他需要，尽可能地满足其需要，为其提供服务
	挂断电话	1. 等待顾客先挂断电话之后，再挂断电话； 2. 做好电话记录，处理后续工作	1. 确保顾客先挂断电话，避免汽车销售顾问先挂断电话时发出刺耳撞击声，避免顾客说完"再见"后又想起其他事情； 2. 及时办理顾客提出的相关工作

表 8.3　电话预约实训内容及操作规范

实训内容	实训步骤	基本用语	注意事项
电话预约	准备	1. 记录本、电话簿、签字笔； 2. 正确坐姿，左手持电话，右手拿着笔，记录方便； 3. 调整好心情，微笑，准备拨打电话	1. 坐好之后，不要有各种不良动作，如"抖腿""转笔""乱写乱画、心不在焉"等； 2. 与顾客交谈时，虽然顾客看不见自己的微笑，但是，只要保持着微笑的姿态，顾客就会从语音、语调中感受到微笑
	问候、自报家门	1. "您好，**汽车 4S 店，这里是销售部，我是汽车销售顾问**"； 2. "不好意思，打扰您了！请问，您现在方便说话吗？" 3. "上一次您到我们这里参观，我接待过您，您还有印象吗？"	1. 问候"您好"而不是接通电话就"喂"。日常生活中，我们通常接听电话都是用"喂"来做应答。在正式场合中，这样很不礼貌。另外，接听电话过程中，遇到特殊原因无法听清顾客讲话，或者偶然掉线，都要回应"您好"，而不是"喂"； 2. 自报家门公式"公司名+部门+岗位+姓名"

续表

实训内容	实训步骤	基本用语	注意事项
电话预约	确认对方身份，寒暄	1."王先生，您好！" "王先生，您最近还好吗？" 2."五一快到了，您有假期吗？"	1.确认对方的身份； 2.通过对顾客的关心，了解顾客最近是否有购买意向
	电话交谈	1.简单的寒暄，进入正题； 2.认真回答顾客提出的疑问； 3.约定好时间和地点之后，再次确认约好的时间和地点	1.电话交谈、寒暄时，应注意礼貌； 2.交谈时，把握"5W"即可（Who.What.When.Where.Why）； 3.对顾客的诉说一定要认真聆听，而且要做出应对的回答
	结束语	1."感谢您接听我的电话，您还有什么其他需要吗？" 2."祝您生活愉快！" 3."您先挂电话"	询问顾客是否还有其他需要，尽可能地满足其需要，为其提供服务
	挂断电话	1.等待顾客先挂断电话之后，再挂断电话； 2.做好电话记录，处理后续工作； 3.将顾客的信息进行整理，录入到顾客信息数据库	1.确保顾客先挂断电话，避免汽车销售顾问先挂断电话时发出刺耳撞击声，避免顾客说完"再见"后又想起其他事情； 2.及时办理后续的工作

实训实施

1．实训地点：教室、实训室、会议室、广场等；

2．实训设备：一部固定电话、办公桌桌椅、记录本、签字笔。

3．实训分组：按照每个班 50 人分组，每组 3～5 人。

4．教师演示：教师设定情境，并且进行实操演示，内容包括站姿、语言、语气、语调、礼貌用语。

5．情境演练：每组学生根据实训内容选择的角色，反复演练。

6．考核打分：按照考核评价表（见表 8.4）的考核要求进行严格考核，考核由教师点评、学生互评、学员自评三部分组成，增加学生评分是为了增加其他学生的参与度，并且将每一次的考评分数都作为期末成绩的一部分。

7．课后总结：教师对所有的小组都进行点评，不仅要点评演练的表现，还要评价每个小组的参与度。

表 8.4 电话预约实训考核评价表

考核内容	评价标准	分值	自评（20%）	互评（20%）	教师评分（60%）	最后得分
语言	1.要求礼貌用语； 2.自报家门"公司名+部门+岗位+姓名"； 3.吐字准确，语句得当	30分				

续表

考核内容	评价标准	分值	自评 （20%）	互评 （20%）	教师 评分 （60%）	最后 得分
语气语调	1. 声调充满笑意； 2. 语速适中； 3. 说话注意节奏，语调抑扬顿挫	20 分				
举止	1. 正确的坐姿； 2. 正确使用电话； 3. 纠正不良习惯	20 分				
电话记录	1. 电话记录完整； 2. 做好备份； 3. 安排后续接待事项	30 分				
总分						

重点难点

1．重点：演练和考核过程中的重点是电话交流的语言和语气，要求流畅、自然，面带微笑、富有亲切感。

2．难点：演练和考核过程中的难点是交谈的内容，从开场白到结束语都要完整，并且有完整的电话记录。

项目二　电话回访实训

实训目的

1．了解汽车 4S 店电话回访的流程。

2．掌握电话回访的要点。

3．礼貌地与顾客交谈，并且得到顾客信任。

情境描述

王先生买了一辆大众汽车已经半年多了。汽车销售顾问就致电预约王先生做汽车首次保养，通过电话联系王先生，确定汽车保养的时间和其他事宜。

实训内容

电话回访实训内容及操作规范如表 8.5 所示。

表 8.5 电话回访实训内容及操作规范

实训内容	实训步骤	基本要求	注意事项
电话回访	准备	1. 正确的坐姿，左手持电话筒，右手拨号、随时准备记录； 2. 准备好记录本和签字笔	1. 正确的坐姿：只有坐姿正确，接听电话时语速、语调才是正常的； 2. 坐好之后，左手持话筒，拿笔的右手不能有不良的动作，如"转笔"等
	问候、自报家门	"您好，这里是**汽车 4S 店，我是汽车销售顾问**"	中等语速，口齿清晰，保证顾客能听得清楚
	确认对方身份	1. "请问，您是王先生吗？" 2. "麻烦您，我要找一下某某部门的王先生"	
	电话交谈	1. "王先生，您已经买了我们的汽车半年了，我想了解一下您的用车状况，并且提醒您，爱车应该做第一次保养了。" 2. 认真聆听顾客遇到的其他问题并记录	若王先生不在，可以另约时间致电，因为我们需要详细地了解顾客用车状况，掌握第一手资料； 在沟通过程中，如果因为电话故障或其他原因没有听清，先致歉，再请顾客重复一遍。"先生（女士），不好意思，请您再重复一遍"
	结束语	1. "您还有其他需要吗？" 2. "祝您生活愉快！" 3. "您先挂电话。"	1. 通话快要结束时，把顾客所说的事情重复一遍，并且核对好时间和地点； 2. 询问顾客是否还有其他需要，尽可能地满足其需要，为其提供服务
	挂断电话	1. 等待顾客先挂断电话之后，再挂断电话； 2. 做好电话记录，处理后续工作	1. 确保顾客先挂断电话，避免汽车销售顾问先挂断电话时发出刺耳撞击声；另外，避免顾客说完"再见"后又想起其他事情； 2. 做好汽车保养等相关准备工作

实训实施

1. 实训地点：教室、实训室、会议室、广场等；

2. 实训设备：一部固定电话，办公桌桌椅，电话记录本，签字笔。

3. 实训分组：按照每个班 50 人分组，每组 5 人，分组演练。

4. 教师演示：教师设定情境，并且进行实操演示，内容包括站姿、语言、语气、语调、礼貌用语。

5. 情境演练：每组学生根据实训内容选择的角色，反复演练。

6. 考核打分：按照考核评价表（见表 8.6）的考核要求进行严格考核，考核由教师点

评、学生互评、学员自评三部分组成，增加学生评分是为了增加其他学生的参与度，并且将每一次的考评分数都作为期末成绩的一部分。

7．课后总结：教师对所有的小组都进行点评，不仅要点评演练的表现，还要评价每个小组的参与度。

表 8.6　考核评价表

考核内容	评价标准	分值	自评（20%）	互评（20%）	教师评分（60%）	最后得分
举止	1．正确的坐姿； 2．左手持话筒，右手记录电话内容； 3．没有各种不良举止	30分				
语气、语调	1．声音柔和，面带微笑； 2．语速适中； 3．说话注意节奏，语调抑扬顿挫	20分				
语言	1．开场白正确、清晰； 2．与顾客交谈过程中礼貌、流畅； 3．结束语委婉、客气	20分				
电话记录	1．补充电话记录，"5W"均有； 2．按照顾客要求，及时做后续处理； 3．记录有日期和署名	30分				
总分						

重点难点

1．重点：演练和考核过程中的重点是电话交流的语言和语气，要求流畅、自然，面带微笑、富有亲切感。

2．难点：演练和考核过程中的难点是交谈的内容，从开场白到结束语都要完整，并且有完整的电话记录。

8.2　电子邮件礼仪

职场中，电子邮件已经是人们经常使用的一种交流方式，在商界中，电子邮件更是得到了越来越广泛的使用。学会职场中的电子邮件礼仪可以减少无用电子邮件的数量，促进交流和合作，提高工作的效率。

在电子邮件的"主题"一栏，一定要写清楚邮件的主题。很多人在撰写电子邮件时习惯不写主题，这样对方可能会误认为是恶意邮件，在没打开之前就删除了。在撰写时，应遵照普通信件的格式和规则；邮件正文要简洁，不可长篇大论，以便收件人阅读；用语要

礼貌，以示对收件人的尊重；特别要注意使用标点符号，正确地断行、断句；如果是写英文邮件，不要清一色采用大写字母，否则有不礼貌的嫌疑。

当收到重要的电子邮件后，要即刻回复对方。回复邮件时要附加原邮件，必要时使用模板来回答频繁的常规问题。在发送邮件之前再仔细阅读一遍，从收件人的角度来阅读，这样不仅使信息更加有效，而且能避免误解和不合适的用语。不要过多地使用"回复所有人"，不要转寄一连串的信件，不要请求回复和阅读回执，不要向收件人要求回一个消息。主题要明确，使用主动而不是被动的语态；避免使用紧急和重要的字样，避免使用过长的句子。

不要发送或转发包含损害名誉的、诽谤的、攻击性的、种族主义的或淫秽语言的电子邮件，不要转发含有病毒的邮件。除非获得允许，否则不要复制消息和附件，不要使用邮件讨论机密信息，不要兜售信息，谨慎地使用抄送邮件。很多人喜欢加一些东西在信件里，比如图释、缩写或者是表情符号等，但有些人不喜欢这些东西，而且，在正式的用于处理公务的电子邮件中使用这些符号，显得过于随意，应当予以避免。

在发送邮件时，如果还另外加了"附件"，一定要在邮件正文里加以说明，以免对方没有注意到。不要附上太大的文件，挤占收信人邮箱空间，最好保持在大小 1MB 以内。

定期打开收件箱查看邮件，以免遗漏或耽误重要邮件的阅读和回复。一般应在收到邮件当天予以回复。如果涉及较难处理的问题，要先告诉对方已收到邮件，来信处理后会及时给予正式回复。

对于主题稀奇古怪或者干脆没有主题、发信人的邮件，不要出于好奇而随便打开，在各种病毒肆虐的今天，"中毒"的概率实在太高了。

因为邮箱空间有限，而且现在有的网站会对邮件进行自动删除管理，所以要定期整理收件箱，对不同邮件分别予以保存和删除处理非常重要。对于有价值的邮件，必须保存，或者在复制后进行专门保留。对于和公务无关的垃圾邮件，或者已无实际价值的公务邮件，要及时删除。

项目三　电子邮件书写实训

实训目的

1. 了解电子邮件的日常用途。
2. 熟练掌握电子邮件的写作规范。
3. 能运用计算机申请个人电子邮箱。

情境描述

大众车友俱乐部将要在"五一"假期举办一次"西藏之旅"聚会。现在请按照电子邮件的写作规范写一封电子邮件，对车友俱乐部的会员发出邀请。

实训内容

电子邮件书写实训内容及操作规范如表 8.7 所示。

表 8.7 电子邮件书写实训内容及操作规范

实训内容	实训步骤	基本要求	注意事项
电子邮件书写	准备	1. 申请个人邮箱； 2. 公务性邮箱用户名要简单，容易记忆	一般来说，职场使用的邮箱有：网易 163、网易 126、雅虎、新浪等
	开头	1. 开头写收信单位名称或对收信人的称呼； 2. "尊敬的**" "敬爱的**"	1. 称呼单独占行； 2. 顶格格式书写； 3. 称呼后用冒号
	正文	1. 问候收信人，"最近好吗？""近来可好？""一切安好！" 2. 写信的事由，例如，何时收到对方的来信，表示感谢，对于来信中提到的问题进行答复	1. 信函的正文是最主要部分； 2. 语句通顺
	结尾	1. 特此函达，即希函复； 2. 此致，敬礼！敬祝健康！	此致和敬礼分两行，此致可以紧随正文，敬礼则转行顶格写
	署名	署名即写信人签名	电子签名十分流行，为了体现正式，可以扫描一个自己的签名，每次复制到签名处
	日期	写信日期一般写在署名的下面，下一行顶格写	电子邮件网页会自动产生日期，但是，为了体现正式，还是要在信件的末尾添加一个日期

实训实施

1．实训地点：教室、实训室、会议室等。

2．实训分组：按照每个班 50 人分组，每组 2 人。

3．教师演示：教师设定情境，并且进行讲解演示，电子邮件书写要求格式正确、语句通顺、内容无误。

4．情境演练：每组选出学生，申请电子邮箱，根据情境进行电子邮件写作。

5．考核打分：按照考核评价表（见表 8.8）的考核要求进行严格考核，考核由教师点评、学生互评、学员自评三分部分组成，增加学生评分是为了增加其他学生的参与度，并且将每一次的考评分数都作为期末成绩的一部分。

6．课后总结：教师对最终实训结果进行评价，不仅要点评每个人的邮件书写完成状况，还要评价每个小组的参与度。

表 8.8　考核评价表

考核内容	评价标准	分值	自评（20%）	互评（20%）	教师评分（60%）	最后得分
开头	1. 称呼准确； 2. 格式正确	15 分				
正文	1. 正文中，首先是与对方的寒暄和问候，一般从工作或者健康入手； 2. 正文中，语言表达通顺，完整地描述所提问题，并且发出邀请； 3. 正文中，没有错别字	60 分				
结尾	1. 表达慰问； 2. 致以良好的问候； 3. 格式正确	10 分				
署名	1. 不能遗漏； 2. 格式正确	5 分				
日期	1. 书写规范，不能遗漏； 2. 格式正确	5 分				
其他	1. 阅读完邮件之后，不可随意转发； 2. 有过期、无用的邮件随时删除，清空草稿箱	5 分				
总分						

重点难点

1. 重点：演练和考核过程中的重点是书写电子邮件的正文，正文的内容完整、语句通顺、没有语病。

2. 难点：演练和考核过程中的难点是书写电子邮件的格式，包括开头、结尾、署名、日期，正文前后的空格和问候、寒暄的内容都要正确、无误。

第 **9** 章

汽车营销礼仪

 本章学习目标

1. 了解汽车 4S 店开业仪式、流程及相关礼仪规范。
2. 掌握汽车展销会组织和参会礼仪规范。
3. 掌握新车发布会组织和参会礼仪规范。

9.1 汽车 4S 店开业仪式

开业仪式，是指在公司创建、开业，项目落成、移交，某一建筑物正式启用，或是某项工作正式开启之际，为了表示庆贺或纪念，而按照一定的程序所举行的专门仪式。

在商界，任何一个公司的创建、开业，或是公司所经营的某个项目、工程的完工、落成，比如，公司建立、商店开张、分店开业、写字楼落成、新桥通车、新船下水等，都是一项来之不易、可喜可贺的成功，商家通常都要特意为此而专门举办一次开业仪式，以示重视。

9.1.1 开业仪式的作用

开业仪式不只是一个简单的程序化礼仪活动，而是一个经济实体开始形象广告的第一步。它标志着一个经济实体的成立，告诉社会各界人士——它已经站在了经济角逐的起跑线上。开业仪式的规模与气氛，代表了一个工商企业的风范与实力。公司通过开业仪式的宣传，告诉世人，在庞大的社会经济肌体里，又增加了一个鲜活的商业细胞。

开业仪式的作用：

（1）塑造良好形象，提高知名度与美誉度。

（2）扩大社会影响，吸引各界的目光和关心。

（3）建立或成就"广而告之"的目的，招揽顾客。

（4）分享成功的喜悦，进而为日后的合作奠定良好基础。

（5）增强员工的责任心和自豪感，从而创造一个良好的开端，或是开创一个高起点。

9.1.2 开业仪式的筹备

筹备开业仪式时，对于舆论宣传、来宾约请、场地布置、接待服务、礼品馈赠、程序拟定六个方面的工作，需要事先做好工作安排。在指导思想上遵循"热烈""隆重""节俭""缜密"的原则。

1. 舆论宣传工作

一是选择有效的大众传播媒介，进行集中性的广告宣传。其内容多为：开业仪式举行的日期、开业仪式举行的地点、开业之际对顾客的优惠、开业单位的经营特色等。二是邀请有关的大众传播界人士在开业仪式举行之时到场进行采访、报告，以便对本公司进行进一步的正面宣传。

2. 来宾约请

开业仪式影响的大小，实际上往往取决于来宾身份的高低与其数量的多少。在力所能及的条件下，要力争多邀请一些来宾参加开业仪式。为慎重起见，用以邀请来宾的请柬应认真书写，并应装入精美的信封，由专人提前送达来宾手中，以便对方早做安排。

3. 场地布置工作

开业仪式多在开业现场举行，其场地可以是正门之外的广场，也可以是正门之内的大

厅。按惯例，举行开业仪式时宾主一律站立，故一般不布置主席台或座椅。为显示隆重与对来宾的尊重，可在来宾尤其是贵宾站立之处铺设红色地毯，并在场地四周悬挂横幅、标语、气球、彩带、宫灯。此外，还应当在醒目之处摆放来宾赠送的花篮、牌匾。来宾的签到簿、本公司的宣传材料、待客的饮料等，亦须提前备好。对于音响、照明设备，以及开业仪式举行之时使用的用具、设备，必须事先认真进行检查、调试，以防在使用时出现故障。

4. 接待服务工作

在举行开业仪式的现场，一定要有专人负责来宾的接待服务工作。除了要培训本公司的全体员工在来宾的面前，人人都要以主人翁的身份热情待客、有求必应、主动相助，更重要的是分工负责、各尽其职。在接待贵宾时，需由本公司主要负责人亲自出面。在接待其他来宾时，可由本公司的礼仪小姐负责此事。另外，还须为来宾准备好专用的停车场、休息室，并为其安排饮食。

5. 礼品馈赠工作

举行开业仪式时赠予来宾的礼品，一般应具有宣传性、纪念性，若能选择得当，必定会产生良好的效果。根据常规，向来宾赠送的礼品，应具有三大特征：其一，宣传性。可选用本公司的产品，也可在礼品及其外包装上印有本公司的企业标志、广告用语、产品图案、开业日期等；其二，荣誉性。要使之具有一定的纪念意义，使拥有者对其珍惜、重视，并为之感到光荣和自豪；其三，独特性。它应当与众不同，具有本公司的鲜明特色，使人一目了然，并且可以令人过目不忘。

6. 程序拟定工作

从总体上来看，开业仪式大都由开场、过程、结局三大基本程序所构成。开场，即奏乐，邀请来宾就位，宣布仪式正式开始，介绍主要来宾。过程，是开业仪式的核心内容，它通常包括本公司负责人讲话、来宾代表致辞、启动某项开业标志等。结局，则包括开业仪式结束后，宾主一起进行现场参观、联欢、座谈等，它是开业仪式必不可少的尾声。为使开业仪式顺利进行，在筹备之时，必须要认真草拟具体的程序，并选定好称职的仪式主持人。

9.1.3 开业仪式的程序

开业仪式主要包括开幕仪式、开工仪式、奠基仪式、破土仪式、竣工仪式、下水仪式、通车仪式、通航仪式等。它们的共同点是要以热烈而隆重的仪式，来为本公司的发展创造一个良好的开端。以下是某公司开业典礼的程序。

（1）迎宾。接待人员在会场门口接待来宾，请来宾签到后，引导来宾就位。

（2）典礼开始。主持人宣布开业典礼正式开始，全体起立，奏乐，宣读重要嘉宾名单。

（3）致贺词。由上级领导和来宾代表致贺词，主要表达对开业公司的祝贺，并寄予厚望。由谁来致贺词事先要定好，以免当众推来推去。对外来的贺电、贺信不必一一宣读，但对其署名的公司或个人应予以公布。

（4）致答词。由本公司负责人致答词。其主要内容是向来宾及前来祝贺的单位表示感谢，并简要介绍本公司的经营特色和经营目标等。

（5）揭幕。由公司负责人和一位上级领导或嘉宾代表揭去盖在牌匾上的红布，宣告公司的正式成立。参加典礼的全部人员应鼓掌祝贺，在非限制燃放鞭炮的地区还可燃放鞭炮庆贺。

（6）参观。如有必要，可引导来宾参观，向来宾介绍本公司的主要设施、特色商品及经营策略等。

（7）迎接首批顾客。可采取让利销售或赠送纪念品的方式吸引顾客。也可以邀请一些有代表性的消费者参加座谈，虚心听取消费者的意见，拉近与消费者的距离。

 **相关链接**

开业庆典活动策划

一、开业庆典活动规模。参加人数200~300人，现场布置以产生热烈、隆重的庆典仪式气氛为基准，活动以产生良好的新闻效应、社会效益为目标。

二、活动场所、内容与时间。

三、活动物资筹办。

四、开业庆典活动的司仪人选。

五、开业庆典的嘉宾邀请。嘉宾邀请，是仪式活动工作中极其重要的一环，为了使庆典活动充分发挥其轰动及舆论的积极作用，在邀请嘉宾工作上必须精心选择对象，尽力邀请知名人士出席，制造新闻效应。重要嘉宾应派专人亲自上门邀请，嘉宾邀请范围有政府领导、承办单位负责人、业主等相关人士。

六、开业庆典广告内容要求。开业告示要写明事由，即"*******"开业庆典仪式在何时何地举行，介绍有关的建设规划、经营理念、服务宗旨。在活动前一周需要安排相应的广告位，并制作好广告计划书及宣传册，印制好准备派发的礼品袋、宣传资料。

七、场景布置。印制条幅，准备充气龙拱门和音响，场景布置能体现出整个庆典场面的隆重，同时又是有效的形象宣传。

八、活动建议。

1. 现场抽奖（代替派发礼品的形式）。

2. 奖项设定。

3. 活动意义。

融洽宾主关系；以新颖的形式引起现场嘉宾的兴趣，提高现场嘉宾的参与意识；别具一格的内容，在欢笑声中给参与嘉宾留下深刻印象；通过此次庆典活动造成轰动效应。

九、仪式程序。

×年×月×日上午 9:00 典礼正式开始

08:30 播放迎宾曲；

08:40 剪彩嘉宾入场就座；

09:00 司仪上台宣布****开业庆典正式开始，司仪介绍贵宾、宣读祝贺单位名单（音乐播放）；

09:15 邀请领导致辞；（掌声）

09:40 邀请贵宾代表讲话；（掌声）

09:45 邀请业主代表讲话；（掌声）

10:00 宣布剪彩人员名单；

10:05 宣布开业剪彩仪式开始，鼓乐齐鸣；

10:30 宣布开业庆典圆满结束。

十、后勤保障工作安排。

本次活动在具体的操作过程中将有大量的后勤保障工作需要得到足够的重视，后勤保障工作的好坏将直接影响本次活动的成败。

1. 现场卫生清理。

2. 活动经费安排。

3. 活动工作报告。

4. 交通秩序。

5. 电工、音响。

活动结束之后，还要继续做好如下工作：

1. 进行实际费用结算。准确核算实际支出并与前期预算相对比，写出费用总结报告。

2. 庆典活动影响力调查。包括信息的收集、整理、反馈，为企业经营决策做好辅助工作。

3. 整理并保存资料。包括宣传画册、图片、光盘、设计方案、讲话稿、活动后的各种总结资料。

4. 写出效果评估报告。包括经济效益、社会效益、实际效益、潜在效益。

5. 提出经营建议。

项目一　开业典礼礼仪实训

实训目的

1．熟悉开业庆典准备工作。
2．了解开业庆典的流程。
3．掌握开业庆典接待过程中的礼仪。

情境描述

某汽车公司即将开业，公司的总经理将开业庆典的活动安排事宜交给销售部经理。受到公司的委派后，销售部经理召开了紧急会议，统筹安排了本次开业庆典的现场布置、人员安排、邀约贵宾及会场接待等工作。

实训内容

开业典礼礼仪实训内容及操作规范如表 9.1 所示。

表 9.1　开业典礼礼仪实训内容及操作规范

实训内容	实训步骤	基本要求	注意事项
开业典礼礼仪	准备工作	1. 在实训之前给实训人员分派角色，包括：庆典筹备人员、领导、主持人、来宾、媒体； 2. 实训场地布置； 3. 实训物品准备	1. 主持人提前写好庆典发言稿，熟悉展会流程，熟悉庆典来宾，把握好现场节奏，确保庆典有条不紊地进行； 2. 提前准备好领导致辞
	庆典活动	1. 确定出席人员名单； 2. 场地布置； 3. 开场音乐； 4. 主持人上场； 5. 领导致辞； 6. 剪彩仪式	1. 主持人提前了解出席来宾的名单、职位等信息，避免出错； 2. 提前 10 分钟播放暖场音乐； 3. 邀请领导致辞，约 20 分钟； 4. 剪彩前安排好剪彩嘉宾的站位
	媒体提问	1. 媒体代表发言并表示祝贺； 2. 留出时间，让媒体提问	剪彩结束后，留给媒体拍照发新闻稿的时间
	庆典方案	模拟写一篇开业庆典方案	按照时间细化开业庆典的程序

实训实施

1．实训地点：教室、实训室、会议室、广场等；

2．实训设备：活动背景板、鞭炮、音响、话筒、彩带、剪刀、托盘。

3．实训分组：按照每个班 50 人分组，每组 10 人。

4．教师演示：教师设定情境，并且进行演示，内容包括角色安排、庆典布置、主持人介绍、领导致辞、接待人员礼仪礼貌、媒体报道。

5．情境演练：每组学生根据自己选择的角色，反复演练。

6．考核打分：按照考核评价表（见表 9.2）的考核要求进行严格考核，考核由教师点评、学生互评、学员自评三部分组成，增加学生评分是为了增加其他学生的参与度，并且将每一次的考评分数都作为期末成绩的一部分。

7．课后总结：教师对所有的小组都进行点评，不仅要点评演示的表现，还要点评每个小组的参与度。

表 9.2　考核评价表

考核内容	评价标准	分值	自评（20%）	互评（20%）	教师评分（60%）	最后得分
准备工作	1．实训过程中安排的各个角色尽职尽责； 2．对实训场地布置合理，有接待区、产品展示区、参观洽谈区； 3．实训物品准备充足，资料准备完整	30 分				
庆典活动	1．庆典地点、时间安排合理； 2．主办方工作人员着装统一、举止文明； 3．主办方工作人员态度热情、服务周到； 4．仪式流程进行流畅，组织安排协调到位	20 分				
媒体提问	1．媒体提问，参观者咨询秩序井然； 2．媒体拍照、采访、报道	20 分				
庆典方案	书写接待方案，按时按要求上交，庆典流程按照确切时间顺序书写	30 分				
总分						

重点难点

1．重点：演练和考核过程中的重点是庆典的准备、庆典的现场布置、庆典流程演示规范符合要求。

2．难点：演练和考核过程中的难点是庆典方案制作优良，主持人现场控制到位，庆典主办方工作人员礼貌周到。

9.2　汽车展销会礼仪

展销会是指在具有一定规模的场所和相对固定的举办日期，以展示组织形象或产品为

主要形式，以促成参展商和专业观众之间的交流洽谈为最终目的的中介性活动。

展销会的利益主体主要包括主办者、承办者、参展商和专业观众。主办单位在法律上拥有展会的所有权，是对展会承担主要法律责任的办展单位。承办单位是直接负责展会的策划、组织、操作与管理，并对展会承担主要财务责任的办展单位。展销会的主要内容是实物展示，以及促成参展商和专业观众之间的信息交流和商贸洽谈。完善的组织和恰当的礼仪是成功举办展销会的必要条件。

9.2.1 展销会的组织

展销会既可以由参展单位自行组织，也可以由专门机构组织。不论哪种组织方式，组织者都必须认真、细致地做好各项具体工作，使展销会取得满意的效果。展销会的组织工作一般包括如下环节。

1．明确展销会主题及名称

任何一个展销会都应该有一个鲜明的主题，由此才能明确展销会的对象、规模、形式等问题，并以此来进行展销会的策划、准备和实施，使展销会的宗旨和意图更加突出。

展销会的主题要通过其名称准确地反映出来。展销会的名称一般包括三方面的内容：基本部分是用来表明展销会的性质和特征，常用词有展销会、博览会、展览会、交易会等；限定部分是用来说明展销会的时间、地点和展销会的性质；行业标识用来表明展览题材和展品范围。

展销会举办时间的表示方法有三种：一是用"届"来表示，二是用"年"来表示，三是用"季"来表示。

2．确定展销会时间与地点

展销会举办时间与地点的确定要依据展销会的目的、性质及预期效果等因素综合考虑。选择展销会的举办地点，包括两方面的内容：

（1）展销会在什么地方举办，即要确定展销会在哪个国家、哪个省或者是哪个城市举办。

（2）展销会在哪个展馆举办。在哪个展馆举办展销会要结合展销会的展览题材和展销会定位而定。

展销会定位就是办展机构根据自身的资源条件和市场竞争状况，通过建立和发展展会的差异化竞争优势，使自己举办的展会在参展企业和观众的心目中形成鲜明而独特印象的过程。另外，在具体选择展馆时，还要综合考虑使用该展馆的成本、展期安排是否符合自己的要求以及展馆本身的设施和服务水平，交通、住宿是否方便，辅助设施是否齐全等因素。

展销会时间的长短没有一个统一的标准，要视不同的展销会具体而定。时间的选择还要于己有利，于参展者有利，并与商品的淡、旺季相匹配。

3．确定参展单位

主办单位事先应以恰当的方式，对拟参展的单位发出正式的邀请或向社会发布招商广告。

邀请参展单位的主要方式为：刊登广告、寄发邀请函、召开新闻发布会、发布网上广告等。邀请函或广告中应明确展销会的时间和地点、报名参展的具体时间和地点、咨询有关问题的联络方法、参展单位要负责的基本费用等，以便对方决定参展与否。

主办单位应对报名参展的单位进行必要的审核，切不可良莠不分、来者不拒，同时在确定参展单位时，要注意不能以任何方式强加于对方，要做到两相情愿。

4．展览内容的宣传

展销会前，主办单位应设计好展销会的会徽、会标及相关的宣传标语，并就此对展销会的主题、内容、时间、地点做广泛的宣传，吸引各界人士的注意和兴趣。除此之外，主办单位还应该成立一个专门的新闻发布组织，负责与新闻界的联系，提供有价值的新闻资料，以扩大影响范围，增强展销会效果。

5．展销会的布置

对于展销会的组织者来讲，展览现场的规划与布置是非常重要的事情。具体包括展位的合理分配，文字、图表、模型与实物的拼接组装，灯光、音响、饰件的安装，展板、展台、展厅的设计与装潢等。布展的效果应与展出的物品合理搭配、互相衬托、相得益彰，以烘托展销会的主题，给人一种浑然一体、井然有序的感觉。

6．辅助的服务项目

主办单位有义务为参展单位提供一切必要的辅助性服务项目。辅助的服务项目通常包括下面各项。

（1）展品的运输、安装与保险。
（2）车票、船票、机票的订购。
（3）通信联络设施的准备。
（4）举行商务会议或休息时所使用的适当场所。
（5）餐饮及有关展览时使用的零部件的提供。
（6）供参展单位选用的礼仪、讲解、翻译、推销等方面的工作人员等。

9.2.2　参加展销会的礼仪

1．参展单位

参展单位的工作人员除具备与产品有关的专业素质外，还要掌握展览的知识与技能，礼貌地对待每一位参观者，达到观众满意的效果，以下几点应注意。

（1）参展单位的工作人员要统一着装，胸前佩戴标明本人单位、姓名、职务的胸卡，应把胸卡戴在身体的右侧靠近脸的地方，这样与人握手时，胸卡就会更靠近对方。礼仪小姐应身穿色彩鲜艳的单色旗袍，胸前佩戴写有参展单位或其展品名称的红色绶带。

展位上的工作人员应当统一着装，最佳的选择是身穿本单位的制服或特意为本次展销会统一制作的会务服，或是穿深色的西装、套裙。工作人员不应佩戴首饰，男士应当剃须，女士应当化淡妆。

（2）参展单位的工作人员要用热情、诚恳、公平的态度接待每一位参观者。

（3）展销会期间，参展单位的工作人员要各尽其责。不要坐着，不要看书，不要在展会上吃喝，不要打电话，不要与参观者发生冲突，不要与其他展位的人交谈，不要扎堆。

（4）要善用潜在顾客的名字。每个人都喜欢他人喊自己的名字，努力记住潜在顾客的名字，运用称呼礼仪，在谈话中不时提到，会让顾客感到自己很重要。工作人员可以直接看着参观者胸前的名牌，大声、礼貌地念出他的名字来。

（5）要指定专人接待媒体。媒体会选择展位寻找新闻，每一个参展单位都有可能成为媒体采访的对象。参展单位一定要安排专人作为企业与媒体的联系人，以确保对企业的宣传始终保持口径一致。如果每个参展的工作人员都与新闻界交谈，就会加大统一宣传口径的难度，因为无论对员工的训练如何有素，都不可能统一宣传口径。

2．参观者的礼仪

作为展销会的参观者，要服从展销会的管理，遵守展销会的秩序，不嬉笑打闹，不乱摸乱拿展品，与组织者共同维护展销会的秩序与声誉，做一个文明、守法的参观者。

项目二　展销会礼仪实训

实训目的

1．熟悉展销会准备工作。
2．了解展销会的流程。
3．掌握展销会接待过程中的礼仪。

情境描述

某汽车公司即将参加上海车展，你作为公司销售部经理，受到总公司的委派参加车展。现在请销售部经理统筹安排本次展览会，包括展场布置、人员安排、参会接待等问题。

实训内容

展销会礼仪实训内容及操作规范如表 9.3 所示。

表 9.3　展销会礼仪实训内容及操作规范

实训内容	实训步骤	基本要求	注意事项
展销会礼仪	准备工作	1．实训人员了解展销会礼仪中各个角色应该注意的问题； 2．实训场地的布置，有交谈区、产品展示区等	1．角色的种类：销售经理、秘书/助理、展销会主办人员、展销会参展人员； 2．准备好产品资料分发给参展者
	展销会礼仪	1．选择合适的主办单位、参展单位； 2．展示合适的参展商品； 3．安排展览时间； 4．布置展示区； 5．其他服务周到、细致； 6．接待人员提供礼貌、周到的服务； 7．接待人员对产品进行介绍	1．参展人员统一着装，接待人员统一佩戴胸卡； 2．展销会接待过程中，接待人员应主动、热情地接待参观人员，并且认真地为参观人员进行介绍； 3．接待人员应熟悉产品的性能、产品的价格、产品各种功能
	参观、询问	1．参观者秩序井然； 2．与参展方交流产品	主办方安排专人在接待处招呼、引领参展者
	书写接待方案	模拟写作一篇接待方案	书写时，按照时间细化展销会程序

实训实施

1．实训地点：教室、实训室、会议室、广场等；
2．实训设备：产品信息展板、办公桌椅、一辆汽车、音响设备、话筒、产品宣传资料。

3. 实训分组：按照每个班 50 人分组，每组 10 人。

4. 教师演示：教师设定情境，并且进行演示，内容包括角色安排、展厅布置、产品展示、接待服务、礼仪礼貌、与顾客交谈询问、产品介绍。

5. 情境演练：每组学生根据自己选择的角色，反复演练。

6. 考核打分：按照考核评价表（见表 9.4）的考核要求进行严格考核，考核由教师点评、学生互评、学员自评三部分组成，增加学生评分是为了增加其他学生的参与度，并且将每一次的考评分数都作为期末成绩的一部分。

7. 课后总结：教师对所有的小组都进行点评，不仅要点评演示的表现，还要点评每个小组的参与度。

表 9.4　考核评价表

考核内容	评价标准	分值	自评（20%）	互评（20%）	教师评分（60%）	最后得分
准备工作	1. 实训过程中各个角色尽职尽责； 2. 对实训场地布置合理，有交谈区、产品展示区、接待区； 3. 实训物品充足，资料准备完整	30 分				
展会礼仪	1. 展销会地点、时间安排合理； 2. 接待人员着装统一、举止文明； 3. 接待人员态度热情、服务周到； 4. 接待人员熟悉产品信息	20 分				
参观、询问	1. 参观现场秩序井然； 2. 交谈气氛融洽	20 分				
书写接待方案	按时、按要求上交，展销会流程按照确切时间顺序详细书写	30 分				
总分						

重点难点

1. 重点：演练和考核过程中的重点是展销会的准备、展销会的布置、展销会流程演练规范符合要求。

2. 难点：演练和考核过程中的难点是展销会流程方案的制作，主办方、承办方对现场的控制，接待人员礼貌、周到的服务。

9.3　汽车新车发布会

新车发布会是指汽车企业于固定时间、固定地点，通过媒体集中发布新车消息而举办的活动。主要目的是通过对新车发布事件的报道和炒作，扩大品牌知名度，提高销量。新车发布会的组织工作一般包括如下环节。

1．组建会务组和邀约

汽车企业根据自身条件和人员情况，组建会务组。需要邀请的人员有企业领导，报纸、网络、电视等媒体人员，新老客户。

2．明确目的、日期和时间

（1）明确目的

新车发布会的目的：一是和目标消费者有效沟通，强调产品满足消费者心理需求的特征；二是介绍产品个性、外形和独特功能，促进销售；三是借此机会提升品牌形象和企业形象。

（2）明确日期和时间

日期的确定要避免与社会重大活动的时间冲突。根据新车发布会所邀请的对象不同，选择不同时间，时间一般选择在周三或周四。请政府部门重要领导参加，安排在周二到周四的工作时间比较合适，一般不宜选在双休日举行，因为这样给人一种"加班"的感觉，给邀请到的领导和嘉宾带来不便。当没有政府部门领导参加的情况下，选择周末比较合适。无论确定在什么日期，整个发布会过程应控制在 2～2.5 小时为宜。

新车发布会要选择企业目前市场情况最佳的时间进行宣传；以企业目前人员条件为参考，预留充足的发布会准备时间；预留充足的发布会嘉宾邀请时间，以及会场选择、确定时间。

3．活动安排

会场要使用鲜花、条幅、指示牌、音响、地毯、红布、彩喷、烟花布置，备有奖品。通过新车发布会营造一种轻松、时尚、有品位的活动氛围，给人一种轻松、自在之感，与同行业活动产生差异化，从而吸引目标客户，达到促进购买、提升品牌形象的目的。活动安排示例：

9:30～9:35 开场舞，根据车的风格定主题

9:35～9:40 主持人发言，发布会开始

9:40～9:45 相关人员讲话，内容可以是老顾客对产品的评价

9:45～10:05 请董事长讲话并宣布新车揭幕仪式开始，内容包括对新车的说明

10:05～10:20 新车揭幕仪式

10:20～10:30 舞蹈（或者歌曲）

10:30～10:45 现场交车仪式

10:45～11:00 回答媒体问题

11:00～11:10 主持人总结发言

11:10～发布会结束，户外试乘试驾

4．相关文字资料的准备

相关文字资料包括新闻稿、主持人串词、领导讲话稿。

话术示例：

××有限公司在继××汽车上市之后，相继推出炫动有型、个性独特、小型SUV系列车。多年来，××汽车在北京享有很高的知名度和美誉度，近两年汽车销售量大幅度增长，我们的产品在目标市场有口皆碑。今天，特别推出独特的新款车型来满足消费者需求，让懂得生活的人能更好地体验生活。众所周知，"以最优惠的价格为顾客提供最好的产品"是**有限公司的理想与抱负。

项目三　新车发布会仪式实训

实训目的

1．了解新车发布会准备事项。
2．熟悉新车发布会仪式流程。
3．掌握如何书写、制作一份新车发布会的介绍词。

情境描述

某汽车公司即将发布新车。在此，我们学习一下新车发布会的流程，并且要求学生任选一款汽车，制作PPT文档介绍这款汽车，模拟一个新车发布会。

实训内容

新车发布会仪式实训内容及操作规范如表9.5所示。

表9.5　新车发布会仪式实训内容及操作规范

实训内容	实训步骤	基本要求	注意事项
新车发布会仪式	开场准备	1．开场白； 2．播放歌曲； 3．放礼花	1．主持人介绍本次活动主题； 2．在发布会开始前15分钟播放热场音乐； 3．主持人宣布新车发布会开始，工作人员放礼花
	贵宾到场	1．介绍贵宾； 2．感谢媒体； 3．领导致辞	1．主持人应该提前对来宾的身份和姓名做详细的了解，避免介绍时出错； 2．邀请主办方领导致辞，约20分钟
	新车展示	1．新车亮相； 2．车前合影； 3．介绍车辆卖点	1．重要领导和贵宾共同为新车揭幕； 2．摄影师提前准备好相机，为来宾与新车合影； 3．引领来宾、媒体参观，介绍新车的特点
	结尾	1．感谢来宾； 2．欢送贵宾	1．发布会结束时，主持人祝贺发布会圆满成功； 2．安排接待人员送别主要来宾

实训实施

1．实训地点：教室、实训室、会议室等；

2．实训设备：投影仪、计算机、一辆汽车、照相机、音响、话筒、宣传资料。

3．实训分组：按照每个班 50 人分组，每组 12～15 人。

4．教师演示：教师设定情境，并且进行演示，内容包括新车发布会现场布置、接待人员的礼仪标准、主持人发言、领导致辞、新车介绍。

5．情境演练：每组学生根据自己选择的角色，进行反复演练。

6．考核打分：按照考核评价表（见表 9.6）的考核要求进行严格考核，考核由教师点评、学生互评、学员自评三部分组成，增加学生评分是为了增加其他学生的参与度，并且将每一次的考评分数都作为期末成绩的一部分。

7．课后总结：教师对所有的小组都进行点评，不仅要点评演示的表现，还要评价每个小组的参与度。

表 9.6　考核评价表

考核内容	评价标准	分值	自评（20%）	互评（20%）	教师评分（60%）	最后得分
准备	1．角色扮演得当，各尽其责； 2．实训过程所有人员都积极参加，组织协调，安排得当	20 分				
礼仪礼貌	1．各接待人员礼貌周到、举止得当； 2．与参会人员交流态度礼貌、语气语调柔和、富有亲和力	30 分				
发布会布置	1．发布会时间、地点安排得当； 2．发布会现场布置合理； 3．安全事项等其他辅助项目安排合理	20 分				
书写、制作文稿	1．按时完成演示文稿的制作； 2．内容完整，丰富多样； 3．PPT 的图片和文字风格统一	30 分				
总分						

重点难点

1 重点：演练和考核过程中的重点是发布会的准备，发布会的布置，发布会流程演练符合要求、安排得当。

2 难点：演练和考核过程中的难点是演示文稿的制作，主持人对现场的控制，领导的致辞，新车的介绍，接待人员礼貌、周到的服务。

第 *10* 章

汽车服务专业学生求职面试礼仪

 本章学习目标

1. 了解职业素质的重要性、职业素质的作用。
2. 熟悉汽车行业岗位分类、汽车行业岗位职责。
3. 掌握简历的作用、简历的制作、简历的投递。
4. 熟悉面试的流程、面试技巧。
5. 掌握面试过程中不同问题的回答。

在校学习三年之久，毕业这一天之后，就可以迈向社会，实现自己的梦想，进入职业生涯。但是，要走向这一步，首先要做的事，就是参加面试，完成面试的任务。企业对人才的标准，一方面是学生在校的学习情况；另一方面就是学生遇到事情时的社会经验、应变能力，而社会经验是学生缺乏的。对于有的人来说，面试是非常轻松的一件事，他们拥有丰富的社会经验，面试时有备无患，面试就会变得很顺利。对于另一部分人来说，三年的学校经历，虽然积累了很多知识和技能，但是，并没有很多社会经验，因此，一提起面试就头疼。不要有压力，只要在面试过程中抓住机会，合理地展现出自己最优秀的一面，也可以成为职场面试的胜出者。

如上所述，只要在面试过程中我们能够给面试官留下良好的"第一印象"，展现自己最优秀的一面，也能够给我们进入企业创造可能。正因为如此，我们在面试过程中要讲究一些面试的知识和技巧。首要的就是礼仪。尤其是汽车行业，汽车4S店作为一种汽车终端销售经销方，除了销售车辆，更多的是进行售后的服务工作，而服务工作主要以接待为主，那么，如何给顾客留下良好的印象，如何礼貌地接待顾客是我们为顾客提供服务的第一步。更重要的是我们先要进入汽车行业，即面试成功。下面我们就谈谈面试礼仪。

　相关链接

聪明的面试者

　　汽车学院汽车技术服务与营销专业毕业的三位同学，他们的成绩都是非常优秀的。但是，初出茅庐的他们是否能顺利通过面试找到适合自己的工作呢？今天，他们来到一家汽车公司，经过初试，还有复试的笔试，进入最后一关，就是参加考官的面试。他们分别进入面试房间，礼貌地问候过面试官之后，面试官给他们都出了这样一个问题："假如你成为我们的一名销售顾问。有一天，你在汽车展厅工作，就在这时，一位预约好的顾客进入汽车展厅。可能之前他去其他购物广场买了很多东西，进入大厅大门的时候，由于提着很多东西，走路跟跟跄跄的。这时，你附近的一个接待办公桌上的电话铃声也响起了，同时展厅的店长也许是刚好有事，也许是刚好在检查工作，也走到离你不远的一个地方。这三件事是同时发生的，请问如果是你，你应该先做什么？"

　　对于这个问题，第一位面试者说我会选择先去招呼店长，因为毕竟我是为店长打工的，看看他有什么事，这才是我们要做的第一要务。其他两件事情，去选择做一件。第二位面试者说，我会先去接听电话，因为我们能看到另两种情况都不算是紧急的，电话可能是一件紧急的事情。其他事情可以接听完电话之后再处理。第三位面试者的回答是这样的，我会先接待顾客；在接待顾客的同时，我会回头转向店长，并且会礼貌地请店长帮我先接听电话；等我帮顾客拿着东西把他安顿到顾客休息间，倒杯茶并让顾客稍等后，再过来对店长表示感谢，并且询问店长，刚才的电话是谁打的，再回电话，处理相关事宜。最后，第三位面试者面试成功，成为一名合格的销售顾问。其实，在面试官的心里是这么想的，在接待工作中，接待顾客是第一要紧的事，要是销售顾问去接电话，作为有职业风范的店长也会去接待顾客，这时店长帮着顾客拎着一大堆东西走过大厅，会显得很碍眼，也是销售顾问接待工作的一种失职。因此，要先保证接待好到店顾客。

　　问题一，这件事情给你的启发是什么？

　　问题二，讨论一下第三位面试者做法的优点有哪些？

10.1　汽车服务专业学生的素质要求

10.1.1　职业素质的重要性

1. 素质是什么

　　素质就是一个人在社会生活中思想与行为的具体表现。在一般的概念上我们讲的素质的定义是一个人文化水平的高低，身体的健康程度，以及家族遗传于自己的惯性思维能力

和对事物的洞察能力、管理能力和智商、情商层次高低等的综合体现。

在上面的概念中对素质的要求，也就是说素质包括思想道德素质、文化素质、心理素质、身体素质四个方面。首先，思想素质是非常重要的素质之一。思想是决定人们行为和道德的关键因素，如何培养出行为良好、道德高尚的学生是我们进行教育的目的之一，思想也决定了一个人未来的发展。其次，文化素质是学生在进入社会之前，进入学校学习到的知识。一方面要掌握汽车服务专业的专业知识，例如，汽车文化、汽车概论等；另一方面要拓展知识广度，例如，汽车企业管理、汽车配件管理、人力资源管理、会计学等专业课，而这些课程的学习是为了学生未来的发展，以及走向汽车企业的不同岗位所做的知识储备。再次，汽车行业是一个服务行业，有时候为顾客服务往往不能按时下班；或者为了给顾客提供完美的服务，不能按时吃饭，因此，在进入职场之前，要有规律的作息，加强体育锻炼，增强身体素质，为工作之后打好基础。最后，我们还要注重的是心理素质。销售行业无疑是一个压力很大的行业，每个月的销售量、每天的销售业绩，往往使新入职员工压力巨大，因此，拥有良好的抗压能力，学会疏导不良情绪，具备健康的身心也是非常重要的。

2．职业素质

职业素质（Professional Quality）是劳动者对社会职业了解与适应能力的一种综合体现，其主要表现在职业兴趣、职业能力、职业个性及职业情况等方面。

了解了职业素质的定义之后，我们可以认识到由于各个行业的不同，对职业人的要求也略有不同。职业兴趣指的是我们从事每一行业所需要的足够的热情，只有有足够的热情才能投入更多精力去从事我们喜欢的职业。对于汽车销售行业来说，职业能力包括接待顾客的服务能力，与顾客进行商务谈判的谈判能力，还有遇到顾客投诉的处理能力等。职业个性，我们这个行业是汽车终端销售的服务行业，而服务行业就要有良好的服务意识，毕竟我们的工作对象是有感情、有情绪的人，因此，服务一定要周到。在一次完整接待过程中，为顾客提供商品和商品介绍的同时，我们还要给顾客提供良好的服务，否则，也许会因为服务的错误或者失误，导致顾客选择其他经销商，从而错失顾客。最后是职业情况，汽车行业在我国的发展十分迅速，汽车行业也成为一种高收入行业，很多大学生毕业后首选的行业。在这样的情况下，对我们专业职业院校毕业的学生，也是非常具有挑战性的。如何才能在竞争过程中凸显出自己的职业能力，最终实现自己的职业理想，完成职业生涯，是摆在我们面前的一个难题。

3．职业素质的重要性

在这个竞争激烈的社会中，我们现代大学生想要拥有更大的、更加美好的前途，首先是要具有很强大的专业知识，其次是要有过硬的工作能力，最后就是要具备非同一般的职

业素质。不管是我们进行实践活动，还是进入企业培训学习，都会强调职业素质的重要性。因此，无论是在学校学习专业知识，还是在社会实践中学习专业技能，我们都要把握住机会，不断提升自己的职业素质，从而实现自己的职业理想。

对于企业的发展来说，职业素养也是很重要的。在企业的发展伊始，首先是开发质量过硬的产品，其次要有优质的售后服务。但是，更加需要的是优秀的人才。如何才能称得上是优秀的人才呢？优秀的人才要有较强的工作能力，更要有过硬的职业素养。在现代企业中，职业素养已经渐渐成为企业用人标准中非常重要的一项。

当然，每一个企业在每一位新员工进入企业岗位之前，都会对每一位员工进行职业素养培养。面对社会工作中的管理和技术的不断进步，我们需要不断学习、不断进步。下面具体介绍新人入职时应具备的几种意识。

第一，主动承担责任意识。有了责任意识，我们做事才能善始善终。在出现问题时能从自身找出改进的方法。我们常说一个人想要做一件事时，他肯定可以找出适合的方法；一个人要是不想做事时，那么他肯定可以找出自己的借口。在工作之中，最忌讳的就是各个阶层以及各个部门之间相互推诿。在此，我们认为在一个人进入职业化状态的时候，第一要务就是要有主动承担责任的意识。在工作中出现问题、出现矛盾时，我们能在第一时间去处理，而不是相互推诿。当然，承担责任的意识也是一个人做人最基本的素质，其实质就是我们对人的诚信和对自己承诺的遵守，只有信守承诺的人，才能成为企业需要的人，才能成为一个企业需要的人才。

第二，对顾客的服务意识。服务意识是服务的精髓，是要在实际工作中才能体验得到。刚刚进入职场的大学生往往不能意识到在顾客服务过程中要有强烈的服务意识，有的不但没有服务意识，反而"自我意识"十分强烈，此类年轻工作者渐渐变得自以为是。当代大学生多数是独生子女，自我意识强烈的人较多，如何在新人的思想里面树立服务意识是比较有难度的。

第三，沟通意识。在职场中，沟通意识是非常重要的一部分，社会的分工越来越细化，分工的条目也越来越多，我们每个人在自己的职业范围之内，每天忙碌着自己的工作，往往眼前只有自己的工作，时间久了也渐渐养成符合自己的一种思维习惯。但是，有句俗话说得好"隔行如隔山"，我们往往要跨越自己的职责范围，跨越我们的行业范围，去和其他行业的人接触，沟通就变得越来越重要，企业对职业人的交流沟通意识很重视。在学生时代，我们交流沟通的人群基本就是家人、老师和同学。但是，在社会上沟通的对象变得尤为复杂，上下级之间，同事之间，与顾客、客户之间。各种沟通之间因为利害关系不同，因此说话方式也会不同。我们只有处理好这些工作，才能顺利地完成我们的日常工作。另外，上级、同事，还有客户都是我们工作中重要的合作伙伴，就要主动沟通，只有形成默契，才能让工作变得有效率和效能。

第四，相互合作意识。一个职业人，应该具备职业化的合作意识。在工作过程中遇到矛盾、遇到误会，要以合作意识为前提解决问题。成熟的职业人，在做事的过程中是对事不对人的思维。职业人只为了解决问题，职业人在遇到冲突的过程中往往能沉稳应对，而不是冲动地感情用事。尤其是遇到跨部门合作的时候，我们不能只看重本部门的利益，抱着"本位主义"的思维，不与其他部门进行良好合作。另外，职业人注重民主讨论，看重方方面面的意见和建议，追求民主平等，要保证少数者的意见和思想可以得到表达，尊重少数人的意见也可以避免工作过程中的缺点和漏洞，最终实现企业目标。

第五，良好的礼仪。商务活动中人们相互交流、相互合作，如何与各类人士友好地进行合作，如何在各种场合下拥有良好的形象，就要具备各类礼仪知识，包括职业人的仪容、仪表、仪态、举止、服饰、化妆等。

第六，学习意识。职场新人是需要不断学习、不断进步的。在学校学习的过程中，实践的机会比较少一些。因此，职场新人从入职培训开始就要不断地进行知识和技能的更新，通过自己读书、参加企业培训、在工作实践中向前辈学习，并且在实践中不断总结、不断多方位学习新的知识，保持与时俱进，才能在竞争激烈的社会生活中不断进步，最终实现职业理想。当然，我们所说的学习，要有明确的职业方向。

上面所说的几种职业意识，是养成职业素质的一种前提。但是，要养成完美的职业素养不只是要培养这些职业意识，还要不断地在实践工作中加强和磨炼这种职业意识，最终才能变成职业化素养。俗话说"成功只留给有准备的人"，只有不断提升自身素质，才能成为企业需要的，或者说有提升空间的优秀人才。

10.1.2 汽车行业用人标准

1. 汽车 4S 店岗位分类

了解汽车 4S 店岗位设置，是我们进入汽车企业面试之前，又一项非常必要的准备工作。只有完全了解了汽车企业的岗位设置，我们才能选择好符合自己特点的岗位。所谓不打无准备之仗，在进入职场之前，进入面试工作之前，我们要知己知彼才能百战不殆。因此，了解汽车 4S 店的岗位设置是非常有必要的。我们汽车技术服务与营销专业的学生毕业之后，主要从事销售顾问或服务顾问，但是，也有其他后续的可迁移岗位。下面首先了解汽车 4S 店的岗位分类。

（1）汽车 4S 店的基层岗位有销售顾问、服务顾问、大客户专员、整车库管、三包索赔员、仓库管理员、维修工、接车员、库房管理员。

（2）汽车 4S 店的中层岗位有销售主管、服务主管、大客户主管、整车库主管、索赔主管、仓库主管、维修主管、车险主管、库房主管。

（3）汽车 4S 店的高层岗位有总经理（店长）、销售总监、服务总监、大客户经理、维修经理、库房经理、展厅经理。

2．汽车 4S 店的主要岗位职责

下面简单介绍汽车技术服务与营销专业学生毕业之后，就业最热门的三大岗位——销售顾问、服务顾问、展厅接待。

（1）销售顾问

销售顾问的岗位职责：在销售主管的领导下，积极开展整车销售业务，努力完成销售经营计划。在部门月工作计划的指导下，制订个人日、周工作计划，并认真组织实施。根据市场主管拟订的开发计划和实施方案，制订个人开发计划并组织实施。认真填写客户资料备忘日志，并交于销售信息员备案、审核、回访。爱护商品车辆，做好各自包干车辆及区域的清洁卫生，维护展厅秩序及环境。为购车客户办理交车的一系列手续及事项。了解产品知识及性能，掌握销售技巧与沟通方式。分析市场、竞争对手、竞争车型，为销售主管做出决策提供依据和信息。礼貌、周到的服务，按销售服务流程为客户提供全方位销售服务。

（2）服务顾问

服务顾问岗位是按照服务流程规定开展接待工作，遵守财务制度，熟练掌握业务系统软件及办公设备使用，解答客户疑虑，维护客户关系，执行并满足企业对服务顾问岗位的要求。

服务顾问的岗位职责：遵守并执行本岗业务流程及企业的各项规章制度，并对自己所负责的业务流程工作承担相应责任。使用"售后服务管理系统"准确录入各项数据，并对客户信息建档管理和资源保密。受理客户提出的预约维修请求及向客户提出预约维修建议。接到客户预约时，及时办理预约手续并提供预约服务。配合维修人员对送修车辆进行诊断，确定维修内容及大致期限。接待车辆送修的客户及咨询业务的客户，按接待流程要求签署维修合同，合理派工到班组长并交代报修事宜。向客户申请维修预估时间和预估费用，负责报修项目的明细报价及费用解释。与客户及车间维修人员办理维修车辆的交车派工手续。在修车辆的进度督促及征得客户同意的追加维修项目的时间和费用。完工车辆工单的数据核对及工单审查，无误后打印结算单，通知客户提车，向客户汇报处理结果，准备客户接车资料，并对结算车辆亲手交接及提示服务工作。责任区域内的卫生清洁及配合其他员工现场维护。每天业务单据的分类、整理、存档及日报工作。完成上级领导临时安排的其他专项工作。

（3）展厅接待

展厅接待的岗位职责：负责客户的接待服务工作，客户档案的记录、管理，客户来电记录、整理工作。负责收集市场信息及客户的反馈意见。展厅秩序和环境的维护。

**相关链接**

汽车技术服务与营销专业毕业生就业岗位

下面是我们从一些品牌汽车官方网站上下载的汽车 4S 店招聘的主要岗位的用人标准，提供给大家参考。

一、某奥迪汽车 4S 店"销售顾问"岗位职责和岗位要求

岗位职责：

1. 汽车的交易，了解竞争车辆的价格及性能；

2. 定期追踪保留老客户，吸引新客户；

3. 对汽车市场进行调研、分析，协助汽车总监、经理制订相关的业务计划；

4. 对各品牌汽车知识进行经常性汇总，并对汽车销售活动中的经验进行及时总结；

5. 积累接洽过的客户及已购车客户信息，建立、完善并随时更新客户信息系统；

6. 为汽车销售总监提供客户信息，进行决策支持。

岗位要求：

1. 大专及以上学历，市场营销、经济管理相关专业毕业；

2. 1 年以上销售经验；

3. 熟悉奥迪汽车产品知识，了解汽车构造、维修知识及各种汽车相关配置状况，了解二手车市场以及竞争对手的情况；

4. 良好的销售与谈判能力、沟通表达能力，以及较强的计划执行能力，熟悉计算机操作，有驾驶执照。

二、某大众汽车 4S 店"销售前台"岗位描述和要求

岗位职责：

1. 来电、来客的前台接待；

2. 展厅流量登记；

3. 引导来访用户给销售顾问接待；

4. 每日检查展厅的营业设施和环境状况；

5. 交车用户的交车字幕及恭贺播报工作；

6. 完成客户总监、展厅经理交代的其他工作；

岗位要求：

1. 女，形象好、气质佳，年龄 18～30 岁，身高 1.60m 以上；

2. 高中及以上学历，熟练使用计算机办公软件；

3. 较强的服务意识；

4. 具备良好的协调能力、沟通能力，负有责任心，性格活泼开朗，具有亲和力；

5. 普通话准确、流利；

6. 应届生亦可。

三、某奥迪汽车 4S 店"服务顾问"岗位描述和要求

岗位职责：

1. 严格按照服务核心流程的要求开展工作；

2. 接待客户，与客户共同进行维修项目确认，通过仔细的诊断确定工作范围并制定委托书；

3. 向客户解释委托书中的维修内容、费用和交车时间；

4. 跟踪车辆维修进度，协调修理项目变更；跟踪客户满意度，处理客户抱怨；

5. 进行交付前质量检查，对客户的满意度及维修合格率负责；

6. 核算结算单的正确性，并在交付车辆时向客户逐个解释修理项目和费用；

7. 利用与客户接触的机会进行汽车、配件、附件和服务的营销；

8. 与客户建立良好的关系，积极开拓市场。

岗位要求：大专以上，形象好、气质佳，熟悉接车流程，有同岗位经验的待遇从优。

资料来源：前程无忧网，（2015-05-15）WWW.51job.com.

项目一　自我介绍实训

实训目的

1. 了解自我介绍的方法。
2. 熟悉自我介绍的主要内容。
3. 书写一份自我介绍并进行演练。

情境描述

李同学一边参加实践活动，一边找工作，这时候一家公司给他发来了面试邮件，于是他要准备一份自我介绍。如何把握这次面试机会，如何在面试官面前介绍自己。

实训内容

面试时自我介绍实训内容及操作规范如表 10.1 所示。

表 10.1　面试时自我介绍实训内容及操作规范

实训内容	实训步骤	基本要求	注意事项
面试时自我介绍	称呼	"您好"； "面试官您好"； "各位领导，下午好"	进门之前需要敲门，进门之后需要与面试官打招呼，面试官会出于礼貌与求职者寒暄
	介绍姓名	"我是来自陕西西安的李某某"； "我叫李某某，来自陕西西安"	介绍姓名时发音正确，吐字清楚，确保面试官不会叫错名字
	介绍院校	"我今年毕业于西安汽车科技职业学院，主修汽车技术服务与营销专业"	
	介绍所学专业	"我们在校期间学习了市场营销、商务谈判、消费心理学、商务礼仪、汽车文化、汽车构造等课程"	介绍专业的主修课程，有时候可以按照所应聘岗位，介绍一些与岗位相关的课程
	职业理想	1. 面试的职位； 2. 简述自己对所面试职位的看法； 3. 简述自己的职业理想	在这里可以简单阐述自己的职业规划，并且要结合所应聘公司的实际状况简述
	感谢	"最后，感谢贵公司给我这次面试机会，希望能成为贵公司一员，谢谢！"	
	作业	写一份自我介绍	按时上交

实训实施

1．实训地点：教室、实训室、会议室、广场等。

2．实训分组：按照每个班 50 人分组，每组 3～5 人。

3．教师演示：教师设定情境，并且进行演示，内容包括坐姿、微笑、走姿、语言语句、语句语调，介绍要措辞得当。

4．情境演练：每组学生根据自己选择的角色，反复演练。

5．考核打分：按照考核评价表（见表 10.2）的考核要求进行严格考核，考核由教师点评、学生互评、学员自评三部分组成，增加学生评分是为了增加其他学生的参与度，并且将每一次的考评分数都作为期末成绩的一部分。

6．课后总结：教师对所有的小组都进行点评，不仅要点评演示的表现，还要评价每个小组的参与度。

表 10.2　实训考核表

考核内容	评价标准	分值	自评（20%）	互评（20%）	教师评分（60%）	最后得分
语言	1．称呼面试官时礼貌、周到； 2．面试过程中注重谦词和敬词的使用； 3．语言流畅，没有停顿	30 分				
语气语调	1．语速适中，音量大小适中； 2．语气语调充满自信； 3．介绍时不紧张，态度不卑不亢	30 分				
自我介绍内容	1．自我介绍内容全面； 2．对自己的职业未来简要规划； 3．对面试机会表示感谢	40 分				
总分						

重点难点

1．重点：演练和考核过程中的重点是自我介绍准备得当，举止礼貌。

2．难点：演练和考核过程中的难点是介绍时语气平和、不紧张，声音大小适中，吐字清楚、发音正确。

 相关链接

Self-introduction

Good morning, everyone. I am ×××. It is really my great honor to have the opportunity for this interview. I hope I can make a good performance today. I believe that I can succeed. Now I will introduce myself briefly.

I am 21 years old, and from Guizhou province. I was graduated from Xi'an Auto Technology Vocational College. My major is Automobile Marketing. I've spent most of my time on study. I have passed NCRE (*National Computer Rank Examination*) Grade 2, and acquired basic knowledge about my major during my school time. I always took part in lots of activities of students' union in the past two years. Sometime I engaged in some business meeting in our college. I think I'm a good team player and I'm honest. Also I am able to work under great pressure.

So I feel I have enough confidence to finish the job completely. I want to gain more opportunities to practice. It is the reason why I come here to compete for this position.

That's all. Thank you for giving me the chance.

译文：

大家早上好，我是×××，非常荣幸能有机会参加这次面试。希望今天我能有一个完美的表现，我很有信心能够成功。现在，我先简单自我介绍一下，我今年 21 岁， 生于贵州省。我就读于西安汽车科技学院，我的专业是汽车市场营销。在校期间，我大多数时间都在学习，我已经通过了计算机二级，并已经具备了工作所需的基本的专业知识。在过去的两年期间，我参加了很多学生会活动，有时候我会作为礼仪服务人员参加我们学校的一些商业会议。我有足够的信心去完成工作，我想获得更多的机会，因此，我今天来到这里竞争这个职位。我是一个容易相处的人，我愿意用我的真诚加入你们的团队。另外，我也有足够的能力应付各种来自工作中的压力。最后，还是要再次感谢诸位能给我这次面试的机会。谢谢！

10.2 求职面试的礼仪

10.2.1 简历制作

1．简历的作用

简历是我们给用人单位留下的"第一印象"。简历在我们求职过程中是非常重要的一部分内容，对于任何求职者来说，简历就像是塑造自己形象的一张名片。当今社会，找工作的渠道很多。但是，无论哪一种渠道，我们都要用到一份能详细地说明自己状况的简历。另外，在求职过程中，我们在每一个不同的求职阶段都要用到简历。当一位面试官开始打开我们的简历的时候，一份制作完美的简历，首先就给面试官留下了良好的印象。反之，如果我们的简历做得既简单又粗糙，那么，这份简历就无法让面试官获取真实的资料，也无法反映我们真实的实力。因此，简历制作得好坏与否，会直接影响求职的成败，我们要花一些时间专门为自己打造一份完美的求职简历。

2．简历的形式

一般情况下，简历书写形式有两种，下面我们就对这两种形式的简历进行简单的描述和分析，并且给大家一个模板。

（1）按照工作经历的时间顺序书写简历。这种简历按照时间的顺序，将自己的学习经历和工作经历依次描述下来。这种类型的简历对于有工作经验的人，并且还想从事与以前

工作相同或者类似的人是十分有利的。例如，会计、教师等简历。如果工作经历中有连续相同的职业经验，就可以将自己的经历按照时间顺序进行排列，这也是一种比较常见的形式。这种简历简单明了，直截了当地将个人的工作经历展示在面试官面前。形式和内容相结合的简历给人一种简明扼要、思路清晰的感觉，更能获得面试官的好评。

下面给出一份简历模板（学生求职简历）供参考。

（注意使用 Word 文档，不要使用表格；只写一页纸，注意标点符号和排版）

求职简历

基本资料

姓名：　　　　性别：　　　　籍贯：

出生年月：　　　　　　身高：

通信地址：　　　　　　邮编：

> 照片最好
> 彩色打印

电子邮箱：建议使用和自己姓名有直接联系的简称如 ZK1989@qq.com，直接使用数字容易出错。

手机：13812345678　**政治面貌：**中共党员（预备党员）或者共青团员

教育经历：（写明高中、大学、专业和学历层次就可以了）教育经历的部分，使用倒叙，最高学历放在前面。

××年××月—××年××月　　西安汽车科技职业学院、专业、本（专）科

××年××月—××年××月　　××市××中学、高中

主修课程：简明扼要地写出本专业核心专业课。

专业课成绩：学校教务处提供成绩打印单，此处写明见附件（外企和中国部分企业注重）。

求职意向

求职意向：尽量和所学专业一致；也可以跳出框架，但是需要有特别的原因说明。

求职岗位：尽量和专业结合，最好提供两个岗位，同时表示服从企业内部调整。这是一个很重要的职业态度，应聘好的企业关键在于进入、在于有岗，进入后再争取调整和专业对口的岗位。

目标地域：例如，北京、西安、深圳或者其他地域，也可以表示到企业安排的任何地域。

工作性质：希望长期稳定。

期望薪水：尊重企业薪酬制度，也可以根据行业标准提出自己希望的薪酬水平。

到岗时间：随时或者客观地陈述一个时间。

一定要查看所投档企业的相关资料，对照企业本身情况表明求职意向，定位准确，千万不能让对方感觉你是没有计划、没有明确目标的人。对投档企业进行了解是求职者的基本功课。

个人经验和能力

实习经历：尽量写事件及自己的主要体会。时间段、单位名称用全称不能缩写，岗位名称职责、业绩书写清晰。不会组织语言的，请参考智联招聘上的岗位描述，选取相应字句，与岗位描述越贴近，网投时越有机会被筛选出来。

技能证书：包括驾驶证和相关专业的职业资格证书，以及学习、培训证书等。

例如，IT技能；驾驶照1年；专业职业资格证书、计算机资格证书、英语资格证书等。

自我评价：主要说明自己的个性，处世、处人的基本认知，描述自己要客观、简要。

（2）按照专业技能划分书写简历，即技能型简历。这种简历的目的在于凸显求职者某方面的技术技能。当今社会由于就业压力比较大，几乎每一个人都掌握不只一门职业技能，另外，每一种工作也需要不止一种技能。因此，求职者的简历要能准确地凸显出自己所工作的经历或者接受教育培训的经历，这样的求职者展现的职业技能是符合当前面试单位所需要的，是与用人单位所需人才知识结构和职业技能相一致的。这种简历在描述和简述自己的经历时，不能仅仅按照时间顺序简简单单地罗列，而是要将以前工作单位的时间段内的工作职务或公司名称，以及工作单位主要负责人的联系方式等详细说明。另外，这种简历形式也非常符合那种频繁更换工作的人。当今社会对工作者的忠诚度要求越来越高，许多公司对于频繁跳槽者是比较厌烦的。在简历中，可以强调的是工作中职业技能，而忽略工作的频繁更换，这样才能达到事半功倍的效果。

下面给出一份Excel简历模板，供参考。

个 人 简 历				
姓　　名		性　　别		
年　　龄		政治面貌		
民　　族		籍　　贯		
驾　　照		血　　型		
身　　高		体　　重		
联系方式		毕业院校		
电子邮件		专　　业		
现在住址				
主修课程				
职业能力	外语水平			
	计算机水平			
获奖情况				
实践经历				
求职意向				

3．简历的基本内容

一般来说，简历应包括个人基本情况、学习情况、工作经历和求职意向四大方面。

（1）个人基本情况。包括姓名、性别、年龄、籍贯、政治面貌、学校及专业、婚姻状况、健康状况、身高、爱好与兴趣、家庭住址、联系电话等。有些简历把姓名、住址和联系电话写在简历封面上。简历上最好注明家里或者手机电话号码。

（2）学习情况。应写明曾在**学校、**专业学习，以及起止期间，并列出所学主要课程及学习成绩，在学校和班级所担任的职务，在校期间所获得的各种奖励和荣誉。

教育的程度，首先注明你上过的学校名称和学历，然后是学业成绩。一般来说，人们希望把所取得的学位都写上，如果你取得了某个学位，应把全称写出来。每一个条目必须注明日期。

继续教育情况，你所参加过的与该工作有关的其他辅导或培训课程也应该反映出来，并注明完成的日期。如果目前正在学习某一科目，应把将完成的日期写出来。

（3）工作经历。若有工作经验，最好详细列明，首先列出最近的资料，然后详述曾工作过的单位、时间、职位、工作性质。工作或业务经验对于大多数用人单位来说是最重视的，也是个人简历的核心。

首先是你最近工作的单位，并附上所在地区。然后注明你的职位及任职时间。应按时间倒序排列，先是你最近的工作经历，然后是以前的。如果在你的工作履历中出现空档，即有一段时间没有做任何工作，你也应把时间注明，不要只写年份。最好把你工作的日期写准确，并做好准备，回答面试官一些预想不到的问题。兼职或季节性工作的日期也应写清楚。

其次就是对你做过的工作进行详细介绍。如果你在某单位担任过多种职务，就把它们及工作经验一一罗列出来。如果你在某一机构做临时雇员，就把此机构作为你的雇主写明。另外，从事志愿者工作的经历，如果该工作与你所找工作有联系，或你认为有助于你未来的用人单位更好地了解你的某种志愿者工作，也应该把这一部分包括在你的个人简历中。

（4）求职意向。即求职目标或个人期望的工作职位，表明你通过求职希望得到什么样的工作、职位，以及你的奋斗目标。

个人简历是对你各方面情况的如实反映，它向用人单位提供了有关你工作能力等方面的重要信息，简历一定要实事求是。如果你的介绍有失真的情况，将严重影响求职的成功，及就职后的发展。

 **相关链接**

简历制作过程要点

一份成功的个人简历在写作时应该注意以下几个方面：

（1）注重语言技巧；

（2）使用情感动词对与工作相关的经历进行详细介绍；

（3）通俗易懂；

（4）应有影响力而无假内容；

（5）最好一页 A4 纸，最多两页 A4 纸；

（6）语法正确，无错别字；

（7）文体规范，避免使用简语；

（8）最好使用计算机来写个人简历；

（9）应使用高质量的纸张打印；

（10）按照时间倒序排列，把最近担任的职务排在最前；

（11）最重要的技能列在最前边，然后按较重、重、较轻、轻次序排列；

（12）避免使用代词——我、我的、他、她、他们、她们的等。

4．自荐信

自荐信往往是简历中的最后一部分，可另行附在简历的后面。自荐信的写作过程有两点注意事项，一方面是自荐信的格式，另一方面是自荐信的书写内容。

（1）自荐信的格式

自荐信是寄给求职单位的信，因此非常重要，它既和书信有相同之处，又有不同之处。它的格式主要包括称呼、正文、结尾、署名、日期五个方面的内容。

（2）自荐信的书写内容

自荐信书写一般不超过一页 A4 纸，七八百字就可以了，太长了，看起来繁复冗长，太短了又无法表达清楚内容，说明本人的情况即可。一般包括以下几个方面的内容：介绍信息来源，表明自己求职心愿；介绍个人基本情况、自身优势；上岗之后计划；请求答复联系；表明感谢之情。

自荐信范文

尊敬的××汽车 4S 店领导:

　　您好!

　　写此信的目的是想应聘贵公司招聘的销售顾问一职。当在报纸上得知贵公司的招聘信息时,我心里非常激动。我一直期望有机会能加入贵公司,为贵公司出一份力。

　　我毕业于西安汽车科技学院,学的是汽车技术服务与营销专业。主修课程有汽车市场营销、汽车营销实务、消费心理学、商务谈判与推销技巧、汽车保险与理赔、汽车企业服务管理、汽车专业英语等课程,成绩优秀。我相信,我所具备的专业知识和从业能力对从事汽车销售与服务行业的贵公司来讲都是非常合适的。而且,我乐于与人交往,具有很强的沟通能力,从事汽车销售工作一直是我的理想。

　　大学期间,我学习认真刻苦,曾获得过学院奖学金,并且一直积极向上,曾获得学院"优秀个人"称号。我于 2014 年 4 月参加了学院首届"传统文化大赛",以优异的成绩和良好的表现荣获"第三名"。学习之余,我还参加学院的英语社团,担任宣传部副部长,具有较强的沟通和协调能力。

　　在大众汽车 4S 店实习期间,我对该行业有了进一步的了解,并增强了我的事业心和责任感,使我能够积极面对各种困难和挑战,我认为汽车销售顾问一职非常适合我。如果贵公司给我一次机会,我相信,我出色的沟通能力、协调能力以及执行能力能够帮助我在上级的领导下做好这一工作。

　　随信附上简历。我非常期望有机会能与您面谈,我的手机号为××××××

　　此致

　　敬礼!

求职人:×××

×年×月×日

5. 简历的投递

　　写好简历之后向你感兴趣的用人单位或其部门领导或经理发出你的简历和求职信。注意核对他/她的姓名、头衔和尊称(先生、小姐或者女士),要确保准确、无误。除非在只知道对方单位名称或其部门的情况下,在邮箱主题上写"××(单位名称)负责人收",或是"有关人士收"。如果你正在向一家可以提供多个职位的大单位申请职位,那么要向每个部门的负责人都发出一份简历和求职信。如此一来,你的工作简历中所陈述的职业目标将具灵活性。下面介绍简历投递的几个小妙招。

首先，简历投递方式。有些用人单位在职位发布信息上要求求职者直接在线投递而非投递到邮箱，有些求职者会担心，如果有很多人投递，那么我在线投递的简历对方是否能够看到？是否会因系统故障，导致我的简历没有投递成功？我的简历是否到对方的邮箱后被查看到？对于这一系列的疑问，有些求职者对在线投递这种方式似乎不那么接受。在正常而非系统故障的情况下，求职者在线投递的简历会直接转到招聘简历的邮箱，如果你不放心，可以在线投递后再发一封简历到对方的邮箱，双重保障。

其次，投递频率。要知道多次投递会导致对方反感。如果你迫切需要那个岗位，而自己又符合对方要求的条件，在投递几天未果后可以再次投递，一是防止上次投递的简历对方没有看到，重新投递有机会被看到；二是能加深企业对你的印象。

再次，注意简历投递的时间安排。想想我们平时查看邮件的习惯，一般来说，我们都会查看最新的在邮箱最前面的邮件，找到合适的人选即可。基于这个心理习惯，求职者在投递简历的时候要控制好简历发送时间，让你的简历在对方邮箱的最前面。例如，你的简历设定为晚上十二点准时发送，那么，你的邮件肯定比在白天发送过去的邮件排在前面。

最后，邮件主题明确。如果自己是很有资历的求职者，不妨在后面加上资历，例如，邮件主题"应聘***，6年销售经验"等类似的关键字，让你的简历更加突出、吸引人。

10.2.2　求职者的心理素质

求职者的心理素质是非常重要的。

（1）自我肯定。人要不断地否定和肯定自己才能进步，而否定的最终目的是为了向肯定的方向发展。自我肯定，保持坚定的信念，往往是事业成功的关键。敢于对视，见到主考官时，要把目光集中在他身上。这个短暂的交流可以告诉对方彼此的精神状态。你也许听别人说过，眼神中可以闪现火花。事实上，每个人都可以做到这一点，只是许多人没有意识到见面或交谈时，可以进行目光交流。利用这个资源，面试之初就会显得你信心十足。

（2）抛弃自卑。产生自卑有三个原因：一是缺乏成功的体验；二是缺乏客观公正的评估；三是自我评估偏颇。要抛弃自卑，首先要战胜自我，为自己树立一个目标，要有坚强的信念，相信自己的能力，同时要对自己有一个科学、合理的评估。

（3）谦虚谨慎。在面试过程中，我们自然地会身不由己地展示自己的才能，这时容易说出一些豪言壮语，违背了我们谦虚谨慎的美德。一方面要学会展示自己，另一方面也要坚持谦虚的语气。

（4）心理调节。简单讲要无所畏惧，做事要善于分析，要敢于创新、敢于实践，无论什么事情都无所畏惧。要胆大心细，做事沉着冷静，要善于思考、勤于动手。从现在开始做起，认真负责地面对自己要做的每一件事，做好自己分内的事情，而且要要求自己，一次比一次做得更好。敢于承担责任，不断鞭策自己，慢慢地心理素质就可以得以提高。

10.2.3　求职者的仪表仪态

1．精神状态

通常声音越低沉意味着越有权威性。高个子的人较矮个子的人具有优越性。增加高度最有效的办法就是昂首挺胸。不卑躬屈膝、弯腰驼背、无精打采的最有效的办法是保持身体直立。此时，你虽然不是用语言来传递信息，但是等于你在说："我非常注意我的举止。"

2．着装礼仪

着装打扮要符合职场要求。关于着装，前面的章节已经有过详细的介绍，在这里我们只对面试时男士和女士的着装进行简单介绍。

（1）男士。黑色或者深蓝色西装、白色衬衫、单色领带、黑色皮鞋、深色袜子，可戴一块手表，面部干净整洁，头发保证三不过"前不过眉，侧不过耳，后不及领"。

男士着西装十忌

（1）忌西裤短，标准的西裤长度为裤管盖住皮鞋；

（2）忌衬衫放在西裤外；

（3）忌衬衫领子太大，领脖间存在空隙；

（4）忌领带颜色刺目；

（5）忌领带太短，一般领带长度应是领带尖盖住皮带扣；

（6）忌不扣衬衫扣就佩戴领带；

（7）忌西服上衣袖子过长，它应比衬衫袖短1厘米；

（8）忌西服的上衣、裤子袋内鼓囊囊；

（9）忌西服配运动鞋；

（10）忌皮鞋和鞋带颜色不协调。

（2）女士。黑色或者深蓝色的西装套裙、白色衬衫、丝巾、黑色或者肉色丝袜、3～5厘米船式黑色半高跟皮鞋。女士可化淡妆，略施淡粉，涂唇彩，修饰眉毛等以示尊重。

10.2.4　面试

1．求职资料

（1）封面

一般来讲，刚毕业的学生都会在面试简历的封面上用自己母校做背景，封面上有毕业院校、所学专业、姓名、联系方式。

（2）就业协议

我国高校应届毕业生在进入社会、参加面试时，学校都会专门配发就业协议，就业协议每人只有一份，并且有编号。

（3）求职信

求职信阐述自己的兴趣爱好、学业状况、职业理想等内容，是非常好的形式，和简历同等重要。

（4）个人简历

个人简历一般只是一张表格或者是一张 Word 文档，只需要一张 A4 纸把个人所有信息全部展示出来。

（5）学习成绩单

成绩单由教务处提供。学生修完所有课程，毕业找工作之前，教务处可以提供一份成绩单，并且盖章生效。当下多数用人单位面试时不需要面试者提供成绩单，但是，也有不少大单位在用人方面非常谨慎，看中面试者在校期间的成绩，尤其是要审查一下学生的专业课成绩是否优秀，或者与企业招聘岗位相关的专业课程成绩是否优秀。

（6）获奖证书复印件

求职者在大学期间所考的英语类、计算机类证书是求职时不可缺少的资料，如果毕业生还取得了面试岗位相关的职业证书，那更是证明自己的依据。例如，面试会计、出纳时的会计证，面试营销工作时拥有的营销师证。

（7）身份证复印件

初次面试时，用人单位要对面试者核查身份，因此，身份证可以说是随身物品。看完身份证之后，一般还要提交一份身份证复印件，供用人单位保留存档。

（8）照片

在个人简历上提前贴好照片，一般来说，还要提前多准备几张一寸照片以备不时之需。有的用人单位，除了要收取面试者的个人简历，还会根据自己单位用人状况储备人才，请面试者填写根据他们自己的用人标准设计的一份表格，填写完这份表格之后，同样也需要面试者给这份表格上贴一张一寸照片。另外，职场所用的照片，一般都是一寸证件照，除非用人单位有特殊要求，可携带两寸证件照或者个人生活照片。

（9）笔记本

在随身携带的公文包中放一个笔记本，这是很多商业人士的好习惯，求职者也可以学习这个细节、养成这个习惯。在面试过程中，如果发生记录或者留言、留联系方式等情况，求职者随时可以拿出笔记本记录。

（10）签字笔

如上所述，在面试过程中可能会填写表格或者留下联系方式等情况，有时用人单位会给面试者提供笔，有时也会出现面试者四处借笔的状况，因此，自己带一支签字笔以备不时之需是很有必要的。当下职场填写正式表格时，都使用 0.5mm 的黑色签字笔。

（11）其他材料

有一些用人单位在通知面试时，会提醒面试者需要携带的其他面试资料，当然面试者也应该主动提问，需要带哪些相关资料。例如，面试汽车销售顾问工作，由于该工作要求面试者会驾车，因此，拥有至少两年的驾驶经验是用人单位提出的合理要求，面试者必然要携带驾照及其复印件，方便用人单位存档。

2．面试流程

首先，求职者会接到通知面试的电话，因此，在找工作期间务必保持电话畅通。如有未接电话应及时回复查询，避免遗漏面试机会。

其次，按时到达面试的单位，在接待前台处领取记录表，填写好，等待面试。

然后，进入面试场所进行面试，自我介绍、回答问题时，注意保持沉着冷静的态度。

最后，等待通知复试或者准备上班的时间。

3．面试技巧

如上所说，进入面试场所之后，就是面试官和求职者面对面地交谈。我们现在假设出一个交谈过程，看看如何应对面试。

（1）问候寒暄。面试者应当主动问候面试官，表示出真诚友好。当然，面试官也会出于商务场合的礼节礼貌，对求职者问候。这种关心，一般只是礼节上的客套话，一方面是为了让求职者放松，进入面试状态；另一方面也为了给前来求职的人留下专业的形象。

（2）自我介绍。简单的寒暄之后进入自我介绍部分，通过求职者的自我介绍，面试官可以获取求职者的基本信息。作为求职者，自我介绍是给面试官留下第一印象的好机会。关于自我介绍的内容，在前面的实训内容中已经讲过。面试者自我介绍一般不超过 3 分钟，简短地对自己的状况进行介绍，不要啰唆重复，更不要牵扯一些与工作无关的私人话题。

（3）工作经历部分的介绍。在自我介绍完成之后，可以根据情况介绍一下自己的工作经历。对于应届大学生，可以说没有什么工作经历，但是，实践经历非常重要，上学时、寒暑假期间的各种实践活动可以在此进行介绍。当然，介绍实践经历的时候，要注重与面试岗位的相关性。例如，我们面试的是销售工作，销售工作需要的是销售经历，如超市促销、快餐店售货员等经历都可以介绍；如果面试的是前台接待等工作，我们则要注重自己做接待工作的经历，如车展礼仪、大型会议迎宾等工作经历可以介绍。不但要介绍自己在实践中做了什么事，还要介绍自己在实践中得到了什么样的收获。工作经历虽少，但是，谈谈对工作的认识，对面试者来说同样很重要。

（4）关于离职。如果是非应届毕业生，面试官在听过求职者的工作经历之后，会随机问到上一份工作的工作状况、工作内容、工作期限，了解完这些之后，离职的原因就成了面试官必然要问的一个问题。就整个面试而言，这是一个非常敏感的话题，回答的好不会加分，回答得不好那肯定会扣印象分，甚至陷入这个问题引申出来的其他问题，很难摆脱。上一份或者曾经的几个工作经历很短暂、频繁跳槽者会给人留下工作态度不端正的印象，这样的印象形成之后可能会直接导致面试失败。因此，关于这个问题一定要讲清楚。坚持实事求是和好学、上进、不断实践的原则。

（5）回答问题。在面试官足够了解你之后，会根据自己单位的状况，以及自己单位所能提供的岗位状况，问一些问题。问问题的目的是要考察你的各种能力、心理特点、行为特征、个人素质等，主要是考察求职者的个性，有什么样的个性就有什么样的命运。当然，有什么样的个性也就决定了可以从事什么样的工作，适应什么样的岗位。天生我材必有用，面试官的作用就是审核好每一位求职者，将他们推荐给不同的部门，各个部门因材度量，完成不同的工作任务。面试官提出的问题，或许有面试者个人经历，或许有工作经历甚至一些私人问题，这些问题的答案其实是多种多样的，而且，这些问题的答案往往很难有对错之分。正如上面所述，面试官问问题的目的是考察求职者的个性，作为求职者回答这类问题前，一定要熟悉自己所面试岗位的用人要求、岗位职责，加以分析后不难得出面试岗位所需要的人才的特征，回答问题时，根据岗位回答即可。

（6）如何发问。一系列问题之后，面试官对你已经足够了解，这时面试官如果觉得你是一个符合他们用人标准的人，自然会问到求职者有什么问题要问，作为求职者也要学会在首次面试时发问。当面试官以"我们的问题都问完了，请问你对我们有没有什么问题要问"这样的话题进入结束阶段时，求职者可提出一些自己想提问的问题，但不要问类似"请问你们在我们学校要招几个人？"这样的问题，大部分单位都会回答你"不一定，要看毕业生的素质情况"。可以就如果被单位录用可能会接受的培训、工作的主要职责等问题进行提问。提问的问题一定是与面试岗位相关的具体的实际的问题，例如，薪资、福利待遇、假期等。

项目二　面试实训

实训目的

1．了解面试的流程。

2．掌握面试过程中的礼仪。

3．熟悉面试过程中的问答。

情境描述

首先，教师从招聘网上获取汽车 4S 店各岗位的职责与要求，教师扮演面试官，学生扮演求职者，学生根据自己的喜好和特长面试相应的岗位；其次，面试实训的岗位有展厅接待、销售顾问、服务顾问、管理培训生等。

实训内容

面试实训内容及操作规范如表 10.3 所示。

表 10.3　面试实训内容及操作规范

实训内容	实训步骤	实训细则	基本要求
面试	面试着装	1．男士着黑色或者蓝色正装，女士着职业套装； 2．男士面部整洁，头发"三不过"，女士化淡妆； 3．选择合适的领带，鞋袜干净； 4．用文件夹或者文件袋携带书面简历	1．初次面试时应该身着正装，以显正式； 2．提前准备好简历、签字笔、一寸照片、身份证及复印件
	按时到达	1．准时到达，不可早到，更不可迟到； 2．按照约定时间提前五分钟等候	提前到达，做好充足的心理准备，沉着冷静地回答问题
	进入面试场所	1．敲门三下，有节奏地敲门； 2．礼貌请示，"您好，请问您是面试官吗？""轮到我面试了吗？" 3．面试官让座时再坐，或询问后再就座	前台接待、销售顾问等职位，本身就要考察面试者的行为举止、礼貌礼节
	仪态举止	1．坐姿标准，坐定后身体略微前倾，表示聆听； 2．不要出现翘"二郎腿""抖腿""双手抱臂"等不雅坐姿	面试者从敲门进入开始就要有良好的举止，面试者不经意、不雅观的动作会影响面试的结果
	自我介绍	1．自我介绍时间 2～3 分钟； 2．自我介绍的基本要素包括姓名、籍贯、毕业院校、专业技能和面试岗位，并感谢面试官给予面试机会； 3．在自我介绍过程中，语气亲切，声音适中，沉着镇定，表情自然	面试开始，除了简单的问候和寒暄，就是进行自我介绍，自我介绍包含一些自己的基本信息，然后主要是与工作相关的信息，家庭状况等私人话题不必提起
	面试应答	1．正面回答，务必真实； 2．实践经历要详细地说明，遵循实事求是的原则； 3．面试结束时，礼貌地向面试官道别	对于面试官所提问题机智回答，对于工作经历不能造假。现在面试都需要以前单位的联系方式，面试后，面试单位随时可以打电话确认

实训实施

1．实训地点：教室、实训室、会议室等。

2．实训设备：办公桌桌椅、记录本、签字笔、个人简历。

3．实训分组：按照每个班50人分组，每组3～4人。

4．教师演示：教师设定情境，并且进行演示，内容包括坐姿、走姿、问候、自我介绍、个人简历、回答问题。

5．情境演练：每组学生根据自己选择的角色，反复演练。

6．考核打分：按照考核评价表（见表10.4）的考核要求进行严格考核，考核由教师点评、学生互评、学员自评三部分组成，增加学生评分是为了增加其他学生的参与度，并且将每一次的考评分数都作为期末成绩的一部分。

表 10.4　考核评价表

考核内容	评价标准	分值	自评（20%）	互评（20%）	教师评分（60%）	最后得分
面试准备	1．自荐信、简历、照片、身份证及复印件等准备齐全； 2．男士面部干净，女士化淡妆，着正装，干净整洁； 3．按时到达，做好面试前准备	30分				
面试举止	1．正确的站姿、走姿、坐姿； 2．与面试官问候、寒暄礼貌得当； 3．坐定之后不得有"抖腿""转笔"等不雅举止	20分				
面试过程	1．自我介绍，清楚完整； 2．与面试官交谈，语气语调亲切平和，表情自然	20分				
问题回答	1．对于面试官提出的问题能做出比较完整的回答； 2．面对难题，能沉着应对，并能机智回答； 3．面试时礼貌谦逊、不卑不亢	30分				
总分						

7．课后总结：教师对所有的小组都进行点评，不仅要点评演示的表现，还要评价每个小组的参与度。

重点难点

1．重点：演练和考核过程中的重点是在整个面试过程中礼貌、得体，资料准备充足。

2．难点：演练和考核过程中的难点是在整个面试过程中自我介绍和回答问题都能发挥自如，营造良好交谈气氛，并能给面试官留下良好印象。

项目三　简历制作实训

实训目的

1．熟悉简历内容的重要性。

2．掌握简历制作的基本技巧。

3．能根据自己个人情况突出自己的优点。

情境描述

实训教师搜集当下网页上对汽车行业的各个主要岗位的职责要求，学生制作简历并且自己创作自荐书。教师扮作招聘人员，学生手持简历进行模拟实训。

实训内容

简历制作实训内容及操作规范如表 10.5 所示。

表 10.5　简历制作实训内容及操作规范

实训内容	实训步骤	基本要求	注意事项
简历制作	个人信息	姓名、年龄、性别、籍贯、电话、E-mail、血型、身高、体重、政治面貌、现住址等	1．所填写的信息，必须真实有效； 2．红底免冠的一寸证件照； 3．地址栏要写现住址
	教育状况	1．高中、大学的学习情况介绍，一定要详细到日期和学校名称，特别要注明主修课程； 2．其他培训经历，如各种资格证考试培训等	1．对于一些单位来说高中的教育也被重视起来，会影响单位用人的标准； 2．有硕士教育背景的人只需要写本科和研究生教育经历； 3．相关专业培训经历，如会计证培训等也可写在教育状况中
	获奖状况	特指大学期间的各种奖项： 奖学金、优秀班干部、三好学生、社团活动的各种奖项、运动会的奖项等	大学期间的各种获奖证书是体现自己能力的一个方面，另外，职业类证书也是非常重要的一方面
	外语与计算机	1．英语水平：英语四六级或者公共英语 A 级、B 级； 2．计算机水平也必须是国家认可的计算机等级证书	1．成绩优秀的人可以在获得证书后列出成绩； 2．计算机水平除了证书，要表明可以熟练操作哪些软件
	实践经历	1．实践经历要求写清实践的起止年月日； 2．寒、暑期工作可作为实践经历； 3．介绍实践单位，证明自己的职位； 4．写明工作内容和业绩； 5．证明实践单位的地址和联系方式	1．实践经历中尽量写与所面试岗位相关的实践经历； 2．实践结束后，最好有实践单位给予的实践证明或者实践鉴定，以证明自己的实践经历

注：一般来说，职场的简历还有封面和自荐信，以及附件等内容。

实训实施

1. 实训地点：教室、实训室、会议室等。

2. 实训设备：计算机，签字笔。

3. 实训分组：按照每个班 50 人分组，每组 5 人。

4. 教师演示：教师设定情境，并且进行演示、讲解，内容包括简历格式、正文、邮箱申请、简历信息。

5. 实训演练：学生根据教师所教内容，完成简历的制作，反复练习，提高能力。

6. 考核打分：按照考核评价表（见表 10.6）的考核要求进行严格考核，考核由教师点评、学生互评、学员自评三分部分组成，增加学生评分是为了提高其他学生的参与度，并且将每一次的考评分数都作为期末成绩的一部分。

7. 课后总结：教师对所有的小组都进行点评，不仅要点评演练的表现，还要评价每个小组其他成员的参与度。

表 10.6　考核评价表

考核内容	评价标准	分值	自评（20%）	互评（20%）	教师评分（60%）	最后得分
格式	1. 格式参照模板，可以酌情调整； 2. 宋体字，字体大小合适； 3. 排版美观	30 分				
简历内容	1. 无错别字，少用生僻字； 2. 语言流畅，文字通顺； 3. 内容真实，切记作假	20 分				
实践经历	1. 日期、地点、单位名称清楚； 2. 工作岗位、岗位职责描述准确； 3. 简单描述工作的内容	30 分				
打印	1. A4 纸打印； 2. 日期和署名	20 分				
总分						

重点难点

1. 重点：演练和考核过程中的重点是简历制作过程中简历的格式清晰、简明，简历中的文字表达流畅。

2. 难点：演练和考核过程中的难点是简历制作过程中的内容填写完整，要能突出求职者的个人特点，实践经历必须真实有效。

中餐礼仪

1. 桌次的排列

在中餐宴请活动中, 往往采用圆桌布置菜肴、酒水。排列圆桌的尊卑次序有两种情况: 第一种是由两桌组成的小型宴请, 这种情况可以分为两桌横排和两桌竖排的形式。当两桌横排时, 桌次以右为尊, 以左为卑, 这里所说的右和左是由面对正门的位置来确定的; 当两桌竖排时, 桌次以远为上, 以近为下, 这里所讲的远近, 是以距离正门的远近而言的。其具体原则如下:

(1) 以远为上。当餐桌距离餐厅正门有远近之分时, 以距门远者为上 (见图 A.1)。

(2) 居中为上。多张餐桌并列时, 以居于中央者为上 (见图 A.2)。

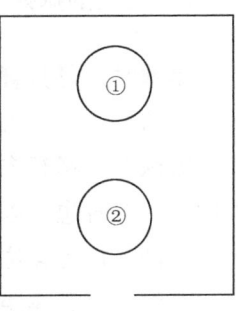

图 A.1

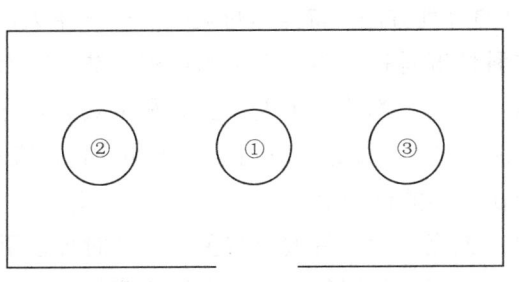

图 A.2

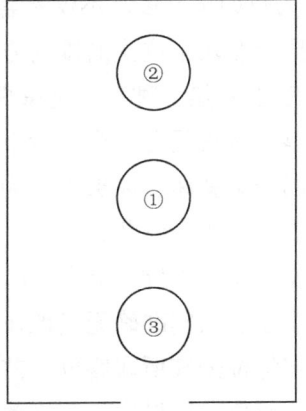

（3）在桌次较多的情况下，上述排列规则往往交叉使用（见图A.3）。

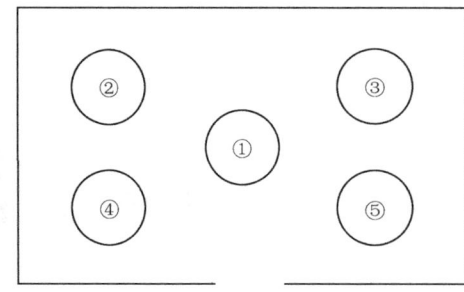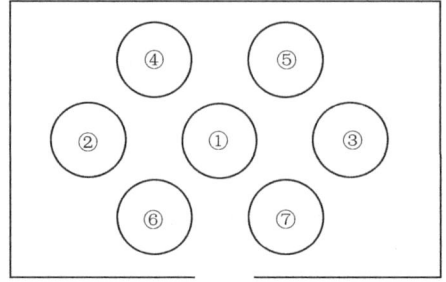

图 A.3

在安排桌次时，所用餐桌的大小、形状要基本一致。除主桌可以略大外，其他餐桌不要过大或过小。

另外，为了确保在宴请时赴宴者及时、准确地找到自己所在的桌次，可以在请柬上注明对方所在的桌次，在宴会厅入口悬挂宴会桌次排列示意图，安排引位员引导来宾按桌就座，或者在每张餐桌上摆放桌次牌（用阿拉伯数字书写）。

2. 位次的排列

宴请时，每张餐桌上的具体位次也有主次尊卑的分别。排列位次的基本方法有四种：

方法一，主人大都应面对正门而坐，并在主桌就座。

方法二，举行多桌宴请时，每桌都要有一位主桌主人的代表在座，位置一般和主桌主人同向，有时也可以面向主桌主人。

方法三，各桌位次的尊卑，应根据距离该桌主人的远近而定，以近为上，以远为下。

方法四，各桌距离该桌主人相同的位次，讲究以右为尊，即以该桌主人面向为准，右为尊，左为卑。

另外，每张餐桌上所安排的用餐人数应限制在10人以内，最好是双数，如6人、8人、10人。人数如果过多，不仅不容易照顾，而且也可能坐不下。

根据上面四个位次的排列方法，圆桌位次的具体排列可以分为两种具体情况（它们都和主位有关）：第一种情况是每桌一个主位的排列方法，特点是每桌只有一名主人，主宾在右侧就座，每桌只有一个谈话中心；第二种情况是每桌两个主位的排列方法，特点是主人夫妇在同一桌就座，以男主人为第一主人，女主人为第二主人，主宾和主宾夫人分别在男女主人右侧就座，每桌从客观上形成两个谈话中心。如果主宾身份高于主人，为表示尊重，也可以安排在主人位子上坐，而请主人坐在主宾的位子上。

为了便于来宾准确无误地在自己座位上就座，除招待人员和主人要及时加以引导指示外，应在每位来宾所属座位正前方的桌面上，事先放置醒目的个人姓名座位卡。举行涉外宴请时，座位卡应以中、英文两种文字书写。我国的惯例是，中文在上，英文在下。必要时，座位卡的两面都书写用餐者的姓名。

　　排列便餐的席位时，如果需要进行桌次的排列，可以参照宴请时桌次的排列进行。位次的排列，可以遵循四个原则。

　　（1）右高左低原则：两人一同并排就座，通常以右为上座，以左为下座。这是因为中餐上菜时多以顺时针方向为上菜方向，居右坐的因此要比居左坐的优先受到照顾。

　　（2）中座为尊原则：三人一同就座用餐，坐在中间的人在位次上高于两侧的人。

　　（3）面门为上原则：用餐的时候，按照礼仪惯例，面对正门者是上座。

　　（4）特殊原则：高档餐厅里，室内外往往有优美的景致或高雅的演出，供用餐者欣赏。这时候，观赏角度最好的座位是上座。宴会厅内若有专用的讲台时，应该以靠讲台的餐桌为主桌；如果没有专用讲台，有时候以背邻主要画幅的那张餐桌为主桌。在某些中低档餐馆用餐时，通常以靠墙的位置为上座，靠过道的位置为下座。

　　如果是宴会场所，各桌子上的主宾位都要与主桌主位保持同一方向。当桌子纵向排列时，以距离宴会厅正门的远近为准，距门越远，位次越高贵。

　　中式宴会的位次安排如图 A.4 所示。位次是指同一餐桌上的席位高低。排列位次的原则如下：

　　（1）面门为上。主人面对餐厅正门。有多位主人时，双方可交叉排列，离主位越近地位越尊。

　　（2）主宾居右。主宾在主位（第一主位）右侧。

　　（3）好事成双。每张餐桌人数为双数，吉庆宴会尤其如此。

　　（4）各桌同向。每张餐桌的排位均大体相似。

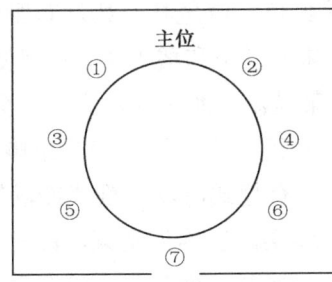 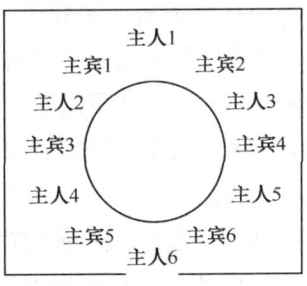

图 A.4

附录 B

西餐礼仪

1. 西餐的点菜及上菜顺序

正式的西餐，点菜方法讲究的是"一主六配"，即包含七道菜。西餐菜式讲究口味淡、浓、辛、甜的平衡，不同食物间的质地、温度和颜色、调味品的搭配也要协调。正式西餐点菜及上菜的顺序是：

（1）头盘。西餐的第一道菜是头盘，也称为开胃菜。开胃菜的内容一般有冷头盘和热头盘之分，常见的品种有鱼子酱、鹅肝酱、熏鲑鱼、鸡尾杯、奶油鸡酥盒、焗蜗牛等。因为是要开胃，所以开胃菜一般都有特色风味，味道以咸和酸为主，而且数量少，质量较高。

（2）汤。和中餐不同的是，西餐的第二道菜是汤，西餐的汤大致可分为清汤、奶油汤、蔬菜汤和冷汤 4 类。品种有牛尾清汤、各式奶油汤、海鲜汤、美式蛤蜊汤、意式蔬菜汤、俄式罗宋汤、法式焗葱头汤。冷汤的品种较少，有德式冷汤、俄式冷汤等。

（3）副菜。鱼类菜肴一般作为西餐的第三道菜，也称为副菜，品种包括各种淡水、海水鱼类，贝类及软体动物类。通常水产类菜肴与蛋类、面包类、酥盒菜肴品都称为副菜。因为鱼类等菜肴的肉质鲜嫩，比较容易消化，所以放在肉类菜肴的前面。西餐吃鱼菜肴讲究使用专用的调味汁，品种有鞑靼汁、荷兰汁、酒店汁、白奶油汁、大主教汁、美国汁和水手鱼汁等。

（4）主菜。肉、禽类菜肴是西餐的第四道菜，也称为主菜。肉类菜肴的原料取自牛、羊、猪、小牛仔等各个部位的肉，其中最有代表性的是牛肉或牛排。牛排按其部位又可分为沙朗牛排（也称西冷牛排）、菲利牛排、"T"骨型牛排、薄牛排等。其烹调方法常用烤、煎、铁扒等。肉类菜肴配用的调味汁主要有西班牙汁、浓烧汁精、蘑菇汁、白尼斯汁等。

禽类菜肴的原料取自鸡、鸭、鹅，通常将兔肉和鹿肉等野味也归入禽类菜肴。禽类菜肴品种最多的是鸡，有山鸡、火鸡、竹鸡，可煮、炸、烤、焖，主要的调味汁有黄肉汁、咖喱汁、奶油汁等。

（5）蔬菜类菜肴。蔬菜类菜肴可以安排在肉类菜肴之后，也可以和肉类菜肴同时上桌，所以可以算为一道菜，或称之为一种配菜。蔬菜类菜肴在西餐中称为沙拉，一般用生菜、西红柿、黄瓜、芦笋等制作。沙拉的主要调味汁有醋油汁、法国汁、千岛汁、奶酪沙拉汁等。

沙拉除了蔬菜，还有一类是用鱼、肉、蛋类制作的，这类沙拉一般不加味汁，在进餐顺序上可以作为头盘。

还有一些蔬菜是熟的，如花椰菜、煮菠菜、炸土豆条，熟食的蔬菜通常和主菜的肉食类菜肴一同摆放在餐盘中上桌，称为配菜。

（6）甜品。西餐的甜品是主菜后食用的，可以算作是第六道菜。从真正意义上讲，它包括所有主菜后的食物，如布丁、煎饼、冰激淋、奶酪、水果等。

（7）咖啡、茶。西餐的最后一道是饮品，咖啡或茶，咖啡一般要加糖和淡奶油，茶一般要加香桃片和糖。

2．西式宴会的位次

西式宴会的餐桌习惯用长桌，或根据人数多少、场地大小自行设置（见图 B.1）。

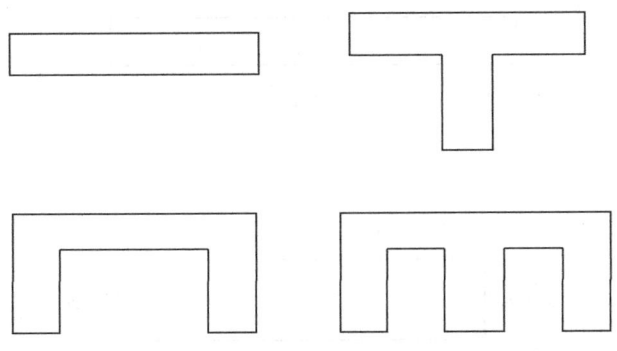

图 B.1

同中式宴会一样，举办西式宴会也要排桌次和位次。其具体原则如下：

（1）恭敬主宾。在西餐中，主宾极受尊重。即使用餐的来宾中有人在地位、身份、年纪方面高于主宾，但主宾仍是主人关注的中心。在排定位次时，应请男、女主宾分别紧靠着女主人和男主人就座，以便进一步受到照顾。

（2）女士优先。在西餐礼仪里，女士处处备受尊重。在排定用餐位次时，主位一般应请女主人就座，而男主人则退居第二主位。

（3）以右为尊。在排定位次时，以右为尊依旧是基本指针。就某一特定位置而言，其右位高于其左位。例如，应安排男主宾坐在女主人右侧，应安排女主宾坐在男主人右侧。

（4）面门为上。有时又叫迎门为上。它所指的是，面对餐厅正门的位子，通常在序列上要高于背对餐厅正门的位子。

（5）距离定位。一般来说，西餐桌上位次的尊卑，往往与其距离主位的远近密切相关。在通常情况下，离主位近的位子高于距主位远的位子。

（6）交叉排列。用中餐时，用餐者经常有可能与熟人，尤其是与其恋人、配偶在一起就座，但在用西餐时，这种情景便不复存在了。商界人士所出席的正式的西餐宴会，在排列位次时，要遵守交叉排列的原则。依照这一原则，男女应当交叉排列，生人与熟人也应当交叉排列。因此，一个用餐者的对面和两侧，往往是异性，而且还有可能与其不熟悉。这样做的最大好处是可以广交朋友。不过，这也要求用餐者最好是双数，并且男女人数各半。

用西餐时，人们所用的餐桌有长桌、方桌和圆桌。有时，还会拼成其他各种图案。不过，最常见、最正规的西餐桌当属长桌。下面就来介绍一下西餐排位的几种具体情况。这有助于商界人士更好地理解和掌握排位的基本规则。

（1）长桌。以长桌排位，一般有两个主要办法。一是男女主人在长桌中央对面而坐，餐桌两端可以坐人，也可以不坐人；二是男女主人分别就座于长桌两端。某些时候，如用餐者人数较多时，还可以参照以上办法，以长桌拼成其他图案，以便安排大家一道用餐，如图 B.2 所示。

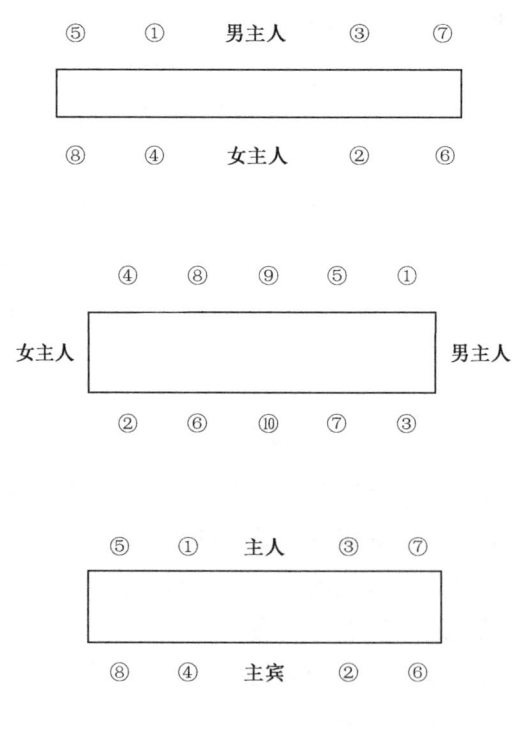

图 B.2

（2）方桌。以方桌排列位次时，坐于餐桌四面的人数应相等。在一般情况下，一桌共坐 8 人，每侧各坐两人的情况比较多见。在进行排列时，应使男、女主人与男、女主宾对

面而坐，所有人均各自与自己的恋人或配偶坐成斜对角。

（3）圆桌。在西式宴会中，使用圆桌排位的情况并不多见。在隆重而正式的宴会里，则尤为罕见。其具体排列，基本上是各项规则的综合运用，如图 B.3 所示。

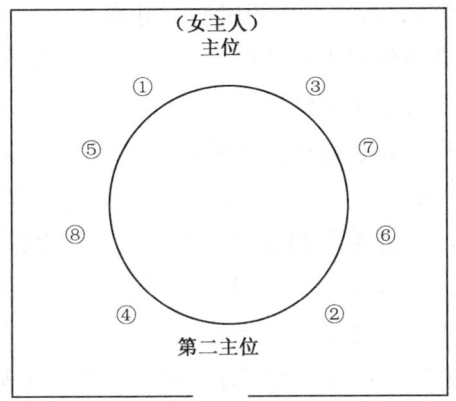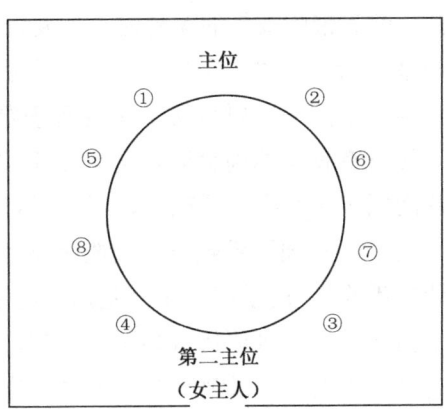

图 B.3

3．美国与英国的用餐方式

（1）美国的用餐方式

男女一起在餐馆用餐，通常由男方负责点菜和付账。许多基督教或天主教家庭饭前要由家中一员带领祷告，您即使不信教，也请跟着低头，以示礼貌和尊重。美国人宴客，是由女主人（或男主人）先拿起餐具进食，客人才跟着动餐具。如果您不喜欢递过来的菜肴时，只要说"No，thank you"即可。

咀嚼食物，一定要避免出声。用过的刀、叉，必须放回盘子里，不能放在餐桌、餐巾上。吃完主菜，把刀和叉平行地斜放在主菜盘上，是向主人或侍者表示可以把主菜餐盘拿走了。席间要轻声谈些轻松愉快的话题，尽量避免一声不响地闷着头吃饭。

（2）英国的用餐方式

就坐时，身体要端正，手肘不要放在桌面上，不可跷腿，与餐桌的距离以便于使用餐具为佳。餐台上已摆好的餐具不要随意摆弄。将餐巾对折轻轻放在膝盖上。

使用刀叉进餐时，从外侧往内侧取用刀叉，要左手持叉，右手持刀；切东西时左手拿叉按住食物，右手执刀将其切成小块，用叉子送入口中；使用刀时，刀刃不可向外。进餐中放下刀叉时应摆成"八"字形，分别放在餐盘边上。刀刃朝向自身，表示还要继续吃；每吃完一道菜，将刀叉并拢放在盘中。如果是谈话，可以拿着刀叉，无须放下。不用刀时，可用右手持叉，但若需要做手势时，就应放下刀叉，千万不可手执刀叉在空中挥舞，不要一只手拿刀或叉，而另一只手拿餐巾擦嘴，也不可一只手拿酒杯，另一只手拿叉取菜。任何时候，都不可将刀叉的一端放在盘上，另一端放在桌上。

喝汤时不要啜，吃东西时要闭嘴咀嚼，不要舔嘴唇或咂嘴发出声音。如汤菜过热，可待稍凉后再吃，不要用嘴吹。喝汤时，用汤勺从里向外舀，汤盘中的汤快喝完时，用左手将汤盘的外侧稍稍翘起，用汤勺舀净即可。吃完汤菜时，将汤匙留在汤盘（碗）中，匙把指向自己。

吃鱼、肉等带刺或骨的菜肴时，不要直接外吐，可用餐巾捂嘴轻轻吐在叉上放入盘内。如盘内剩余少量菜肴时，不要用叉子刮盘底，更不要用手指相助食用，应以小块面包或叉子相助食用。吃面条时要用叉子先将面条卷起，然后送入口中。

用刀叉吃有骨头的肉食时，可以用手拿着吃，若想吃得更优雅，还是用刀较好。用叉子将整片肉固定（可将叉子朝上，用叉子背部压住肉），再用刀沿骨头插入，把肉切开，最好是边切边吃。必须用手吃时，会附上洗手水，当洗手水和带骨头的肉一起端上来时，意味着"请用手吃"。用手指拿东西吃后，将手指放在装洗手水的碗里洗净，吃一般的菜时，如果把手指弄脏，也可请侍者端洗手水来，注意洗手时要轻轻地洗。

吃鸡时，欧美人多以鸡胸脯肉为贵，吃鸡腿时，应先用力将骨去掉，不要用手拿着吃。吃鱼时，不要将鱼翻身，要吃完上层后用刀叉将鱼骨剔掉后再吃下层。吃肉时，要切一块吃一块，块不能切得过大，或一次将肉都切成块。

喝咖啡时，如果愿意添加牛奶或糖，添加后要用小勺搅拌均匀，将小勺放在咖啡的垫碟上。喝时应右手拿杯把，左手端垫碟，直接用嘴喝，不要用小勺一勺一勺地舀着喝。吃水果时，不要拿着水果整个去咬，应先用水果刀切成四瓣，再用刀去掉皮、核，用叉子叉着吃。

面包一般掰成小块送入口中，不要拿着整块面包去咬，抹黄油或果酱时也要先将面包掰成小块再抹。

吃面包可蘸调味汁吃到一滴调味汁都不剩，是对厨师的礼貌。注意不要把面包盘子"舔"得很干净，用叉子叉住已撕成小片的面包，再蘸一点调味汁来吃，是优雅的做法。

（3）英式菜和美式菜的简单对比

英式菜的特点是油少、口味清淡。调味很少用酒，调味品大都放在餐台上由顾客自己选用。常备佐料有醋、生菜油、芥末、番茄沙司、辣酱油、盐、胡椒粉等。烹调的方法多用烧、烤、熏、煮、蒸、烙等。

美式菜的特点是咸里带甜，烹调方法大致和英式菜相似，但铁扒菜较为普遍。美国人一般对辣味菜不感兴趣，常将水果烧在菜里作为配料，如菠萝焗火腿、苹果烤鸭、紫葡萄烧野味，点心和色拉也大多用水果做原料，早餐普遍爱喝各种果汁。

上菜的顺序有点不一样，英式先上汤，美式最后上汤，英式最后上蜜饯，美式最先上甜点。总之，英式比较正式，美式比较随意。

参考文献

[1] 卡特琳·里娃. 女性的目光. 上海：上海人民出版社，1985.

[2] 让·塞尔. 西方礼节与习俗. 上海：上海人民出版社，1987.

[3] D. H.劳伦斯. 人的秘密. 上海：上海人民出版社，1989.

[4] 侯红杰. 美丽女人礼仪. 上海：东华大学出版社，2005.

[5] 王华，邓自新. 现代社交礼仪. 广州：华南理工大学出版社，2012.

[6] 杨丽娜. 社交礼仪. 武汉：华中科技大学出版社，2010.

[7] 曹浩文. 如何掌握商务礼仪. 北京：北京大学出版社，2004.

[8] 孙汝建. 社交礼仪. 重庆：重庆大学出版社，2010.

[9] 范从博. 化妆师.（初级）. 北京：中国劳动社会保障出版社，2001.

[10] 陈国强. 办公室礼仪与口才. 北京：中国经济出版社，2008.

[11] 李洁. 礼仪是一种资本：日常礼仪的 300 个细节. 北京：北京出版社，2007.

[12] 李采姣. 实用化妆造型. 北京：中国纺织出版社，2007.

[13] 钟立群，王炎. 现代商务礼仪. 北京：北京大学出版社，2010.

[14] 任之. 教你学礼仪. 北京：当代世界出版社，2010.

[15] 葛晨虹. 中国礼仪文化. 北京：经济科学出版社，2001.

[16] 刘永俊，陈淑君. 民航服务礼仪（第 2 版） 北京：清华大学出版社，2012.

[17] 周思敏. 你的礼仪价值百万. 北京：中国纺织出版社，2010.

[18] 黄玉萍. 现代礼仪实务教程. 北京：北京交通大学出版社，2008.

[19] 程言昌. 汽车销售与售后服务. 北京：北京理工大学出版社，2009.

[20] 云牧心. 社交与礼仪. 北京：北京工业大学出版社，2006.

[21] 刘国柱，王振林. 现代商务礼仪. 北京：电子工业出版社，2009.

[22] 石虹，胡伟. 汽车营销礼仪. 北京：北京理工大学出版社，2010.

[23] 唐树伶，王炎. 服务礼仪. 北京：北京交通大学出版社，2006.

[24] 金正昆. 商务礼仪教程. 北京：中国人民大学出版社，1999.

[25] 周朝霞. 商务礼仪（第三版）. 北京：中国人民大学出版社，2014.

[26] 徐克茹. 商务礼仪标准培训. 北京：北京纺织出版社，2007.

[27] 徐家华，张天一. 化妆基础. 北京：中国纺织出版社，2009.

[28] 李嘉珊. 实用礼仪教程（第二版）. 北京：中国人民大学出版社，2006.

[29] 韩爱群. 商务礼仪实务. 北京：北京理工大学出版社，2012.

[30] 钟立群，王炎. 现代商务礼仪. 北京：北京大学出版社，2010.

[31] 陈光谊. 现代实用社交礼仪. 北京：清华大学出版社，2009.

[32] 秦启文. 现代实用公关礼仪. 北京：人民教育出版社，2014.

[33] 金正昆. 社交礼仪. 西安：陕西师范大学出版总社有限公司，2012.